그리스 로마 신화

그리스 로마 신화

토마스 불핀치 지음
김이랑 옮김

초판 인쇄 | 2007년 10월 1일
초판 7쇄 | 2015년 5월 19일

펴낸곳 | 시간과공간사
등 록 | 1988년 11월 16일(제1-835호)
펴낸이 | 최석두

ISBN | 978-89-7142-206-9 (03800)

서울시 마포구 서교동 380-9 에이스빌딩 3층
전화 3272-4546~8   팩스 3272-4549
이메일 pyongdan@hanmail.net

*잘못 만들어진 책은 구입하신 곳에서 바꾸어 드립니다.

The Age of Fable

토마스 불핀치 지음 | 김이랑 옮김 | 최경락 그림

그리스 로마 신화

시간과공간사

CONTENTS

서론 ··· 6

제1장 프로메테우스와 판도라 ··· 17

제2장 아폴론과 다프네, 피라모스와 티스베, 케팔로스와 프로크리스 ····· 29

제3장 헤라와 이오, 아르테미스와 악타이온, 레토와 농부들 ············ 45

제4장 파에톤 ··· 61

제5장 미다스, 바우키스와 필레몬 ······································· 75

제6장 페르세포네, 글라우코스와 스킬라 ··························· 87

제7장 피그말리온, 아프로디테와 아도니스, 아폴론과 히아킨토스 ········ 103

제8장 케익스와 알키오네 ·· 113

제9장 베르툼누스와 포모나 ·· 125

제10장 에로스와 프시케 ··· 133

제11장 카드모스 ··· 149

제12장 니소스와 스킬라, 에코와 나르키소스, 클리티에 ·········· 157

제13장 아테나, 니오베 ··· 169

제14장 그라이아이와 고르고들, 페르세우스와 메두사, 아틀라스, 안드로메다 ··· 181

제15장 기간테스, 스핑크스, 페가소스와 키마이라, 켄타우로스, 피그마이오스 ··· 193

제16장 황금의 양모피, 메디아와 이아손 ················· 207
제17장 헤라클레스, 헤베와 가니메데스 ················· 217
제18장 테세우스, 올림픽 경기 및 그 밖의 경기, 다이달로스, 카스토르와 폴리데우케스 ················· 227
제19장 디오니소스 ················· 243
제20장 물의 신, 바람의 신 ················· 253
제21장 아켈로스와 헤라클레스, 안티고네 ················· 259
제22장 오르페우스와 에우리디케 ················· 267
제23장 오리온, 에오스와 티토노스, 아키스와 갈라테이아 ················· 273
제24장 트로이 전쟁 ················· 283
제25장 트로이의 함락, 메넬라오스와 헬레네, 아가멤논과 오레스테스와 엘렉트라 ················· 305
제26장 오디세우스의 모험 ················· 317
제27장 파이아케스 인, 구혼자들의 최후 ················· 331
제28장 아이네이아스의 모험 ················· 345
제29장 지옥, 시빌레 ················· 359
제30장 이탈리아에서의 아이네이아스, 카밀라, 에반드로스, 니소스와 에우리알로스, 메젠티우스, 투르누스 ················· 375

서론

고대 그리스·로마의 종교는 생명력을 다했다. 현대인 중에서 올림포스의 신들을 믿는 사람은 거의 없다. 이 신들은 이제 더 이상 신학의 부문에 속하지 않는다. 하지만 문학적으로는 아직도 높이 평가되고 있으며, 앞으로도 그 가치를 잃지 않을 것이다. 왜냐하면 그들은 고금의 시와 회화 중에서도 최고의 걸작이라고 칭송받고 있는 작품들과 아주 밀접한 관계를 갖고 있기 때문이다.

지금부터 우리는 고대로부터 현재까지 구전되고 있고, 문학가들로부터 널리 인용되고 있는 신들에 대해 알아볼 것이다. 독자 여러분은 인간의 상상력이 만들어 놓은 가장 흥미로운 이야기를 접하게 될 것이다. 더불어 시대의 걸작으로 평가되는 많은 문학작품을 이해하는데 꼭 필요한 지식을 얻게 될 것이다. 그런데 이러한 이야기를 이해하려면 우선 고대 그리스 인들의 세계관을 알아야 한다. 왜냐하면 로마 인은 그리스 인으로부터, 그 밖에 국민은 로마 인으로부터 과학과 종교를 계승했기 때문이다.

그리스 인은 지구가 평평한 원반 모양이라고 생각했다. 그리고 자기들의 나라는 그 한가운데 있고, 그 중심점을 이루는 것이 신들의 주거지인 올림포스 산(山), 혹은 신탁(神託)으로 유명한 델포이의 성지라고 믿었다. 또 세계는 서쪽에서 동쪽으로 걸쳐진 바다에 의해서 두 개로 나뉘어 있다고 믿었으며, 그 바다를 지중해라고 불렀다. 그리고 지중해에서 이어지는 바다를 에욱세이노스, 즉 흑해라 불렀다. 그리스 인들이 알고 있는 바다는 이 두 개뿐이었다.

지구 주변에는 '대양 하천(大洋河川)'이 흐르고 있는데, 어떠한 폭풍우가 몰아쳐도 범람하는 일이 없고, 바다와 지구의 모든 강은 그곳으로부터 시작되었다.

지구의 북쪽 끝에는 히페르보레오이라고 불리는 민족이 질병과 노화, 전쟁 없이 영원한 기쁨을 누리면서 행복하게 살았다. 하지만 그 나라는 육로로든 수로로든 전혀 접근할 수가 없었다.

지구의 남쪽 끝 대양 하천 가까이에는 히페르보레오이 민족처럼 행복한 민족인 에티오피아 인들이 살았는데 신들은 이 민족에게 우호적이었다. 그래서 신들은 때때로 올림포스의 궁을 떠나 이들과 함께 어울려 향연을 벌이기도 했다.

지구의 서쪽 대양 하천 근처에는 '엘리시움'이라 불리는 축복받은 토지가 있었다. 이곳에서는 신들로부터 특별한 총애를 받은 사람들이 죽음에 대한 두려움 없이 영원한 행복을 누리며 살았다. 그래서 '행운의 들' 혹은 '축복된 사람들의 섬'이라고 불렸다.

이상이 고대 그리스 인들이 생각한 세계의 모습이다. 그들은 자기 나라의 동쪽과 남쪽, 혹은 지중해 연안 가까이 사는 다른 민족에 대해서는 전혀 몰랐다. 그런 까닭에 그들은 지중해의 서쪽 땅엔 거인과 괴물, 마녀들이 살 것이라 상상했고, 다른 여러 지역엔 신들의 특별한 총애를 받아 행복한 삶을 살고 있는 민족이 있을 것이라 생각했다. 또 여명(黎明)과 해와 달은 대양 하천에서 떠올라 신과 인간에게 빛을 제공하면서 공중을 달리는 것으로 생각했다. 북두칠성, 즉 웅성(熊星) 및 그 근처에 있는 다른 별들을 제외한 모든 별들도 대양 하천으로부터 떠오르고 또 그 속으로 지는 것으로 생각했다. 그곳에서 태양신은 날개가 달린 배를 타고 지구의 북쪽을 돌아 다시 처음 자리로 돌아간다고 믿었다.

신들의 거처는 테살리아에 있는 올림포스 산의 정상에 있었다. 여기에는 '호라이'라고 불리는 계절의 여신들이 지키는 구름의 문이 있었는데, 이 문은 천상(天上)의 신들이 지상으로 통하는 입구였다. 신들은 각기 자신의 거처가 있었는데, 주신(主神) 제우스(유피테르, Jupiter)

로부터 소집 명령이 떨어지면 모두 제우스의 궁에 모였다. 지상이나 수중, 지하에 살고 있는 모든 신들이 모여들었다.

이 올림포스의 주신, 제우스가 사는 궁의 큰 홀에서는 매일 향연이 벌어졌는데 신들의 음료인 암브로시아와 넥타르가 마르지 않았다. 넥타르는 제우스와 헤라(유노)의 딸인 아름다운 여신 헤베가 따랐다. 이 연회석상에서 신들은 천상과 지상의 여러 가지 사건들에 관해서 이야기했다. 그들이 넥타르를 마시고 있으면 음악의 신 아폴론이 리라를 타며 흥을 돋웠고, 학예(學藝)의 여신이라 불리는 무사(뮤즈)들이 이 음악에 맞추어 노래를 불렀다. 그리고 해가 지면 신들은 각자 자신의 거처로 돌아가 잠을 청했다.

여신들이 입은 성의(聖衣)와 그 밖의 옷들은 아테나(미네르바)와 미(美)의 세 여신들이 만들었다. 헤파이스토스(불카누스)는 건축 기사이자 대장장이였으며 갑옷, 이륜전차(二輪戰車) 등 무엇이든지 만들 수 있는 명공(名工)이었다. 그는 놋쇠로 신들의 집을 지어 주었으며, 황금으로 신들의 구두도 만들어 주었다. 그들은 그 구두를 신고 바람과 같이 빠른 속도로 공중을 가르고, 물 위를 건너 마음 내키는 대로 이동했다. 헤파이스토스는 또 천마(天馬)의 다리에 놋쇠로 만든 편자를 박았는데, 그 말은 신들의 이륜전차를 끌고 하늘과 바다를 질주했다. 그는 자신이 만든 물건에 스스로 움직일 수 있는 힘을 부여했으며, 황금으로 만든 시녀들에게 지력(知力)을 부여하기까지 했다.

제우스는 신과 인간의 아버지라고 불리는데 제우스에

게도 양친이 있었다. 그의 아버지는 크로노스(사투르누스)이며, 어머니는 레아(옵스)이다. 크로노스와 레아는 티탄 신족에 속했으며, 이 신족의 양친은 하늘과 땅으로부터, 하늘과 땅은 또 카오스(혼돈)로부터 태어났다.

또 하나의 다른 코스모고니, 즉 우주창조설이 있다. 이 설에 의하면 가이아(대지)와 에레보스(암흑) 사이에서 사랑(에로스)이 최초로 생겨났다고 한다. 에로스는 카오스 위에 떠 있던 밤(夜)의 알에서 태어났고 에로스가 가지고 있던 화살과 횃불로 생명과 환희를 생겨나게 했다는 것이다.

크로노스와 레아만이 유일한 티탄 족은 아니었다. 그 밖에도 남신들인 오케아노스, 히페리온, 이아페토스, 오피온이 있었으며 여신들로는 테미스, 므네모시네, 에우리노메가 있었다. 이 신들은 나이가 많은 신들로 그들의 지배권은 후에 다른 신들에게 넘어갔다. 크로노스는 제우스에게, 오케아노스는 포세이돈에게, 히페리온은 아폴론에게 그 지배권을 넘겼다. 히페리온은 태양과 달, 빛의 아버지로 최초의 태양신인 셈인데 후에 아폴론에게 모든 것을 넘겨주게 된다.

오피온과 에우리노메는 올림포스를 지배했는데 결국은 크로노스와 레아에게 왕위를 빼앗겼다. 크로노스에 대해서는 책에 따라 그 묘사가 분분하다. 어떤 책에는 그가 다스리는 세상은 결백과 순결의 황금시대였다고 묘사되어 있는 반면, 다른 책에는 자신의 아들을 마구 잡아먹는 괴물이라고 기록되어 있다. 하지만 제우스는 무사히 성장했고, 메티스를 아내로 맞았다. 그리고 제우스는 그의 형제자매들과 더불어 아버지인 크로노스와 그의 형제인 티탄 신족들을 상대로 반란을 일으켜 성공했다.

크로노스가 폐위되자, 제우스는 그의 형들인 포세이돈(넵투누스), 하데스(플루토)와 더불어 크로노스의 영토를 나누어 가졌다. 제우스는 하늘을, 포세이돈은 바다를, 하데스는 죽은 사람들의 나라를 차지했다. 그리고 지구와 올림포스는 세 사람의 공동 소유로 했다.

이렇게 제우스는 신과 인간들의 왕이 되었다. 천둥은 그의 무기였으며 아이기스라는 방패도 갖고 있었다. 아이기스는 불과 대장장이의 신인 헤파이스토스가 그를 위해 만든 것이다. 또 제우스가 총애한 새는 독수리였는데, 이 새는 제우스의 번개를 지니고 있었다.

헤라는 제우스의 아내이자 신들의 여왕이었다. 무지개의 여신인 이리스는 헤라의 시녀이며, 신의 뜻을 인간에게 전하는 사자(使者)였다. 그리고 공작은 여왕이 총애하는 새였다. 헤파이스토스는 제우스와 헤라 사이에서 태어난 아들인데 태어나면서부터 절름발이였기 때문에 헤라는 그 모습이 보기 싫어 그를 천상에서 내쫓았다.

전쟁의 신 아레스(마르스)도 제우스와 헤라의 아들이다. 또 궁술과 예언, 음악의 신 아폴론(아폴로)은 제우스와 레토(라토나) 사이에서 태어난 아들이고, 아르테미스(디아나)는 그들의 딸이다. 아르테미스는 달의 여신, 아폴론은 태양의 신이었다. 사랑과 미의 여신 아프로디테(비너스)는 제우스와 디오네 사이에 태어난 딸이다.

일설에 의하면 아프로디테는 바다의 거품에서 태어났다고도 한다.

아프로디테의 아름다움은 누구나 매혹될 정도여서 신들은 모두 그녀를 아내로 삼기를 원했다. 하지만 제우스는 헤파이스토스가 번개를 잘 다루는 것에 대한 감사의 표시로 아프로디테를 그에게 주었다. 그래서 가장 아름다운 여신이 가장 못생긴 남신(男神)의 아내가 되었다. 아프로디테는 자수를 놓은 케스토스라는 띠를 가지고 있었는데, 이 띠는 애정을 불러일으키는 힘을 갖고 있었다.

사랑의 신인 에로스(쿠피도)는 아프로디테의 아들로 그는 늘 어머니와 함께 했다. 그는 활과 화살을 가지고 있었는데 신과 인간의 가슴에 사랑의 화살을 쏘았다. 또 안테로스라 불린 신도 있다. 이 신은 이루어지지 않는 사랑의 복수자로 표현되기도 했으며, 때로는 애정의 상징으로도 표현되었다.

팔라스라고 불리는 지혜의 여신인 아테나(미네르바)는 제우스의 딸이다. 그녀는 어머니 없이 제우스의 머리에서 완전히 성장한 모습으로 태어났다. 아테나가 총애한 새는 올빼미였고, 식물은 올리브를 좋아했다.

헤르메스(메르쿠리우스)는 제우스와 마이아 사이에서 태어난 아들이다. 그는 상업, 레슬링 및 그 밖의 모든 경기를 주재했다. 숙련과 민첩성을 요구하는 모든 부문을 다스렸다. 그는 아버지인 제우스의 사자로서 날개 달린 모자와 구두를 착용하고, 두 마리의 뱀이 몸을 감고 있는 케리

케이온(카두케우스)이라는 지팡이를 갖고 있었다.

농업을 주재한 케레스는 크로노스와 레아의 딸로 그녀에게는 페르세포네라는 딸이 있었는데, 이 딸은 후에 하데스의 아내가 되어 사자(死者)들의 나라의 여왕이 되었다.

술의 신인 디오니소스(바쿠스)는 제우스와 세멜레 사이에서 태어난 아들이다.

학예의 여신들인 무사(Musa, 뮤즈)는 제우스와 기억의 여신인 므네모시네와의 사이에서 태어난 딸들이다. 이 뮤즈들은 노래를 주재하고 기억을 촉진시켰다. 뮤즈는 모두 아홉 명이었는데 각기 문학, 예술, 과학 등을 분담해서 주재했다. 제일 연장자인 칼리오페는 서사시, 클레이오는 역사, 에우테르페는 서정시, 멜포메네는 비극, 테르프시코레는 합창단의 춤과 노래, 에라토는 연애시, 폴리힘니아는 찬가(讚歌), 우라니아는 천문학, 탈레이아는 희극을 각기 주재했다.

미의 여신들은 향연과 무용뿐 아니라 모든 사교적인 환락과 기품 있는 예술을 주재했다. 이 여신들은 세 명이었는데 에우프로시네, 아글라이아, 탈레이아였다.

운명의 여신도 클로토, 라케시스, 아트로포스 등 셋이 있었다. 이 여신들은 계율의 신인 테미스의 딸로 테미스는 제우스의 옥좌 옆에 앉아 그의 상담역을 맡았다.

복수의 여신도 세 명이었는데 알렉토, 티시포네, 메가에라가 그들의 이름이다. 이 여신들의 다리는 뱀의 모양을 하고 있었지만 마음씨

착한 여신, 즉 에우메니데스라고도 불렸다. 또 네메시스라는 복수의 여신도 있었다.

판은 가축과 목자(牧者)의 신으로 그가 즐겨 사는 곳은 아르카디아의 들판이었다.

사티로스(반은 사람이고 반은 짐승인 괴물)는 숲과 들의 신이다. 그들은 온몸에 뻣뻣한 털이 덮여 있고, 머리에는 짧은 뿔이 돋아나 있으며, 다리는 염소의 모양을 하고 있었다.

모모스는 웃음의 신, 플루토스는 부(富)를 주재하는 신이다.

이상 살펴본 신은 모두 그리스의 신들이다. 로마 신화의 고유한 신들은 아래와 같다.

※ ( )안의 표기, 즉 예를 들어 '제우스(유피테르, Jupiter)'에서 '제우스'는 그리스어 이름, '유피테르'는 로마어 이름이다.

로마의 신(神)들

사투르누스는 고대 이탈리아 인의 신으로 그리스의 신 크로노스와 동일시된다. 전설에 의하면 아들 제우스에 의해 폐위된 크로노스가 이탈리아로 도망해 그곳에서 재위했다. 이탈리아에서는 황금의 시대라고 불리는 시대의 훌륭한 통치자로 평가되는데 그의 업적을 기리기 위해 매년 겨울에 사투르날리아는 제전이 거행된다. 이 날에는 모든 공무가 정지되고, 선전 포고나 형벌의 집행도 연기되었으며, 친구들은 서로 선물을 교환했다. 또 노예들에게도 자유가 허용되었고, 그들을 위해 잔치가 벌어졌는데 주인들이 그들의 시중을 들었다. 이는 인간은 본래 평등하며, 만물이 만인에게 평등하게 속한다는 사투르누스의 정치적 이념에서 기인한 것이라고 한다.

사투르누스의 손자인 파우누스는 들과 목자, 예언의 신으로 숭배를 받았다. 퀴리누스는 전쟁의 신인데, 이 신은 로마의 건설가인 로물루스가 죽은 뒤 신의 지위에 올랐다.

벨로나는 전쟁의 여신, 테르미누스는 토지의 경계를 주관하는 신, 팔레스는 가축과 목장을 주재하는 여신, 포모나는 과수(果樹)를 주재하는 신, 플로라는 꽃을 주재하는 여신, 루키나는 출산의 여신이다.

베스타는 그리스의 헤스티아와 동일시되는 신인데, 국가와 가정의 화로를 주재하는 여신이다. 베스타의 신전에는 베스탈이라고 하는 여섯 명의 처녀 사제가 수호하는 성화가 있었다. 나라에서는 국가의 안녕이 그들이 수호하는 성화와 관계가 있다고 믿었고, 성화가 꺼지면 그녀들을 엄벌에 처했다.

리베르는 디오니소스의 라틴어 이름이며, 물키베르는 헤파이스토스의 라틴어 이름이다.

야누스는 하늘의 문지기로서 모든 사물과 계절의 시작을 주관했기 때문에 1월을 뜻하는 재뉴어리(January)는 그의 이름 야누아리우스(Januarius)에서 유래했다.

페나테스는 가족의 행복과 번영을 담당하는 신들로 그들의 이름은 페누스, 즉 식료품을 넣는 찬장이라는 말에서 유래한 것이다.

라레스도 가정을 지키는 신들이다. 그러나 페나테스와는 차이가 있었는데 각 가정의 라레스는 그 집의 선조들의 영혼으로 자신의 자손들을 보호하는 것으로 여겨졌다.

로마 인들의 신앙에 의하면 남자는 누구한테나 자신의 수호신인 게니우스가 있고, 여자에게도 누구한테나 자신의 수호신인 유노가 있었다. 그들은 그 수호신이 자신에게 삶을 주었다고 생각했고, 평생 자신들의 보호자가 되어 준다고 생각했다. 그래서 생일날에 남자는 자신의 게니우스에게, 여자는 자신의 유노에게 선물을 바쳤다.

프로메테우스와 판도라

# 프로메테우스와 판도라

세계 창조에 관한 이야기는 인간의 흥미를 자극하는데 더없이 흥미로운 문제이다. 고대의 이교도들은 우리가 성서에서 얻은 것과 같은 지식을 알지 못했기 때문에 그들 나름의 세계 창조 이야기가 있었다. 그것은 다음과 같다.

땅과 바다와 하늘이 창조되기 전까지는 만물이 모두 한 가지 모양이었으니 우리는 이것을 카오스(혼돈)라고 부른다. 이 카오스는 형태가 없는 혼란한 덩어리요, 죽은 물상에 불과했으나 그 안에는 여러 사물의 씨들이 잠자고 있었다. 즉 땅, 바다, 공기가 한데 혼합되어 있었다. 그래서 땅은 아직 고체가 아니었으며, 바다는 액체가 아니었고, 공기는 투명하지 않았다. 그러다 마침내 신과 자연이 개입해 땅을 바다와 분리하고, 땅과 바다에서 하늘을 떼어 놓아 그 혼란을 정리했다. 불에 타고 있던 부분은 가장 가벼웠기 때문에 위로 올라가 하늘이 되었고, 공기는 무게와 장소 때문에 그 다음이 되었다. 땅은 이들보다 무거웠기 때문에 밑으로 가라앉았고 물은 제일 낮은 곳으로 내려가 육지를 띄웠다.

이때 어떤 신(어떤 신인지는 알 수 없지만)이 있는 힘을 다해 그 땅들을 정리하고 배열했다. 그는 강과 그 언저리에 각각의 장소를 지정하고, 산을 일으키고, 골짜기를 파고, 숲과 샘과 비옥한 논밭과 들을 곳곳에 배치했다. 공기가 맑아지자 별들이 나타났고, 물고기는 바다를, 새는 공중을, 네발짐승은 육지를 각기 제 터전으로 삼았다. 그리고 고등동물이 필요해져 인간이 만들어졌는데 창조의 신이 인간을 만들 때 신성한 재료를 사용했는지, 아니면 하늘로부터 방금 분리된 흙을 사용했는지는 분명하지 않다.

프로메테우스는 어떤 대지에서 흙을 조금 떼어 내 물로 반죽하여 인간을 신의 형상과 동일하게 만들었다. 프로메테우스는 인간에게 두 발로 걷는 능력을 주어 얼굴을 밑으로 향해 땅을 보는 다른 동물과 달리 인간만이 얼굴을 위로 향해 걷게 했다.

프로메테우스는 인간이 창조되기 전, 지상에 거주하고 있던 거인족인 티탄 신족의 한 신이었다. 프로메테우스와 그의 동생인 에피메테우스는 인간을 창조하거나, 인간과 그 밖의 다른 동물들이 살아가는 데 필요한 능력을 주는 일을 위임받았다. 에피메테우스는 위임받은 일을 직접 행했고, 프로메테우스는 그 일을 잘 수행하고 있는지 감독하기로 했다. 그래서 에피메테우스는 상이한 동물들에게 용기, 힘, 속도, 지혜 등 많은 선물을 주기 시작했다. 어떤 동물에게는 날개를 주었고, 다른 동물에게는 날카로운 손톱과 발톱을 주었고, 또 다른 동물에게는 몸을 덮는 단단한 껍질을 주었다. 그러나 만물의 영장이 될 인간의 차례가 오자 에피메테우스는 난감했다. 그가 줄 수 있는 능력을 다른 동물에게 전부 소진하여 남은 것이 없었기 때문이었다. 그래서 그는 형인 프로메테우스에게 달려가 도움을 청했다. 이에 프로메테우스는 아테나의 도움으로 하늘로 올라가 태양의 이륜차의 불을 자신의 횃불에 옮겨 인간의 세계로 가지고 내려왔다. 그리고 이 선물로 인해 인간은 다른 동물보다 월등한 존재가 되었다. 불을 사용해 무기를 만들어 다른 동물을 정복할 수 있었고, 도구를 사용해 토지를 경작할 수 있었기 때문이었다. 또 집을 따뜻하게 해서 추위를 막을 수도 있었고, 화폐를 만들어 상거래를 시작하게 되었다.

여자는 나중에야 만들어졌는데 전해지는 이야기에 의하면, 불을 훔쳐간 것에 화가 난 제우스가 프로메테우스와 그의 동생을 벌하기 위해 여자를 만들어 그들에게 보냈다고 한다.

최초로 만들어진 여자는 판도라였다. 그녀는 하늘에서 만들어졌는데 그녀를 창조하기 위해 각 신들이 조금씩 힘을 보탰다. 아프로디테는 아름다움을 주었고, 헤르메스는 설득력을, 아폴론은 음악적 재능 등을 주었다.

이렇게 만들어진 판도라는 지상으로 내려왔다. 프로메테우스가 제우스와 신들의 선물인 판도라를 경계하라는 주의를 주었음에도 그의 동생 에피메테우스는 그녀를 아내로 맞았다.

에피메테우스의 집에는 상자가 하나 있었는데 그 속에는 온갖 악한 것들이 들어 있었다. 그 상자 안에는 인간을 창조할 때 필요하지 않은 해로운 것들을 담아 두었기 때문에 에피메테우스는 상자를 방안 깊숙이 넣어 두었다. 그런데 판도라는 이 상자에 궁금증을 갖게 되었다. 그래서 급기야는 상자 뚜껑을 열어 보았다. 그러자 인간을 괴롭히는 무수한 재앙들, 즉 가난, 전쟁, 질병, 질투, 원한, 복수 등 온갖 악(惡)들이 쏟아져 나왔다. 이에 판도라는 놀라 황급히 뚜껑을 덮어 버렸다. 그러나 이미 상자 속에 있던 것들은 모두 날아가고 한 가지만 남게 되었다. 그것은 바로 '희망'이었다. 오늘날까지 우리가 어떤 고난에 닥쳐서도 희망을 잃지 않는 것은 이 때문인 것이다. 그리고 희망을 가지고 있는 한 어떠한 고난도 절망할 정도로 불행하게 만들지는 못하는 것이다.

인간이 살게 된 최초의 시대는 죄악이 없는 행복한 시대로서 '황금시대'라고 불리었다. 법과 같은 강제에 의하지 않고서도 사회는 진리와 정의가 넘쳐났고, 벌을 주는 관리도 없었다. 배를 만들기 위해 나무를 훼손하는 일도 없었고, 마을의 주변에 성곽을 쌓는 일도 없었다. 칼이나 창이나 투구 같은 것도 존재하지 않았다. 대지는 인간이 밭을 갈고 씨를 뿌리지 않아도 인간에게 필요한 모든 것을 주었다. 항상 따사로운 봄날이었으며, 꽃은 씨를 뿌리지 않아도 활짝 피었고,

강은 우유와 술과 더불어 흐르고 상수리나무로부터 황금빛 꿀이 떨어졌다.

그 다음 '은(銀)의 시대'가 왔다. 황금시대만은 못했지만 그래도 그 뒤의 '청동(青銅)시대'보다는 나았다. 제우스는 '은의 시대'에 1년을 네 계절로 나누었는데, 이때부터 인간은 추위와 더위를 참고 견뎌내야만 했고, 비로소 집이라는 보금자리가 필요하게 되었다. 최초의 집은 동굴이었고, 그 다음은 나뭇가지로 엮어 만든 오두막집이었다. 농작물도 애써 가꾸지 않으면 자라지 않아서 씨를 뿌리고 쟁기질을 해야만 했다.

'은의 시대'가 끝나고 '청동시대'가 왔다. 이때는 사람들이 아주 거칠어졌고, 걸핏하면 무기를 들고 싸우려고 덤벼들었다. 그러나 그렇게 심각한 정도는 아니었다. 가장 무섭고 험악한 시대는 '철의 시대'였다. 죄악은 홍수처럼 넘쳐흘렀고, 진실과 정의, 명예는 더 이상 찾아볼 수 없게 되었다. 대신 사기와 배신, 폭력과 사악함이 득세했다. 뱃사람은 산의 나무를 무차별로 베어다 배를 만들고 바다를 소란스럽게 했다. 그리고 공동으로 경작되던 땅이 각 개인의 소유로 되어 재산이 되었다. 사람들은 땅에 농사를 짓는 것에 만족하지 않고 땅속 깊은 곳의 광물을 캐기 시작했다. 그래서 유해한 철과 더욱 유해한 금이 나돌게 되었다. 철과 금은 무기로 제작되어 전쟁의 도구로 사용되었다. 인간들은 친구 집에 있어도 안전을 장담하지 못했고, 남편과 아내, 형제와 자매, 사위와 장인은 서로를 신뢰하지 못했다. 자식들은 재산을 상속받기 위해 부모의 죽음을 바랐다. 가족 간의 사랑도 사라졌다. 대지는 살육의 피로 물들었고 신들은 대지를 하나하나 저버리기 시작했다. 아스트라이아만이 마지막까지 남아 있었는데 이 여신도 마침내 떠나 버렸다.

제우스는 이러한 세상의 모습을 보고 크게 노하여 신들을 소집해 회의를 열었다. 신들은 주신의 부름에 따라 하늘을 가로질러 날아 궁으로 향했다. 청명한 밤이면 누구나 볼 수 있는 '은하(銀河)'라고 불리는 길은 이때 만들어진 것이다.

제우스는 신들이 모이자 그들을 향해 말하기 시작했다. 그는 먼저 지상의 혼란스럽고 무질서한 상황에 대해 설명했다. 그리고 그는 현재의 사람들을 모두 멸망시키고 그들과는 다른, 보다 더 가치가 있고 신을 숭배할 줄 아는 새로운 종족을 만들겠다고 했다. 제우스는 지상을 향해 번개를 내려 불태워 버리려고 했다.

그러나 세상을 모두 불태울 정도의 불이 일어나면 하늘도 위험할 거라는 생각에 계획을 바꾸어 지상을 물바다로 만들기로 했다. 그는 비구름과 바람을 일으켰다. 그러자 순식간에 온 하늘은 암흑으로 뒤덮였다. 구름이 사방에서 몰려와 무서운 소리를 내며 서로 부딪쳤고, 비가 폭포처럼 쏟아져 내렸다. 땅 위의 모든 곡식이 쓰러져 농부가 애써 가꾼 그 해 농작물이 쓸모없게 되었다.

하지만 제우스는 자신이 쏟아 부을 수 있는 물의 양으로는 만족하지 못했다. 형인 포세이돈을 불러 그도 함께 하기를 청했다. 이에 포세이돈은 강을 범람하게 하여 그 물로 대지를 뒤덮게 했다. 또 지진을 일으켜 뒤

흔들었고 대양의 큰물이 범람해 해안가를 휩쓸게 했다. 가축과 인간, 가옥이 무너졌고, 신성한 담으로 둘러싸였던 지상의 신전들까지도 더럽혀졌다. 무너지지 않은 몇몇 큰 건물들은 하나도 빼놓지 않고 물속에 잠겼고, 높은 탑까지도 모두 침몰했다.

지상은 모두 물바다가 되어 끝없는 바다를 이뤘다. 오직 파르나소스 산만이 물 위에 솟아 있었는데 거기에는 프로메테우스의 아들인 데우칼리온과 그의 아내 피라, 즉 에피메테우스의 딸이 피난해 있었다. 남편은 정직했고 아내도 신들을 충실히 숭배하는 인간이었다. 제우스는 이 부부 이외에 살아남아 있는 자가 단 한 사람도 없는 것을 확인했다. 그리고 그들의 흠잡을 데 없는 생애와 경건한 태도를 보고는 북풍에게 명령해 구름을 쫓은 뒤 지상의 모습을 되돌렸다. 포세이돈도 아들 트리톤을 시켜 물의 퇴각을 명령했다. 물은 바다와 강의 자리로 돌아갔다. 이때 데우칼리온이 피라에게 이렇게 말했다.

"오, 아내여! 생존해 있는 유일한 여인이여, 우리는 혈족 결혼의 연으로 맺어졌고, 지금은 천재지변에 의한 위험으로 맺어졌소. 우리가 조상 프로메테우스와 같은 힘을 갖고 있어, 세상을 새롭게 탄생시킬 수 있다면 좋겠지만 우리에게는 그런 힘이 없소. 그러니 저 신전으로 가서 신들에게 우리가 앞으로 무엇을 하면 좋은지 물어봅시다."

그들은 신전으로 갔다. 신전은 더러운 이끼들로 더럽혀져 있었다. 계단에 가까이 가서 보니 성화도 꺼져 있었다. 그들은 땅에 엎드

려서 테미스 여신에게 어떻게 하면 지금의 이 비참한 상황에서 벗어날 수 있는지 알려 달라고 기도를 올렸다. 그랬더니 신탁이 이렇게 대답했다.

"머리에 베일을 쓴 뒤 옷을 모두 벗고 이 신전을 떠나라. 그리고 네 어머니의 뼈를 네 뒤에 던져라."

그들은 깜짝 놀라 할 말을 잃었다. 얼마 후 피라가 먼저 침묵을 깨뜨리고 말했다.

"저희들은 복종할 수 없습니다. 감히 부모님의 유골을 더럽힐 수 없습니다."

그들은 나뭇잎이 우거진 그늘 밑으로 가서 신탁에 대해 곰곰이 생각해 보았다. 마침내 데우칼리온이 입을 열었다.

"내 생각이 틀리지 않는다면 신탁의 명령에 복종해도 불효가 되지 않으리라 믿소. 대지는 만물의 위대한 어머니고 돌은 그 뼈요. 그러므로 우리는 돌을 뒤에 던지기만 하면 되는 것이오. 내 생각으로는 이게 신탁의 인도인 것 같소. 그렇게 한다고 해서 해가 될 일을 없을 것이오."

그들은 얼굴을 베일로 가린 뒤 옷을 벗고 돌을 주워 뒤로 던졌다. 그러자 돌이 연해지면서 형태를 갖추기 시작했다. 마치 조각가의 손에 의해 조각된 돌덩이와 같이 인간의 형상과 비슷한 모양을 갖추었다. 돌 주변에 있던 젖은 흙이 살이 되었고, 돌은 뼈가 되었다. 돌의 결(veins)은 그대로 혈관(veins)이 되었고, 그 이름은 지금까지 이어지고 있다. 남자가 던진 돌은 남자가 되었고, 여자가 던진 돌은 여자가 되었다. 이렇게 만들어진 새로운 종족은 튼튼하고 건강해서 노동에도 잘 견딜 수 있었다. 오늘날의 인간은 바로 이 종족에서 시작된 것이다.

프로메테우스는 예로부터 시인들이 즐겨 시제(詩題)로 삼았다. 그는 인류의 벗으로서 제우스가 인류에게 노했을 때 인류를 위해 중간에 개입하고, 그들에게 문명과 기술을 가르친 것으로 표현되었다. 그러나 이런 일들은 제우스의 뜻에 반하는 일이었으므로 그는 제우스의 분노를 샀다. 그래서 제우스는 그를 카우카소스 산 위의 바위에 쇠사슬로 묶어 놓는 벌을 내렸다. 묶여 있는 그를 향해 날아온 독수리는 그의 간을 쪼아 먹었는데, 쪼아 먹으면 바로 또 생겨나 그의 고통은 끊임없이 계속되었다.

만약 그가 제우스의 의지에 복종했더라면 그는 쉽게 고통스러운 형벌에서 벗어날 수 있었을 것이다. 그럴 만도 한 것이 그는 제우스의 왕위의 안전에 관한 비밀을 알고 있었다. 만일 이 비밀을 그에게 말해 주었더라면 그는 제우스의 총애를 받고 바로 벌에서 벗어났을 것이다. 하지만 그는 이와 같은 짓을 경멸했다. 그래서 프로메테우스는 부당한 수난과 압제에 반항하는 영웅적인 인내와 의지력의 상징이 되었다.

제2장

아폴론과 다프네

피라모스와 티스베

케팔로스와 프로크리스

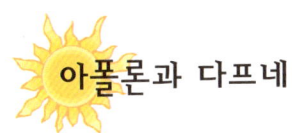
아폴론과 다프네

다프네는 아폴론의 최초의 여인이다. 두 사람의 인연은 우연히 이루어진 것이 아니라, 에로스의 원한에 의해 이루어졌다. 언젠가 아폴론은 에로스라는 소년이 활과 화살을 가지고 노는 것을 보았다. 아폴론은 마침 피톤(거대한 뱀)을 퇴치하고 득의양양해 있던 때로 그는 소년에게 이렇게 말했다.

"이 장난꾸러기야, 넌 전쟁 때나 쓰는 무기를 갖고 무엇을 하려는 거냐? 그건 그것을 쓸 만한 사람에게 넘겨 주거라. 나는 이 무기로 저 큰 뱀을 퇴치했다. 독을 품은 몸뚱이로 넓은 들을 활보하던 저 큰 뱀을 말이다. 너는 너의 횃불에 만족하고 심심하면 네가 잘 일으키는 사랑의 불장난이나 해라. 건방지게 내 무기엔 손대지 말고."

이 말을 듣고 아프로디테의 아들 에로스가 대답했다.

"아폴론님, 당신의 화살은 다른 모든 걸 맞힐지 모르나, 내 화살은 당신을 맞힐 겁니다."

이렇게 말하며 에로스는 파르나소스 산 바위 위에서 두 개의 화살을 끄집어냈는데, 그 하나는 애정을 불러일으키는 화살이고, 다른 하나는 그것을 거부하는 화살이었다. 전자는 금으로 되고 끝이 뾰족하였으며, 후자는 무디고 끝이 납으로 되어 있었다. 에로스는 납 화살로 하신(河神) 페네이오스의 딸인 다프네라는 요정을 쏘았고, 금 화살로는 아폴론의 가슴을 쏘았다. 화살을 맞은 아폴론은 곧 이 소녀를 사랑하게 되었다. 하지만 다프네는 전혀 관심이 없었다. 그녀의 유일한 즐거움은 숲 속을 다니며 사냥하는 것이었다. 그녀에게 구애하는 많은 남성들이 있었지만 그녀는 연애나 결혼은 염두에 두지 않고 그들을 모두 거절했다. 그녀의 아버지는 자주 그녀에게 말했다.

"나도 이제 사위도 보고 손자도 봐야 할 게 아니냐?"

결혼을 죄악과 같다고 생각한 다프네는 아버지의 목에 팔을 감으며 말했다.

"아버지, 제발 저도 아르테미스와 같이 결혼하지 않고 언제나 처녀로 있도록 해주세요."

아버지는 하는 수 없이 승낙했다. 그러나 동시에 이렇게 말했다.

"네 아름다운 얼굴이 언제나 그렇게 있도록 내버려 두지는 않을 것이다."

아폴론은 다프네가 죽도록 좋았기 때문에 어떻게 해서라도 그녀를 손에 넣으려고 생각했다. 그는 다프네의 두 어깨에 헝클어져 있는 머리칼을 보고 말했다.

"빗질을 하지 않아도 저렇게 아름다우니, 머리를 곱게 빗으면 얼마나 아름다울까!"

그는 그녀의 눈이 별과 같이 빛나는 것을 보았다. 또 아름다운 입술을 보았다. 그러나 보는 것만으로는 만족할 수가 없었다. 그는 그녀의 손과, 팔을 보고 감탄했다. 그리고 숨겨진 그녀의 몸은 얼마나 더 아름다울지 상상의 나래를 폈다. 그는 다프네의 뒤를 쫓았다. 하지만 다프네는 바람보다 빨리 달아나며 아무리 그가 간청해도 잠시도 발을 멈추지 않았다.

"잠깐만 기다려 주오. 페네이오스의 따님이여, 나는 원수가 아니오. 당신은 양이 늑대를 피하고, 비둘기가 매를 피하듯이 나를 피하고 있으나, 제발 그러지 마오. 내가 당신을 쫓는 것은 사랑하기 때문이오. 나 때문에 그렇게 달아나다가 돌에 걸려 넘어져 다치지나 않을까 걱정이오. 제발 좀 천천히 가오, 나도 천천히 따를 테니. 나는 시골뜨기도 아니고, 무식한 농사꾼도 아니오. 제우스가 내 아버지고, 나는 델포이와 테네도스의 군주요. 그리고 현재와 미래의 모든 것을 다 알고 있소. 나는 노래와 리라의 신이오. 내 화살은 반드시 표적을 맞히오. 그러나 내 화살보다도 더 치명적인 화살이 내 가슴을 뚫었소. 나는 의술의 신이고, 모든 약초의 효능을 알고 있소. 그러나 지금의 나는 어떠한 좋은 약으로도 고칠 수 없는 병에 걸려 괴로워하고 있다오!"

다프네는 계속해서 달아났다. 달아나느라 그의 말도 반밖에 듣지 못했다. 하지만 아폴론에게는 달아나는 모습까지도 매력적으로 보였다. 그 모습은 바람에 돛이 나부끼듯 했고, 흩날리는 머리카락은 흐르는 물과 같았다.

아폴론은 애타는 구애가 계속 거절을 당하자 더 이상 참을 수 없게 되었다. 그래서 온 힘을 다해 그녀를 바싹 뒤쫓았다. 마치 사냥개가 토끼를 추격하고 있을 때와 흡사한 모습이었다. 이렇게 신과 처녀는 계속 달렸다. 아폴론은 사랑의 날개를 타고, 다프네는 공포의 날개를 타고서. 그러나 추격하는 아폴론이 점점 빨라졌기 때문에 다프네와 아주 가까워졌고, 헐떡이는 숨결이 그녀의 머리카락에 닿게 되었다. 다프네는 점점 힘이 빠졌다. 그리고 마침내 쓰러지게 되자 그녀는 아버지 하신(河神)에게 호소했다.

"아버지, 살려 주세요. 땅을 열어 저를 숨겨 주세요. 아니면 제 모습을 바꾸어 주세요. 이 모습 때문에 제가 이런 무서운 일을 당하고 있으니까요."

다프네가 말을 마치자마자 그녀의 사지는 굳어졌으며, 가슴은 부드러운 나무껍질로 둘러싸이고, 머리카락은 나뭇잎이 되고, 팔은 가지가 되었다. 아름다운 그녀의 다리는 뿌리가 되어 땅 속에 뿌리박았다. 그리고 얼굴은 나무 꼭대기의 줄기가 되었으나 아름다움만은 여전했다.

아폴론은 깜짝 놀라 그 자리에 멈춰 섰다. 줄기를 만져 보니 새로운 나무껍질 밑에서 그녀의 몸이 바르르 떨고 있었다. 그는 가지를 끌어안고 힘껏 키스하려고 했다. 그러나 그녀는 그의 입술을 피했다.

아폴론은 말했다.

"그대는 이제 내 아내가 될 수 없으니 내 나무가 되게 하겠다. 나는 그대의 가지를 둥글게 엮어서 내 왕관과 리라와 화살통을 장식하리라. 그리고 위대한 로마의 장군들이 제우스의 신전이 있는 카피톨리움 언덕으로 행진할 때 그대의 잎으로 엮은 화관을 씌우리라. 그리고 또 영원한 청춘이야말로 내가 주재하는 것이므로 그대는 항상 푸를 것이며, 그 잎은 시들지 않도록 하리라."

이미 월계수로 변해 버린 그녀는 나뭇가지를 숙여 보이는 것으로 감사의 뜻을 전했다.

피라모스와 티스베

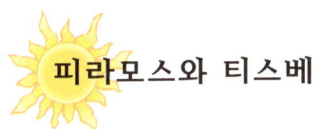

세미라미스 여왕이 통치하는 바빌로니아에서 가장 아름다운 청년은 피라모스였다. 그리고 누구보다도 아름다운 처녀는 티스베였다. 두 사람의 양친은 이웃하여 살고 있었기 때문에 두 젊은이는 금세 친해졌고, 결국에는 사랑하는 사이로 발전했다. 두 남녀는 서로 결혼하고 싶었으나, 부모들이 반대했다. 그러나 부모들도 두 남녀의 사랑의 불꽃을 막을 수는 없었다. 남몰래 속삭이는 사랑인 만큼 그 불꽃은 더 강렬하게 타올랐다.

두 집 사이의 벽에는 틈이 하나 있었는데, 이 틈이 두 사람의 소통의 통로가 되었다. 그들은 이 틈을 통해 사랑을 속삭였다.

"무정한 벽이여, 왜 그대는 우리 두 사람을 떼어 놓는가. 그러나

우리는 결코 그대의 은혜를 잊지 않으리라. 우리가 이렇게 사랑의 속삭임을 주고받을 수 있는 게 다 그대의 덕택이니까."

두 사람은 벽을 사이에 두고 속삭였다. 밤이 되어 각자의 방으로 돌아가야 할 때는 벽에 입을 맞춘 뒤 헤어졌다. 그리고 다음 날, 새벽의 여신 에오스(아우로라)가 밤하늘의 별을 쫓아내고 태양이 풀 위에 내린 이슬을 녹일 때 두 사람은 같은 장소에서 다시 만났다.

두 사람은 자신들의 운명을 한탄한 끝에 마침내 한 가지 계책을 꾸몄다. 다음날 밤 모든 가족이 잠들었을 때, 감시의 눈을 피해 집을 나와 들판에서 만나기로 한 것이었다. 그들은 마을의 경계선 너머에 있는 니노스의 무덤이라고 불리는 유명한 사당의 나무 밑에서 만나기로 했다. 그 나무는 흰 뽕나무였고 시원한 샘 옆에 있었다. 약속을 정한 두 사람은 태양이 물 밑으로 내려가고 밤이 그 위에서 떠오르기를 고대했다.

마침내 티스베는 얼굴을 베일로 가리고, 가족들의 눈에 띄지 않도록 조심스럽게 집을 빠져 나와 약속한 나무 밑으로 갔다. 어두컴컴한 곳에서 연인을 기다리며 혼자 앉아 있으려니 사자 한 마리가 나타났다. 방금 무엇을 잡아먹었는지 입에서 지독한 냄새를 풍기며 물을 마시려고 샘 가까이 다가왔다. 티스베는 깜짝 놀라 몸을 덜덜 떨며 바위틈에 몸을 숨겼다. 그런데 너무 급히 달아나는 바람에 베일을 떨어뜨리고 말았다. 사자는 샘에서 물을 마시고 몸을 돌이키다가 땅 위에 떨어져 있는 베일을 보고는 피 묻은 입으로 그것을 물어뜯었다.

피라모스는 조금 늦게 약속한 장소로 왔다. 그는 도착하자마자 사자의 발자국을 발견했는데 순간 그의 안색이 창백해졌다. 갈기갈기 찢긴 피투성이의 베일을 보았기 때문이었다. 그는 울부짖었다.

"오, 가엾은 티스베여, 그대가 죽은 건 나 때문이오! 나보다도 더 살 가치가 있는 그대가 먼저 가다니. 나도 그대의 뒤를 따르겠소. 그대를 이런 무서운 장소에 오도록 방치한 내가 잘못이오. 오라, 사자들아, 바위 사이에서 나와 이 죄 많은 놈을 너희들의 이빨로 물어뜯어라."

피라모스는 베일을 손에 들고 약속한 곳으로 가서 나무를 끌어안고 키스를 하며 눈물을 흘렸다.

"내 피로 네 몸을 물들이리라."

그리곤 칼을 빼어 자신의 가슴을 찔렀다. 피가 상처로부터 샘솟듯 흘러내려 뽕나무의 하얀 열매를 붉게 물들였다.

티스베는 계속 공포에 떨었지만 연인을 실망시켜서는 안 된다는 생각에 조심스레 고개를 들어 주변을 살폈다. 사자가 보이지 않자 그녀는 천천히 바위 뒤에서 걸어 나왔다. 그리고 불안한 마음으로 연인을 찾아 나무 옆으로 갔다. 그러나 흰 뽕나무의 열매 색이 변해 있는 것을 보고 이상한 생각이 들었다. 그녀는 잠시 주저하고 있었는데, 땅바닥에 쓰러져 있는 한 사람의 모습이 눈에 들어왔다. 티스베는 깜짝 놀라 물러섰다. 온몸이 감전된 것처럼 떨렸다. 그것은 마치 잔잔한 수면에 갑자기 한 줄기의 바람이 지나갈 때 일어나는 물결과 흡사했다. 티스베는

그 사람이 자신의 연인임을 알고는 외마디 비명을 지르며 가슴을 마구 쳤다. 그리고 죽어가는 연인의 몸을 감싸 안고 눈물을 쏟으며 피라모스의 싸늘한 입술에다 수없이 키스를 퍼부었다. 그녀는 부르짖었다.

"오! 피라모스, 이게 어찌된 일입니까. 말 좀 해보세요. 피라모스, 당신의 티스베예요, 오! 제발 고개를 들어 주세요."

피라모스는 티스베라는 말을 듣고는 잠시 눈을 떴으나 이내 감아 버렸다. 티스베는 피에 물든 자신의 베일과 칼을 보게 되었다.

"당신은 자결하셨군요. 나 때문에……. 이번만은 나도 용기를 내겠어요. 내 사랑도 당신의 사랑보다 못하지 않습니다. 나도 당신의 뒤를 따르렵니다. 모두 나 때문이니까요. 죽음만이 당신과 나를 갈라놓을 수 있었으나, 그 죽음도 내가 당신 곁으로 가는 걸 막지는 못할 겁니다. 그리고 우리들의 부모님, 죽음이 우리를 결합시켰으니 부디 우리 두 사람을 한 무덤에 묻어 주세요. 그리고 뽕나무야, 너는 우리들의 죽음을 간직해 다오. 네 열매로 하여금 우리의 피를 기억하도록 해다오."

이렇게 말하면서 티스베는 칼로 자신의 가슴을 찔렀다.

티스베의 양친은 딸의 소원대로 두 사람의 유해를 한 무덤에 묻어 주었다. 그리고 뽕나무는 오늘날까지 새빨간 열매를 맺게 되었다.

케팔로스와 프로크리스

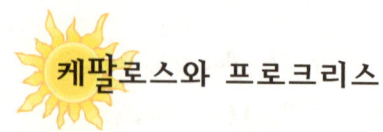

케팔로스는 아름다운 젊은이로 남자다운 스포츠를 좋아했다. 그는 해가 뜨기 전에 일어나 짐승을 좇았다. 새벽의 여신 에오스는 처음으로 지상에 얼굴을 내밀고, 젊은이를 보는 순간 첫눈에 반해 그를 납치했다.

그러나 케팔로스는 이미 아름다운 여인과 결혼해 서로 열렬히 사랑하고 있었다. 아내의 이름은 프로크리스였다. 그녀는 수렵의 여신 아르테미스의 총애를 받았는데 여신은 그녀에게 어떤 개보다도 빨리 달리는 개 한 마리와 그 표적을 틀림없이 맞히는 투창을 선물로 주었고, 프로크리스는 여신에게 받은 이 선물을 남편에게 주었다.

에오스는 케팔로스를 납치했음에도 그가 전혀 미동도 하지 않자 결국 그를 풀어 주었다.

"가거라, 이 배은망덕한 인간아. 가서 네 아내나 소중히 여겨라. 하지만 반드시 그녀한테 돌아간 걸 후회할 때가 올 것이다."

케팔로스는 집으로 돌아왔다. 그리고 전과 같이 사냥을 즐기며, 아내와 더불어 행복한 생활을 했다. 케팔로스는 아침 일찍 집을 나와 혼자 숲과 언덕을 헤매었다. 그의 창은 어떤 경우에도 빗나가는 일이 없는 확실한 무기였기 때문이었다. 사냥에 지치거나, 해가 중천에 오른 때는 차가운 시냇물이 흐르는 강가의 나무 그늘을 찾아 휴식을 취했다. 때로는 소리 높이 혼자 중얼거리기도 했다.

"오라, 감미로운 바람아, 와서 내 가슴에 부채질을 해다오. 오라, 와서 나를 불태우는 열을 식혀 다오."

그런데 어느 날, 케팔로스가 혼자 중얼거리는 소리를 그곳을 지나던 사람이 들었다. 그 사람은 어리석게도 케팔로스가 어떤 처녀와 이야기하는 줄 알고, 이를 케팔로스의 아내 프로크리스에게 가서 전했다. 사랑이란 속기 쉬운 것으로 프로크리스는 뜻하지 않은 얘기를 듣고 기절해 버렸다. 잠시 후 깨어난 그녀가 말했다.

"그럴 리가 없다. 내 눈으로 보기 전엔 절대 믿지 않겠어."

프로크리스는 가슴을 졸이며 다음 날이 되기를 기다렸다. 날이 밝자 케팔로스는 다른 날과 마찬가지로 사냥을 하기 위해 집을 나섰다. 그녀는 몰래 집을 빠져나가 남편이 다른 여인을 만났다는 장소에 가서 몸을 숨기고 그가 오기를 기다렸다. 아무 것도 모르는 케팔로스는 그날도 역시 휴식을 취하기 위해 그곳을 찾았다. 그리고 풀 위에 누워 말했다.

"오라, 감미로운 바람아, 와서 내게 부채질을 해다오. 내가 얼마나 널 사랑하는지는 너도 잘 알지? 네가 있기 때문에 숲도, 내 외로운 산보도 즐겁다."

그런데 문득 흐느끼는 소리가 들렸다. 그는 들짐승일 거라고 생각하며 소리가 나는 곳을 향해 창을 던졌다. 그리고 외마디 비명이 들리자 그는 소리가 난 곳으로 달려갔다. 그런데 어찌된 일인가? 그곳에서는 프로크리스가 피를 흘리면서 몸에 박혀 있는 창, 케팔로스에게 선물로 준 창을 있는 힘을 다해 빼내려고 하고 있는 게 아닌가? 케팔로스는 그녀를 안아 일으키며 출혈을 막으려 했다.

"정신 차려요. 나를 두고 어디로 간단 말이오, 당신 없는 난 생각할 수도 없소. 죽음으로써 나를 책망하지 마오."

그러자 그녀는 살며시 눈을 뜨고는 힘을 다해 입을 열었다.

"여보, 당신이 나를 사랑했다면, 만일 내가 당신의 사랑을 받을 만한 가치가 있었다면 제발 나의 마지막 소원을 들어 주세요. 그 얄미운 바람과는 절대로 결혼하지 말아 주세요."

케팔로스는 모든 것이 오해에서 빚어졌음을 알게 되었다. 그러나 아무 소용이 없었다. 그녀는 이미 숨을 거둔 후였다.

제3장

헤라와 이오

아르테미스와 악타이온

레토와 농부들

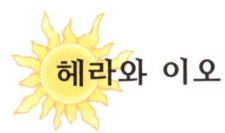 # 헤라와 이오

 헤라는 어느 날 갑자기 날이 어두워지는 것을 보고 직감했다. 남편인 제우스가 뭔가 떳떳하지 못한 일을 저지르고 있어 그것을 숨기기 위해 구름을 일으켰음을.
헤라가 구름을 헤치고 보니 남편은 거울같이 잔잔한 강기슭에 있었고, 그 곁에는 한 마리의 아름다운 송아지가 있었다. 헤라는 이 암송아지 속에는 분명히 인간의 모습을 한 아름다운 요정이 숨어 있을 것이라고 생각했다. 그녀의 예감은 적중했다. 암송아지는 하신(河神) 이나코스의 딸 이오였다. 제우스는 이오와 즐거운 한때를 보내다 아내 헤라의 눈을 피하기 위해 급하게 그녀를 암송아지로 변신시켰던 것이다.

헤라는 남편 곁에 와서 암송아지를 보고 그 아름다움을 칭찬했다.

그리고 누구의 것이며, 무슨 혈통이냐고 물었다. 제우스는 질문을 멈추게 하려고 그것은 지상에서 태어난 새로운 품종이라고 답했다. 그러자 헤라는 그럼 그것을 자신에게 선물로 달라고 했다. 제우스는 망설였다. 그러나 싫다고 하면 의심을 살 것 같아 어쩔 수 없이 승낙했다.

헤라는 의심을 거두지 않고 송아지를 아르고스에게 데려갔다. 아르고스는 머리에 백 개의 눈을 갖고 있었으며 잘 때도 눈을 모두 감지 않았기 때문에 이오를 24시간 감시할 수 있었다. 낮에는 이오에게 마음대로 먹을 것을 먹게 하고 자유롭게 풀어 두었지만 밤에는 목덜미에 보기 흉한 끈을 묶어 두었다. 이오는 팔을 내밀어 아르고스에게 결박을 풀어 달라고 애원하려 했으나 내밀 팔이 없었고, 목소리는 자기 자신도 놀랄 만큼 소의 울음을 닮아 있었다. 아버지와 자매들 곁으로 가도 그들은 등을 쓰다듬으며 아름다운 소라고 감탄할 뿐이었다. 아버지가 한 다발의 풀을 내밀자 이오는 아버지의 손을 핥았다. 이오는 자신이 누구인지를 말하려고 했으나 말을 할 수가 없었다. 마침내 이오는 글씨를 쓸 생각을 하고, 발로 제 이름을 모래 위에 썼다. 아버지 이나코스는 그것을 바로 알아보았다. 그리고 행방이 묘연하던 딸이 소의 모습으로 변한 것을 보고 애통해 했다. 그는 딸의 목을 끌어안으면서 큰 소리로 외쳤다.

"오, 내 딸아. 너를 아주 잃는 편이 덜 애통했을 것 같구나."

제우스는 자신의 연인이 고통을 당하는 것을 보고 괴로워했다. 그리고 헤르메스를 불러 아르고스를 퇴치토록 명령했다. 헤르메스는 서둘러 날개 달린 신을 신고, 머리에는 모자를 쓰고, 잠이 오게 하는 지팡이를 들고 지상으로 내려왔다. 지상에 도착한 헤르메스는 날개를 떼어 내고 지팡이만 손에 든 뒤 양치는 사람으로 변장했다. 그는 아르고스 가까이 가서 이리저리 양을 몰며 피리를 불었다. 그러자 아르고스가 피리 소리를 들으며 말했다.

"젊은이, 이리 와서 내 곁에 앉게. 이 부근이 양이 풀을 뜯기에는 제일 좋은 곳일세. 게다가 이곳엔 자네 같은 양치는 사람들이 쉬기 좋은 그늘도 있네."

헤르메스는 아르고스 곁에 앉아서 이런 저런 이야기를 나누면서 날이 어두워지기를 기다렸다. 그리고 날이 어두워지자 피리로 아름다운 곡을 연주하면서 아르고스를 잠들게 하려고 애썼다. 그러나 아무리 애를 써도 허사였다. 백 개나 되는 아르고스의 눈 중 몇 개는 여전히 감기지 않았다. 헤르메스는 포기하지 않고 자신이 불고 있는 악기가 어떻게 발명되었는지를 아르고스에게 설명했다.

"옛날 시링크스라는 이름의 요정이 있었는데, 숲속에 사는 사티로스와 나무의 요정들로부터 많은 사랑을 받았습니다. 그러나 시링크스는 누구의 사랑도 받아들이려 하지 않고 아르테미스 여신만을 숭배하면서 사냥하는 데만 따라다녔지요. 사냥 옷을 몸에 걸친 시링크스의 모습은 아르테미스 여신과 맞먹을 정도로 아름다웠습니다. 다만 다른 점이 있다면 시링크스의 활은 뿔로 되어 있었으나 아르테미스의 활은 은으로 되어 있었다는 점일 뿐이었습니다. 어느 날 시링크스가 사냥에서

돌아오다가 판을 만났는데, 판은 그녀를 온갖 말로 설득하기 시작했습니다. 하지만 시링크스는 그의 찬사에도 아랑곳하지 않고 달아났습니다. 판은 제방까지 시링크스의 뒤를 쫓아 그곳에서 그녀를 붙잡았습니다. 다급해진 시링크스는 친구인 물의 요정들에게 구원을 청할 수밖에 없었습니다. 요정들은 그녀의 외침을 듣고는 바로 도움을 주었습니다. 그래서 판의 팔이 시링크스의 목을 끌어안았을 때 갑자기 팔이 한 묶음의 갈대로 바뀌었지요. 그가 탄식을 하자 그 탄식은 갈대 속에서 공명(共鳴)했고, 구슬픈 멜로디가 흘러 나왔습니다. 판은 신비스런 음악 소리에 취해 말했습니다. '이렇게 된 바에는 반드시 너를 내 것으로 만들어야겠다.' 그리고 판은 몇 개의 갈대를 합쳐 피리를 만들었습니다. 그런 뒤 그 피리에 시링크스라는 이름을 붙였습니다."

헤르메스는 이야기를 다 끝마치기도 전에 아르고스의 눈이 전부 감긴 것을 확인했다. 그가 잠들어 고개를 떨어뜨릴 때 헤르메스는 칼을 뽑아 그의 머리를 단칼에 쳐냈다. 그러자 그의 머리는 바위 아래로 굴러 떨어졌다. 불운한 아르고스의 백 개의 눈이 한순간에 사라져 버린 것이다. 그리고 헤라는 이 눈들을 빼어 자신의 꼬리에 장식으로 달았다. 그래서 오늘날까지 그 눈들은 공작의 꼬리를 장식하고 있다.

그러나 헤라의 복수심은 더욱 더 불타올랐다. 그녀는 이오를 괴롭히기 위해 한 마리의 등에를 보냈다. 등에는 이오를 추적하여 온 세계를 날아다녔다. 이오는 바다를 헤엄쳐 도망치기도 했다.(훗날 이 바다의 이름은 이오니아의 이름을 따 이오니아 해로 불린다.) 그리고 일리리아의 들을 방황하고, 하이모스의 산에 오르고, 트라키아의 해협을 횡단했다. 트라키아의 해협은 소가 건넜다는 뜻으로 훗날에 보스포루스 해협이라고 부르게 되었다. 이오는 마침내 스키티아를 지나 킴메리아 인이 사는 나라를 배회하다가 네일로스 강(나일 강) 기슭에 다다랐다. 결국 이를 지켜 본 제우스가 개입하여 헤라에게 앞으로는 이오와의 관계를 끊겠다고 약속해 헤라도 이오를 원래의 모습으로 회복시키는 데 동의했다.

이오가 점점 인간의 모습으로 돌아가는 과정은 참으로 기묘했다. 몸에 난 거친 털이 빠지고, 뿔이 사라지고, 눈이 점점 가늘어지고, 입도 점점 작아졌다. 마지막에 손과 손가락이 나타나 암소의 모습은 완전히 사라졌다. 이오는 모습을 되찾았음에도 소의 울음이 날까 두려워 말하기를 꺼렸으나 점점 자신을 회복하고 아버지와 자매들에게로 돌아갔다.

아르테미스와 악타이온

해가 중천에 떠 있던 대낮의 일이었다. 카드모스 왕의 손자인 젊은 악타이온이 그와 함께 산에서 사슴 사냥을 하던 젊은이들에게 이렇게 말했다.

"친구들! 우리의 그물과 무기는 동물들의 피로 물들었다. 하루의 사냥은 이만하면 충분하다. 내일 또 나머지를 계속하기로 하고 태양의 신 아폴론이 대지를 말리고 있는 동안 우리도 잠시 쉬기로 하자."

산에는 삼나무와 소나무가 우거진 골짜기가 있었는데, 그 골짜기는 수렵의 여신 아르테미스에게 바쳐진 것이었다. 골짜기의 제일 깊은 곳에는 동굴이 하나 있었다. 그 동굴은 인간의 손길이 닿은 것은 아니었지만 어떤 기교를 더한 것처럼 보였다. 둥근 천장의 바위가 마치 인간의 손으로 새긴 것처럼 아름다운 형태를 하고 있었기 때문이었다. 한쪽에서는 샘물이 솟고, 웅덩이 주위에는 풀이 우거져 있었다. 숲의 여신 아르테미스는 수렵에 지치면 으레 이곳에 와서 청초한 처녀의 몸을 이 반짝이는 물에다 씻곤 했다.

어느 날 아르테미스는 요정들과 샘으로 왔다. 아르테미스는 창과 화살을 한 요정에게 맡기고, 입고 있던 옷을 벗어 또 다른 요정에게 맡겼다. 그러는 사이 세 번째 요정은 아르테미스의 발에서 신을 벗겼다. 그들 중에서도 가장 솜씨가 좋은 크로칼레는 여신의 머리를 빗겨 주었고, 네펠레와 히알레 및 그 밖의 요정들은 큰 항아리에 물을 담았다.

이렇게 여신이 몸단장을 하고 있을 때 악타이온은 운명에 이끌리듯 이곳으로 왔다. 그가 동굴 입구에 모습을 나타내자, 요정들은 비명을 지르면서 여신 쪽으로 달려가서 자기들의 몸으로 여신의 나체를 가렸다. 그러나 여신은 요정보다도 키가 컸기 때문에 머리가 밖으로 보였다. 놀란 아르테미스의 얼굴에 붉은 빛이 번졌다. 요정들에게 둘러싸여 있었으나 아르테미스는 절반쯤 몸을 돌렸다. 그리고 무슨 생각을 떠올렸는지 갑자기 자신의 화살을 찾았다. 화살이 가까이에 없자, 여신은 이 침입자의 얼굴에 물을 끼얹으면서 말했다.

"가서 아르테미스의 나체를 봤다고 말할 수 있으면 해라."

말이 끝나기 무섭게 가시가 돋친 사슴의 뿔이 악타이온의 머리에서 돋아났다. 그리고 목이 길어지고 귀가 뾰족히게 되고, 손은 말이 되고 팔은 긴 다리가 되었다. 몸엔 털이 나 온몸은 얼룩무늬로 변했

다. 악타이온은 두려워서 달아나기 시작했는데 자신의 빠른 속도에 경탄하지 않을 수 없었다. 그러나 물속에 비친 머리의 뿔을 보았을 때 '아, 이 처참한 꼴이란!' 하고 외치려고 했으나 말이 되어 나오지 않았다. 그는 신음했다. 눈물이 사슴의 얼굴로 변한 그의 얼굴에 흘러내렸다. 하지만 의식만은 남아 있었다. '어떻게 하면 좋을까? 궁전으로 들어갈 것인가, 아니면 숲에 숨어 있을 것인가.' 숲에 있자니 무섭고, 집으로 돌아가자니 부끄러웠다.

이렇게 주저하고 있는 동안에 사냥개들이 그를 발견했다. 제일 먼저 스파르타의 개인 멜람포스가 짖어 신호를 하니, 팜파고스 · 도르케우스 · 라일랍스 · 테론 · 나페 · 티그리스 등 맹견들이 바람보다 빨리 악타이온의 뒤를 쫓아왔다. 바위와 절벽을 넘고 길도 없는 골짜기를 지나서 그는 미친 듯이 도망치고 개들은 추격했다. 사슴을 추격하고, 자신의 개를 격려하던 산 속에서 지금은 자신의 동료들과 사냥개들에게 추격을 당하고 있었다.

그는 '나는 악타이온이다. 네 주인을 모르느냐!'라고 부르짖고 싶었다. 그러나 마음대로 말이 나오지 않았다. 개 짖는 소리만이 온 숲을 뒤덮었다. 이윽고 한 마리의 개가 그의 등에 달려들었고, 또 다른 한 마리는 그의 어깨를 물어뜯었다. 이리하여 두 마리의 개가 자기 주인을 잡고 있는 동안에 다른 개들도 달려와서 이빨로 그의 살을 물어뜯었다. 그는 신음했다. 인간의 소리도 아니었으나 그렇다고 사슴의 소리도 확실히 아니었다. 그는 무릎을 꿇고 바라보았다. 만약 그에게 팔이 있었더라면 애원하기 위해 높이 들었을 것이다. 자신의 동료 사냥꾼들은 개들을 더욱 부추겼다. 그리고 사냥에 참가하라고 악타이온을 소리 높여 불렀다. 자신의 이름을 부르자 악타이온이 머리를 돌렸으나 그들은 전혀 알아채지 못했다. 악타이온이 보이지 않아 섭섭하다는 소리만 들릴 뿐이었다. 만일 그가 사람의 모습으로 있었더라면 그도 개들의 실력에 감탄했을 것이다. 그러나 자신이 그 공훈의 대상이 되다니 그것은 못 견딜 일이었다.

개들은 그를 둘러싸고 물어뜯었다. 이렇게 악타이온이 갈기갈기 찢겨 목숨이 끊어질 때까지 아르테미스의 분노는 풀리지 않았다.

레토와 농부들

어떤 사람들은 악타이온을 벌한 여신의 태도가 너무 가혹하다고 하는가 하면, 또 다른 사람들은 마땅히 그럴 만하다고 찬양했다. 새로운 사건은 옛 사건을 상기시키는 법인데, 이 이야기를 듣고 있던 한 사람이 다음과 같이 말했다.

옛날 루키아의 농부들이 여신 레토를 모욕한 일이 있었는데, 물론 그들도 무사하지는 못했다. 젊은 시절, 나의 부친은 나에게 루키아로 가서 좋은 소를 몇 마리 몰고 오라고 했다. 그리고 나는 거기서 지금 이야기하려고 하는 이상한 사건이 일어난 못과 늪을 보았다. 그 근처엔 오래 된 계단이 있었는데, 희생물을 태운 연기로 검게 그을러 있었으며, 갈대 속에 거의 매몰되어 있었다. 나는 이 제단이 어떤 신

―숲의 신인 판인가, 샘이나 강의 요정인 나이아스인가, 아니면 이 근처 산에 살고 있는 신인가―의 제단인지 물었다. 그러자 그 지방 사람이 대답했다.

"이 제단은 산신(山神)의 것도 아니고, 하신(河神)의 것도 아닙니다. 그것은 한 여인의 것입니다. 그 여인이란 여왕 헤라의 질투로 말미암아 쌍둥이 아폴론과 아르테미스를 데리고 쫓겨 다니던 여신 레토입니다. 거처도 없이 여기저기 떠돌던 레토는 두 어린 신을 팔에 안고 이 고장에 도착했습니다. 그녀는 지칠 대로 지쳐 있었습니다. 갈증을 느낀 레토는 골짜기에서 맑은 물이 솟아 나오는 것을 보고 물을 마시려고 했습니다. 그런데 마을 사람들이 물을 마시지 못하게 했습니다. 이에 여신이 말했습니다. '왜 물을 먹지 못하게 합니까. 물은 누구나 마음대로 먹을 수 있는 것입니다. 자연은 햇빛이나 공기, 물을 개인의 것으로 허락하지 않았습니다. 누구나 누릴 수 있는 자연의 혜택을 나도 누리려고 할 따름입니다. 그런데도 불구하고 나는 당신들에게 간청하고 있습니다. 나는 피로에 지친 이 팔다리를 씻으려는 게 아니고, 오직 목을 축이려는 것입니다. 나는 지금 말도 못할 정도로 갈증에 시달리고 있습니다. 내게는 물 한 모금이 넥타르와 같을 것입니다. 그건 나를 소생시킬 것이고, 나는 당신들을 생명의 은인으로 삼겠습니다. 이 어린것들을 봐서라도 은혜를 베풀어 주십시오.' 레토의 말에 누가 감동하지 않겠습니까. 그러나 농부들은 완고하게 거절했습니다. 그들은 레토를 조롱하며 이곳에서 당장 물러가지 않으면 그냥 두지 않겠다고 위협까지 했습니다. 그뿐 아니었습니다. 그들은 신발을 신은 채 물에 들어가 발로 물을 휘저어서 흙탕물이 일게 했습니다. 이에 레토는 크게 노해 갈증도 잊었습니다. 어리석은 자들에게 애원하던 것을 멈추고, 양손을 하늘로 향해 높이 쳐들고 부르짖었습니다. '원컨대 그대들은 이 못을 떠나지 말고 한평생 여기서 살도록!' 그러자 그녀의 말은 바로 현실이 되었습니다. 그들은 지금도 물속에 살고 있습니다. 때로는 몽땅 물속으로 들어가기도 하고 때로는 수면에 손을 내밀기도 하고, 헤엄치기도 합니다. 때로는 못가에 나오기도 하지만 바로 다시 물속으로 뛰어 들어갑니다. 그들은 지금도 상스러운 목소리로 욕지거리를 내뱉고 있습니다. 물을 온전히 차지했으면서도 아직 부족한 것이 있는지 계속 개골개골 울고 있습니다. 그들의 목소리는 거칠고, 목구멍은 부풀어 있습니다. 항상 욕지거리를 달고 살기 때문에 입은 넓게 째지고, 목은 오므라들어 없어지고, 머리와 몸뚱이가 한데 붙어 버렸습니다. 등은 녹색이고, 몸뚱이에 어울리지 않게 큰 배는 흰색입니다. 한마디로 그들은 개구리가 된 것이며 진흙투성이인 못에서 살고 있습니다."

제4장

파에톤

파에톤

파에톤은 아폴론과 요정 클리메네의 아들이다. 어느 날 한 친구가, "네가 무슨 신의 아들이냐?"고 비웃자 화가 난 파에톤은 집으로 돌아가 어머니에게 말했다.

"어머니, 만일 제가 정말 신의 아들이라면 그 증거를 보여 주십시오. 그리고 명예스러운 신분을 보장해 주십시오."

클리메네는 하늘을 향해 손을 뻗어 말했다.

"나는 내 말의 증인으로, 우리들을 내려다보고 있는 태양신을 내세우겠다. 만약 내 말이 거짓이라면 지금 당장에 죽어도 한이 없다. 그리고 네가 직접 가서 물어 보는 것도 그다지 어렵지 않을 게다. 태양이 떠오르는 나라는 우리나라와 바로 닿아 있으니까. 태양신에게 가서 너를 자신의 아들로 인정하느냐고 물어 보거라."

파에톤은 어머니의 말을 듣고 기뻐했다. 그는 바로 해 뜨는 지방, 인도를 향해 길을 떠났다. 태양신의 궁전은 원주(圓柱) 위에 높이 솟아 황금과 보석으로 빛나고 있었다. 천장은 빛나는 상아로, 문은 은으로 되어 있었는데 벽에는 헤파이스토스가 훌륭한 솜씨로 땅과 하늘, 바다와 거기에 사는 주민들의 모습을 새겨 놓았다. 바다에서는 요정들이 서로 장난치며 물고기 등에 타거나 바위 위에 앉아 바닷물처럼 푸른 머리카락을 말리고 있었다. 대지에는 마을과 숲과 강과 전원의 신들이 새겨져 있었다. 그리고 이 모든 것 위에는 영광스러운 천계(天界)의 모습이 있었다. 또 은으로 된 문에는 양쪽에 여섯 개씩, 십이 궁(宮)의 성좌가 조각되어 있었다.

클리메네의 아들 파에톤은 험한 오르막길을 올라가서 그의 아버지가 있는 집으로 들어갔다. 그리고 아버지를 찾았는데, 빛이 너무 눈부셨기 때문에 가까이 가지 못하고 발을 멈추었다.

자줏빛 옷을 입은 아폴론은 금강석을 박은 듯 반짝이는 왕좌에 앉아 있었다. 좌우에는 날(日)의 신과 달(月)의 신, 해(年)의 신이 서 있었고, 그 옆으로 일정한 간격을 두고 때(時)의 신들이 서 있었다. 봄의 여신은 머리에 화관을 쓰고 있었고, 여름의 신은 옷을 벗은 채 익은 곡식 줄기로 만든 관을 쓰고 있었으며, 가을의 신은 발이 포도즙으로 더럽혀져 있었고, 겨울의 신은 흰 서리로 머리카락이 꽁꽁 얼어 있었다.

삼라만상을 내려다볼 수 있는 눈을 가진 태양신 아폴론은 진기한 광경에 눈을 휘둥그레 뜨고 있는 젊은이를 발견하고는 대체 무슨 일로 왔느냐고 물었다.

"오, 끝없는 세계의 빛, 빛나는 태양의 신, 내 아버지, 이렇게 불러도 좋겠습니까? 제발 제가 당신의 아들이라는 걸 알 수 있도록 증거를 보여 주십시오."

파에톤은 대답을 기다렸다. 그러자 아폴론은 머리에 쓰고 있던 빛나는 왕관을 옆에 벗어 놓고, 젊은이에게 좀더 가까이 오라고 명령했다. 그리고 그를 끌어안으면서 말했다.

"너는 내 아들임에 틀림이 없다. 나는 네 어머니가 말한 것이 사실이라고 확신한다. 네 의심을 풀기 위해 뭐든지 네가 원하는 선물을 줄 테니 말해 보아라. 나는 아직 본 일이 없다마는 우리 신들이 가장 엄숙한 약속을 할 때 내세우는 저 무서운 강을 증인으로 세울 수도 있다."

이에 파에톤은 태양의 이륜차(二輪車)를 하루만이라도 좋으니 사용할 수 있게 해 달라고 했다. 아폴론은 자신의 약속을 후회했다. 몇 번이나 머리를 흔들며 거절했다.

"내가 너무 경솔한 말을 했구나. 그 청만은 거절하고 싶다. 그런 청을 들어 준다는 건 도리어 네게 해가 될지도 모른다. 그리고 또 그 마차를 다루는 것은 네게 버거운 일이다. 너는 인간임에도 인간의 힘에 넘치는 일을 하기를 원하고 있구나. 네가 원하는 일은 감히 신들조차 엄두를 내지 못하는 일이다. 나 외에는 저 타오르는 차를 부리지 못한다. 오른팔로 무시무시한 번개를 던지는 제우스까지도 그 일만은 불가능하다. 그 차가 가는 첫 길은 험해서 말들이 오르기도 어려우며, 중간 길은 높은 하늘에 있기 때문에 나도 아래를 내려다보기가 아찔할 정도다. 그리고 마지막 길은 경사가 심해서 차를 부리는 데 가장 어렵다. 나를 맞이하기 위해 기다리고 있는 바다의 여신 테티스는 내가 거꾸로 넘어지지나 않을까 노심초사한다. 뿐만 아니라 하늘은 늘 회전하면서 여러 별들을 가져오는데 나는 그 회전 운동에 휩쓸리지 않도록 부단히 경계하지 않으면 안 된다. 만약 내가 네게 그 이륜차를 빌려 준다면, 너는 어떻게 할 작정이냐? 하늘이 빙글빙글 회전하는데 진로를 똑바로 유지할 수 있겠느냐? 또 이륜차를 끌고 가는 말을 몰기도 쉬운 일이 아니다. 왜냐하면 말들의 가슴은 입과 콧구멍으로부터 내뿜는 불로 가득 차 있기 때문이다. 나조차도 말을 몰기가 쉽지 않다. 잘 생각해 보거라. 내가 네게 이륜차를 몰 수 있도록 허락하는 것은 네 생명을 위태롭게 하는 일일지도 모른다. 그러니 부디 너의 청을 거두어라. 내가 이렇게 너를 걱정하는 것이 바로 혈육이라는 증거가 아니고 무엇이겠느냐. 네가 내 가슴속을 들여다볼 수만 있다면 넌 그곳에서 한 아비 된 자의 진실한 마음을 알 수 있을 것이다."

그는 계속 말했다.

"자, 세계를 돌아보고 바다의 것이든 지상의 것이든 네가 갖고 싶은 것을 선택해라. 네 마음대로 하게 해줄 테다. 단, 이륜치만은 제외해라. 그건 파멸을 초래할 뿐이다. 아직도 내 목을 껴안고 조르는구

나. 그래, 네가 그렇게 고집을 부린다면 어쩔 수 없구나. 약속을 한 이상 지켜야만 하니까. 그러나 좀더 현명한 선택을 했으면 좋겠다."

아폴론이 아무리 만류해도 파에톤은 소신을 굽히지 않았다. 그래서 결국 아폴론은 파에톤을 천계의 이륜차가 놓여 있는 곳으로 데리고 갔다. 그 이륜차는 헤파이스토스가 선사한 것으로서 금으로 만든 것이었다. 차축은 물론 채와 바퀴도 금으로 되어 있었고, 바퀴의 살만 은으로 되어 있었다. 좌석의 측면에는 감람석과 금강석을 박은 것이 여러 줄 있었는데, 그것이 태양의 광선을 사방으로 반사시켰다.

파에톤이 감탄하면서 들여다보고 있을 때, 새벽의 여신은 동쪽의 자줏빛 문을 열어젖히고 여기저기 장미를 뿌린 길을 드러냈다. 별들은 금성(金星)의 지휘 아래 물러나고 마지막에는 금성도 사라졌다. 아버지 아폴론은 지구가 붉게 빛나기 시작하고 달의 여신이 퇴각하려고 하는 것을 보고 시간의 신들에게 명령하여 말들에게 마구를 지게 했다. 그들은 명령에 복종하여 말을 몇 필 끌어내어 재갈을 물리고 고삐를 매었다. 아폴론은 아들의 얼굴에 영약을 발라 화염의 열에도 견딜 수 있도록 했다. 아버지는 전에 벗어 놓았던 빛의 관을 머리에 다시 쓰고 불길한 일을 예감한 듯이 탄식했다.

"내 아들아, 적어도 한 가지만은 명심해야 한다. 다름 아니라 채찍질을 삼가고, 고삐를 꼭 쥐고 있어야 한다는 것이다. 말들은 멋대로 질주해서 제어하기가 어렵다. 다섯 개의 궤도 사이를 곧장 가서는 안 되고, 왼편으로 비켜 가야 한다. 중간 지

대로만 가고 북극 지대나 남극 지대는 피해야 한다. 수레바퀴의 자국을 볼 수 있을 텐데, 그게 길의 방향을 가르쳐 줄 것이다. 진로를 너무 높이 잡거나 너무 낮게 잡으면 안 된다. 너무 높게 잡으면 천상의 신들의 집들을 태워 버리게 될 것이고, 너무 낮게 잡으면 지상에 불을 지르게 될 것이다. 내가 너에게 해줄 수 있는 것은 여기까지다. 나는 너를 운명에 맡긴다. 행운을 기원하는 마음이 간절하다. 모든 것이 운명에 달렸으니 말이다. 밤이 서쪽 문 밖으로 나가고 있으니 더 이상 지체할 수 없다. 고삐를 잡아라. 만일 할 수 없다고 판단되면 어디든 안전한 곳에서 발을 멈추어라. 그리고 지구를 비추고 따뜻하게 하는 일은 내게 맡겨라."

파에톤은 마음 내켜하지 않는 아버지에게 감사하다는 말을 되풀이하면서 이륜차에 뛰어올랐다. 그리고 가슴을 쭉 펴고 기쁨에 넘쳐 고삐를 잡았다.

말들은 콧바람을 불고, 불을 뿜는 숨을 내쉬며 발을 구르고 있었다. 고삐를 풀어 주니, 우주의 무한한 대평원이 그들 앞에 펼쳐졌다. 그들은 구름을 헤치고 앞으로 돌진하여 같은 지점에서 출발한 미풍보다도 앞서 나아갔다. 말들은 수레가 전보다 가벼운 것을 감지했다. 이륜차는 그래서 더욱 덜컹거렸고 말들은 더욱 날뛰어 궤도를 벗어나게 되었다. 파에톤은 깜짝 놀라 어떻게 말을 몰아야 할지 몰랐다. 설령 알았다하더라도 힘에 부쳤다.

궤도를 벗어난 마차 때문에 큰곰자리와 작은곰자리가 불에 그슬었다. 북극에서 몸을 움츠리고 있던 뱀은 온기를 느끼고는 광포한 성질을 드러냈다. 파에톤은 안색이 창백해져 몸을 떨었다. 사방이 휘황찬란한데도 불구하고 그의 눈은 몽롱해졌다. '아버지의 말에 왜 손을 대었던가? 아버지인 줄 모르고 소원도 거절당했더라면 얼마나 좋았을까?' 하고 그는 후회했다. 파에톤은 폭풍우에 흔들리는 배와도 같이 떠내려갔다. 먼 길을 달려 왔으나 앞으로 남은 길은 그보다 훨씬 더 멀었다. 그는 한 방향에서 다른 방향으로 돌렸다. 출발점을 돌아보기도 하고, 도착할 것 같지도 않은 해 지는 나라를 쳐다보기도 했다. 그는 자제력을 잃고 어찌할 바를 몰랐다. 고삐를 죄어야 할 것인가, 늦춰야 할 것인가. 말들의 이름도 생각이 나지 않았다. 그는 천상의 도처에 산재해 있는 여러 괴물들을 보고는 공포에 떨었다. 특히 두 팔을 벌리고 독기를 내뿜으며 송곳니로 위협하는 큰 전갈을 보고는 정신을 잃고 고삐를 놓쳤다. 고삐가 풀린 것을 느낀 말들은 줄달음을 쳤다. 이륜차는 길도 없는 곳에 내던져지고, 때로는 높은 하늘 위로 오르고, 때로는 거의 지구 가까이까지 내려갔다.

달의 여신은 오라비의 이륜차가 자신의 차 밑을 달리는 것을 보고 깜짝 놀랐다. 구름은 연기를 내기 시작했고, 산꼭대기에는 불이 붙었다. 들은 화염 때문에 불에 탔고, 무성한 수목과 곡식들도 화염 속으로 사라졌다. 그러나 이것은 시작에 불과했다. 큰 도시의 건물은 물론 국민들도 재가 되었다.

파에톤은 온 세계가 불바다가 된 것을 보았고, 사신도 그 열기로 견딜 수 없게 되었다. 그가 호흡하는 공기는 커다란 용광로에서 뿜어

내는 공기처럼 뜨거웠고, 불탄 재로 가득 차 있었다.

이때부터 에티오피아 사람들은 열 때문에 갑자기 체내의 검은 피가 피부 표면에 몰리게 되어 피부색이 검게 되었고, 리비아의 사막도 열 때문에 물이 말라 생겨난 것이라고 믿게 되었다. 샘의 요정들은 머리를 풀고 말라 가는 물을 슬퍼했는데, 둑 아래를 흐르는 강 또한 무사하지는 않았다. 대지는 크게 갈라지고 바다는 오그라들었다. 전에 바닷물이 있던 곳은 건조한 평원이 되고, 물 아래 파묻혔던 산은 머리를 들고 섬이 되었다. 물고기들은 가장 깊은 곳을 찾아가고, 돌고래는 전과 같이 해상에서 활동할 용기를 잃었다.

포세이돈은 세 번이나 수면에 머리를 내밀었다가, 너무 뜨거워 물속으로 다시 들어갔다. 대지의 여신은 물로 둘러싸여 있었으나, 머리와 어깨는 노출되어 있었기 때문에 손으로 얼굴을 가리고 제우스를 불렀다.

"오, 신들의 지배자여, 만일 내가 이런 대우를 받아 마땅하고, 불에 타 죽는 게 당신의 뜻이라면 왜 당신의 번개를 내리지 않으십니까? 기왕 죽이시려거든 직접 손을 내려 죽여주십시오. 이게 내 다산(多産)과 충실한 봉사에 대한 보답입니까? 나는 가축에겐 풀을, 인간에겐 과실을 주었고, 당신의 제단에는 유향(乳香)을 바쳤는데 그 보답이 이것입니까? 나는 그렇다 해도 내 동생 오케아노스는 무슨 잘못을 저질렀기에 이런 불행을 겪어야 합니까? 또 우리 둘이 다 당신의 동정을 받을 수 없다면, 원컨대 당신의 하늘을 생각해 보십시오. 그게 타 버리면 궁전은 허물어질 게 틀림없습니다. 아틀라스 신까지도 쇠약해지고, 그의 짐을 감당 못할 정도입니다. 바다와 지구를 하늘이 사멸한다면 우리는 옛날과 같은 카오스로 떨어질 것입니다. 아직 남아 있는 것이라도 화염으로부터 구해 주십시오. 이 공포로부터 우리를 구해 주십시오."

대지의 여신은 뜨겁고 목이 말라 더 이상 호소할 수 없었다. 전능한 제우스는 모든 신들(파에톤에게 이륜차를 빌려준 아폴론도 포함)을 소집하여 그 광경을 보여주고는 긴급 구제책이 강구되지 않으면 모든 것이 멸망하리라 예언한 뒤 높은 탑으로 올라갔다. 그 탑은 제우스가 그 위에서 구름을 지상에 퍼뜨리고 번개를 던지는 곳이었다. 그러나 그때는 지상을 가릴 구름이 한 점도 없었고 빗방울도 한 방울 남아 있지 않았다.

제우스는 우레 소리를 내고 번쩍이는 전광을 오른손에 쥐고 흔들다가 이륜차를 몰던 파에톤을 향해 던졌다. 파에톤은 마차에서 떨어지며 불에 타기 시작했는데 강의 신인 에리다노스는 그를 받아들여 불이 붙은 그의 시체를 식혀 주었다. 이탈리아의 나이아스들은 그를 위해 무덤을 만들고 묘석에 다음과 같은 비문을 새겼다.

파에톤, 제우스의 천둥번개를 맞고 이 돌 밑에 잠들다.
부친의 이륜차를 몰지는 못했지만 그의 뜻만은 고매했다.

파에톤의 누이는 오빠의 운명을 탄식한 나머지 강가의 포플러나

무로 변했다. 그리고 끊임없이 흐르는 그녀의 눈물은 강으로 떨어져 호박(琥珀)이 되었다.

제5장

미다스

바우키스와 필레몬

미다스

 디오니소스는 어느 날, 그의 어릴 때 스승이며 양아버지인 연로한 실레노스가 행방불명이 된 것을 알게 되었다. 한 노인이 술에 취해 방황하고 있는 것을 농부들이 발견하고, 그들의 왕인 미다스에게 데리고 간 것이었다. 미다스는 이 노인이 실레노스임을 알고는 따뜻이 맞아들여 열흘에 걸쳐 밤낮을 가리지 않고 계속 주연을 베풀어 노인을 환대했다. 열하루 만에 미다스는 실레노스를 무사히 돌려보냈다.

디오니소스는 그 소식을 듣고는 미다스에게 사례로 무엇이든 원하는 것을 선택하라고 말했다. 미다스는 그렇다면 무엇이든 자기의 손이 닿는 것은 금으로 변하게 해달라고 요청했다. 디오니소스는 미다스가 더 좋은 선택을 하지 않은 것을 유감으로 생각하면서도 그의

청을 들어주었다.

미다스는 새로운 능력을 얻은 것을 크게 기뻐하며, 자신의 궁전으로 돌아가 바로 그 능력을 시험해 보았다. 참나무 가지를 꺾자 순식간에 그 가지는 황금 가지로 변했다. 미다스는 자신의 눈을 의심했다. 그리고 이번에는 돌을 주워들었다. 그러자 그것도 황금으로 변했다. 잔디를 만지자마자 그것도 마찬가지였다. 미다스의 기쁨은 한이 없었다.

그는 하인들에게 훌륭한 음식을 장만하라고 분부했다. 그런데 놀라운 일은 그가 빵을 만져도 그것이 황금으로 변한다는 것이었다. 무엇이든 손에 쥐자마자 황금으로 변해 그는 음식을 먹을 수가 없었다. 포도주를 마시려고 해도 마실 수가 없었다.

간담이 서늘해진 미다스는 마력에서 벗어나려고 애를 썼다. 그리고 조금 전까지 그토록 원했던 선물을 증오하기 시작했다. 그러나 아무리 증오해도, 무엇을 하려 해도 허사였다. 굶주려 죽는 일만이 그를 기다리고 있는 것 같았다. 미다스는 금으로 빛나는 양 팔을 들고 "이 황금의 멸망으로부터 구원해 주십시오." 하고 디오니소스에게 애원했다. 디오니소스는 자비심이 많은 신이어서 미다스의 소원을 들어 주기로 하고 말했다.

"파크톨로스 강의 수원(水源)까지 거슬러 올라가 그곳에서 머리와 몸을 씻어라. 그리고 네가 범한 과오와 그에 대한 벌을 씻어라."

미다스는 디오니소스가 일러 준 대로 했다. 강물에 손을 담그자 금을 창조하는 능력이 물속으로 사라졌는데 모래가 황금으로 변했다.

그 후로 미다스는 부귀와 영화를 싫어하게 되었고 시골에 살면서 들의 신인 판의 숭배자가 되었다.

어느 날 판은 무모하게도 리라의 신인 아폴론에게 연주시합을 하자고 도전했다. 아폴론은 도전에 응했고, 산신인 트몰로스가 심판자로서 선정되었다. 트몰로스는 심판석에 앉아 잘 듣기 위해 귀에서 수목을 제거했다. 신호가 나자 판이 먼저 피리를 불었다. 꾸밈없는 멜로디는 판 자신과 그의 충실한 신자인 미다스에게 큰 만족감을 주었다.

판의 연주가 끝나고 트몰로스가 머리를 태양신 아폴론에게 돌리니 모든 수목들도 그를 따랐다. 아폴론은 일어섰다. 이마에는 파르나소스 산의 월계수로 만든 관을 쓰고, 티루스 지방에서 나는 자줏빛 염료로 물들인 옷을 걸치고 있었다. 그는 왼손에 리라를 들고 오른손으로 그 현을 탔다. 리라 소리에 혼을 뺐긴 트몰로스가 즉석에서 태양신에게 승리를 선언하자, 미다스를 제외하고는 모두 판정에 만족했다.

미다스는 이의를 제기하고 심판의 정당성을 의심했다. 아폴론은 연주의 아름다움을 느끼지 못하는 무식한 귀를 인간의 귀의 형태로 두어서는 안 되겠다고 생각했다. 그리고 미다스의 귀를 길게 늘이고, 안팎으로 털이 나게 했다. 즉 당나귀 귀의 모양으로 만들었다.

미다스는 기분이 상했으나 큰 수건으로 귀를 감추면 된다며 스스로를 달랬다. 그러나 그의 이발사만은 비밀을 알고 있었다. 이발사는 비밀을 발설하면 엄벌에 처한다는 협박을 받았지만 입이 근질거려 참을 수가 없었다. 그래서 이발사는 초원으로 가서 바닥에 구멍을 파고 그 위에 몸을 구부려 비밀을 속삭이고 다시 흙으로 덮었다. 그 후 얼마 가지 않아 초원에는 갈대가 자라났는데, 무성해진 갈대는 비밀을 속삭이기 시작했고, 오늘날까지도 바람이 그 위를 스치고 지나갈 때마다 계속 속삭이고 있다.

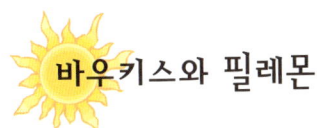
바우키스와 필레몬

프리기아의 언덕 위에 보리수와 참나무가 한 그루씩 있다. 그리고 그곳에서 얼마 멀지 않은 곳에 늪이 하나 있는데, 웅덩이가 곳곳에 있고 늪 새와 가마우지들이 잘 모여들었다.

언젠가 제우스가 인간의 모습을 하고 이 땅을 방문한 적이 있었다. 그의 아들인 헤르메스도(지팡이는 가지고 있었으나 날개를 떼어 놓고) 동행했다. 그들은 피로한 나그네처럼 이집 저집의 문전에 서서 하루 저녁 쉴 곳을 찾았으나 문이 모두 닫혀 있었다. 늦은 밤이었고 몰인정한 주민들은 그들을 모른 척했다.

마침내 한 보잘것없는 오막살이집에서 그들을 맞아들였다. 그 집은 노파 바우키스와 그의 남편 필레몬의 집이었다. 그들은 가난을 부끄럽게 여기지 않고 욕심 없는 청빈한 마음으로 살아 왔다. 그들 두 사람이 가족의 전부였고, 주인인 동시에 하인이었다. 천상에서 방문한 두 사람의 나그네가 초라한 집에 들어와 머리를 숙이고 얕은 대문을 들어섰을 때, 남편은 자리를 만들고 노파는 무엇을 찾는 듯이 서성거리더니 자리 위에 천을 갖다 펴고 그들에게 앉기를 권했다. 그리고 잿더미 속에서 불씨를 찾아내서 마른 나뭇잎에 불을 붙였다. 노파는 방 한구석에서 장작과 마른 나뭇가지를 가지고 와서 잘게 쪼개어 작은 가마 밑에 넣었다.

남편이 정원에서 채소를 뜯어 오니 노파는 잎을 뜯어 잘게 썰어서 냄비에 넣었다. 그리고 남편은 막대기로 굴뚝에 걸어 놓았던 베이컨 덩어리를 끄집어 내렸다. 그리고 그것을 한 조각 베어 냄비 속에 넣고 나머지는 다음에 쓰기 위해서 남겨 놓았다. 또 너도밤나무로 만든 그릇에는 손님들의 더운 세숫물이 마련되어 있었다.

노인 내외는 이런 준비를 하는 동안에도 서로 여러 가지 이야기를 건네어 손님들의 지루한 시간을 덜어 주었다.

손님들을 위해 준비된 의자에는 해초를 넣어서 만든 방석이 깔려 있었고, 그 위에는 천을 덮어 놓았는데, 이 천은 낡고 초라한 것이었으나 그나마 큰일을 치를 때나 내놓는 것이었다. 앞치마 차림의 노파는 떨리는 손으로 음식을 식탁으로 날라 왔다. 그런데 식탁의 다리 하나가 짧아 뒤뚱거리자 노파는 얇은 널빤지로 괴어 뒤뚱거리지 않게 고정시켰다. 그런 다음 노파는 좋은 향기가 나는 풀로 식탁을 닦았다. 그리고 그 위에 정숙한 처녀신 아르테미스의 성목(聖木)인 올리브나무의 열매와 식초에 절인 산딸기를 놓았다. 또 무와 치즈, 달걀을 곁들였다. 접시는 다 토기였고, 그 옆에는 흙으로 만든 주전자와 나무 컵이 놓여 있었다. 모든 준비가 다 되었을 때 김이 무럭무럭 나는 스튜가 식탁에 올려졌다. 그리 오래된 것은 아니었지만, 포도주도 곁들여 나왔다. 디저트는 사과와 꿀이었다.

이렇게 노부부가 차린 음식도 좋았지만, 무엇보다 훌륭했던 것은 부부의 화목한 모습과 정성스러운 환대였.

식사가 진행되는 동안에 노인들은 술을 따르자마자 저절로 병에 술이 가득 차자 놀라움을 감추지 못했다. 두근거리는 가슴을 진정시키며 이들은 두 손님이 천상에서 온 신임을 알고 무릎을 꿇고 두 손을 깍지 끼고 대접이 소홀하였음을 용서해 주십사 빌었다. 그런 뒤 노부부는 집에서 애지중지 기르는 거위 한 마리를 잡아서 대접하려고 했다. 그러나 거위는 노인들에게 쉽게 잡히지 않고 마침내 신들 사이에 가서 몸을 피했다. 신들은 거위를 죽이지 말라면서 다음과 같이 말했다.

"우리들은 하늘의 신이다. 이런 야박한 마을은 벌을 받아 마땅하다. 그러나 너희들만은 그 벌을 면하게 하리라. 이 집을 떠나 우리와 더불어 저 산정으로 가자."

노부부는 신들의 말에 따라 지팡이를 손에 들고 험준한 언덕길을 올라갔다. 그리고 산정 가까이 다다랐을 때 눈을 돌려 밑을 내려다보니 그들의 집만 제외하고는 마

을이 온통 호수 속에 잠겨 있었다. 노부부가 그 광경을 보고 이웃들의 운명을 탄식하고 있을 때 그들의 초라한 집이 갑자기 신전으로 변했다. 네모난 기둥 대신에 원주(圓柱)가 서고, 지붕을 인 짚은 금빛으로 빛나면서 황금 지붕으로 둔갑했다. 마루는 대리석으로, 문은 조각과 황금으로 아름답게 장식되어 있었다.

이윽고 제우스는 인자한 어조로 다음과 같이 말했다.
"훌륭한 노부부여, 당신들의 소원을 말하시오. 당신들에게 어떤 은총을 베풀었으면 좋겠소?"

노부부는 잠시 상의한 뒤에 신들에게 소원을 말했다.

"우리는 사제(司祭)가 되어 당신의 이 신전을 지켰으면 합니다. 그리고 우리는 사랑과 화목 속에서 생애를 보냈으므로 이 세상을 떠날 때도 함께 떠나게 해주십시오."

두 사람의 소원은 받아들여졌다. 그들은 살아 있는 동안 신전을 지켰다.

장수를 누린 그들은 어느 날 신전의 계단 위에 서서 함께 이야기를 했는데 바우키스는 필레몬의 몸에서 나뭇잎이 돋아 나오는 것을 보았고, 늙은 필레몬도 바우키스의 몸에서 똑같은 변화가 일어나는 것을 보았다.

"잘 있어요, 임이여."

그들이 입을 모아 인사를 끝내자 나무껍질이 그들의 입을 덮어 버렸다.

티니아 지방의 양치기들은 지금도 우리들을 이 선량한 노부부가 변해 가지런히 서 있는 두 그루의 나무가 있는 곳으로 안내해 준다.

제6장

페르세포네

글라우코스와 스킬라

페르세포네

제우스와 그의 형제들이 티탄 신족을 물리쳐 추방하자 또 새로운 적들이 신들에게 대항해 일어났다. 그들은 티폰, 브리아레오스, 엥켈라도스 등의 거인 족이었다. 그들 중에는 백 개의 팔을 가진 자도 있었고, 어떤 자는 불을 내뿜기도 했다. 하지만 그들은 결국 정복되어 에트나 산 밑에 생매장되었는데, 그들은 아직도 때때로 그곳에서 도망치려고 몸부림을 쳐서 섬 전체에 지진을 일으킨다. 그들의 숨결은 산을 뚫고 상승하기도 하는데 이것이 이른바 화산의 분화라고 부르는 것이다.

이들 괴물이 추락할 때 지구를 동요시켜 명계(冥界)의 왕인 하데스를 놀라게 했다. 그는 자신의 왕국이 백일하에 드러나지 않을지 걱정되어 이륜전차를 타고 피해의 정도를 확인하기 위해 시찰을 떠났다.

그가 시찰을 하는 동안 아프로디테는 에릭스 산 위에서 아들 에로스와 즐거운 시간을 보내고 있었는데 하데스를 발견하고는 아들에게 다음과 같이 말했다.

"내 아들아, 모든 사람을, 제우스까지도 정복할 수 있는 네 화살로 저기 가는 저 왕의 가슴을 맞추어라. 그자만 봐 줄 필요는 없다. 너와 내 영토를 넓힐 기회를 놓치지 마라. 천상에서도 우리의 세력을 멸시하는 자가 있는 것을 너는 아느냐. 지혜의 여신인 아테나와 수렵의 여신인 아르테미스가 우리를 멸시하고 있다. 또 케레스의 딸 페르세포네도 그들의 흉내를 내려 하고 있다. 만약 네가 이해에 대해 관심을 가진다면, 네 자신의 이해와 나의 이해를 동일시해라. 네 이해가 내 이해요, 내 이해가 곧 네 이해니까."

에로스는 화살통을 풀어 가장 예리하고 가장 잘 맞는 화살을 골랐다. 그리고 무릎을 꿇고 잘 겨눈 뒤에 화살을 하데스의 가슴에 정통으로 쏘았다. 화살을 맞은 하데스는 마침 호수에서 페르세포네를 보게 되었다. 페르세포네는 백합꽃과 오랑캐꽃을 바구니와 앞치마에 하나 가득 따면서 친구들과 놀고 있었다. 하데스는 그녀를 보자마자 연정을 느껴 납치했다. 그녀는 사람 살리라고 어머니와 친구들에게 외쳤지만 아무 소용이 없었다. 약탈자 하데스는 황급히 마차를 몰아 키아네 강에 도달하자 강과 대지를 갈라 명계로 향하는 통로를 만든 뒤 홀연히 사라졌다.

케레스는 빼앗긴 딸을 찾아 온 세상을 헤매었다. 새벽의 여신인

금발의 에오스가 아침 일찍 일어났을 때도, 헤스페로스(금성)가 저녁에 별들을 대동하고 나타났을 때도 케레스는 딸을 찾기에 여념이 없었다. 그러나 모든 것이 허사였다. 케레스는 슬픔에 젖어 돌 위에 주저앉았다. 그리고 9일 동안이나 그 자리를 뜨지 않았다.

마침 어린 딸과 함께 염소를 몰고 그곳을 지나던 켈레오스라는 노인이 그녀를 발견하고 물었다.

"어머니, 왜 바위 위에 홀로 앉아 계십니까?"

어머니라는 말은 케레스에게는 너무나 감미로운 말이었다. 노인은 케레스에게 누추한 오막살이나마 하룻밤 쉬어 가라고 청했지만 케레스는 응하지 않았다.

"제발 내버려 둬 주세요. 그리고 따님을 둔 것을 행복하게 생각하십시오. 나는 사랑하는 딸을 잃었습니다."

이렇게 말하는 동안에도 눈물이, 아니 혹은 눈물과 같은 것이(왜냐하면 신들은 눈물을 흘리지 않았으므로) 끊임없이 두 볼에 흘러내려 가슴을 적셨다. 인정 많은 노인과 그 딸은 노파와 함께 울었다.

"우리와 함께 가십시다. 누추한 집이라고 탓하지 마십시오. 집에 가면 당신의 따님이 무사히 당신의 곁으로 돌아올지도 모릅니다."

"그럼 안내해 주십시오. 그처럼 말씀하시는데 거역할 수도 없으니."

케레스는 일어나 그들을 따라갔다. 걸어가면서 노인은 자신에게는 어린 외아들이 있는데 중병으로 열이 나고 잠을 못 자며 누워 있다고 말했다. 케레스는 길가에 피어 있는 양귀비를 땄다. 노인의 집에 도착하니 아이의 병으로 온 집안은 수심에 잠겨 있었지만, 노인의 부인인 메타네이라는 케레스를 따뜻하게 맞았다. 케레스는 답례로 허리를 구부려 앓고 있는 아이에게 입을 맞추었다. 그러자 창백한 얼굴에 갑자기 화색이 돌더니 이내 원기를 회복했다.

가족들은 뛸 듯이 기뻐했다. 가족이라 해도 하인이 한 사람도 없었기 때문에 부모와 아들, 딸이 전부였다. 그들은 케레스에게 식사를 대접했고, 케레스는 소년의 우유에 양귀비의 즙을 섞었다. 밤이 되어 모두 잠든 뒤 케레스는 자고 있는 소년의 팔다리를 주물렀다. 그리고 소년을 내려다보며 엄숙한 주문을 세 번 외우고는 소년을 불타고 있는 화로 속에 뉘었다. 그 모습을 보고 있던 소년의 어머니는 소리를 지르며 뛰쳐나와 아들을 구해냈다. 그러자 케레스가 갑자기 본 모습을 드러냈다. 천상의 광채가 온 누리를 비췄다.

"아들에 대한 그대의 애정이 너무 지나쳤어요. 나는 그대의 아들을 불사신의 몸으로 만들려고 했는데 당신이 모든 일을 망쳐 버렸소. 그러나 그는 훌륭하고 유익한 인물이 될 것이오. 그는 백성들에게 쟁기 사용법과 농사짓는 법을 가르쳐 줄 것이오."

이렇게 말한 뒤 케레스는 구름에 둘러싸여 몸을 감추고 이륜차를 타고 떠나가 버렸다.

케레스는 딸을 찾아 계속 이 땅에서 저 땅으로 헤맸다. 그러다 마침내 카아네 강에 이르렀다. 이곳은 하데스가 페르세포네와 함께 명계로 사라진 곳이었다. 그 강의 요정은 여신에게 자기가 목격한 사실을 모두 이야기해 주고 싶었으나 하데스가 두려워 감히 말하지 못했다. 다만 페르세포네가 도주할 때 떨어뜨린 허리띠를 주워 올려서 그것을 케레스의 눈에 띄게 했다. 케레스는 그것을 보고 딸의 죽음을 예감했으나 죽음의 정확한 원인을 알 수 없었기에 아무 죄도 없는 대지에게 누명을 씌웠다.

"배은망덕한 땅아, 나는 너를 비옥하게 하고 풀과 자양분이 많은 곡식으로 덮어 주었으나, 이제는 그러한 은총을 받지 못할 것이다."

그러자 가축은 죽어 버렸고, 쟁기는 밭고랑에서 부서지고, 씨는 싹이 트지 않았다. 가뭄이 들거나 장마가 지거나 했다. 새는 씨를 쪼아 없앴고, 자라나는 것은 엉겅퀴와 가시덤불뿐이었다. 이 광경을 본 샘의 요정인 아레투사가 대지를 위하여 조정자로 나서 말했다.

"여신이여, 대지를 비난하지 마십시오. 마지못해서 따님에게 통로를 열어 주었을 뿐입니다. 저는 따님을 본 일이 있으므로 그녀의 운명에 관해 말씀드릴 수 있습니다. 이곳은 제가 태어난 고향이 아닙니다. 저는 엘리스 지방에서 왔습니다. 저는 원래 숲의 요정으로서 사냥을 즐겼습니다. 모두 제 아름다움을 찬양하였으나 저는 그런 걸 염두에 두지 않고 오직 수렵에 능한 것만을 뽐냈습니다. 어느 날 숲으로 돌아오는 길이었습니다. 뛰어다녔기 때문에 너무 더웠습니다. 그때 한 강가에 이르렀는데 물은 소리 없이 흐르고 바닥의 자갈을 셀 수 있을 정도로 맑았습니다. 버들가지가 늘어져 그늘지고, 풀이 무성한 강 언덕은 물가까

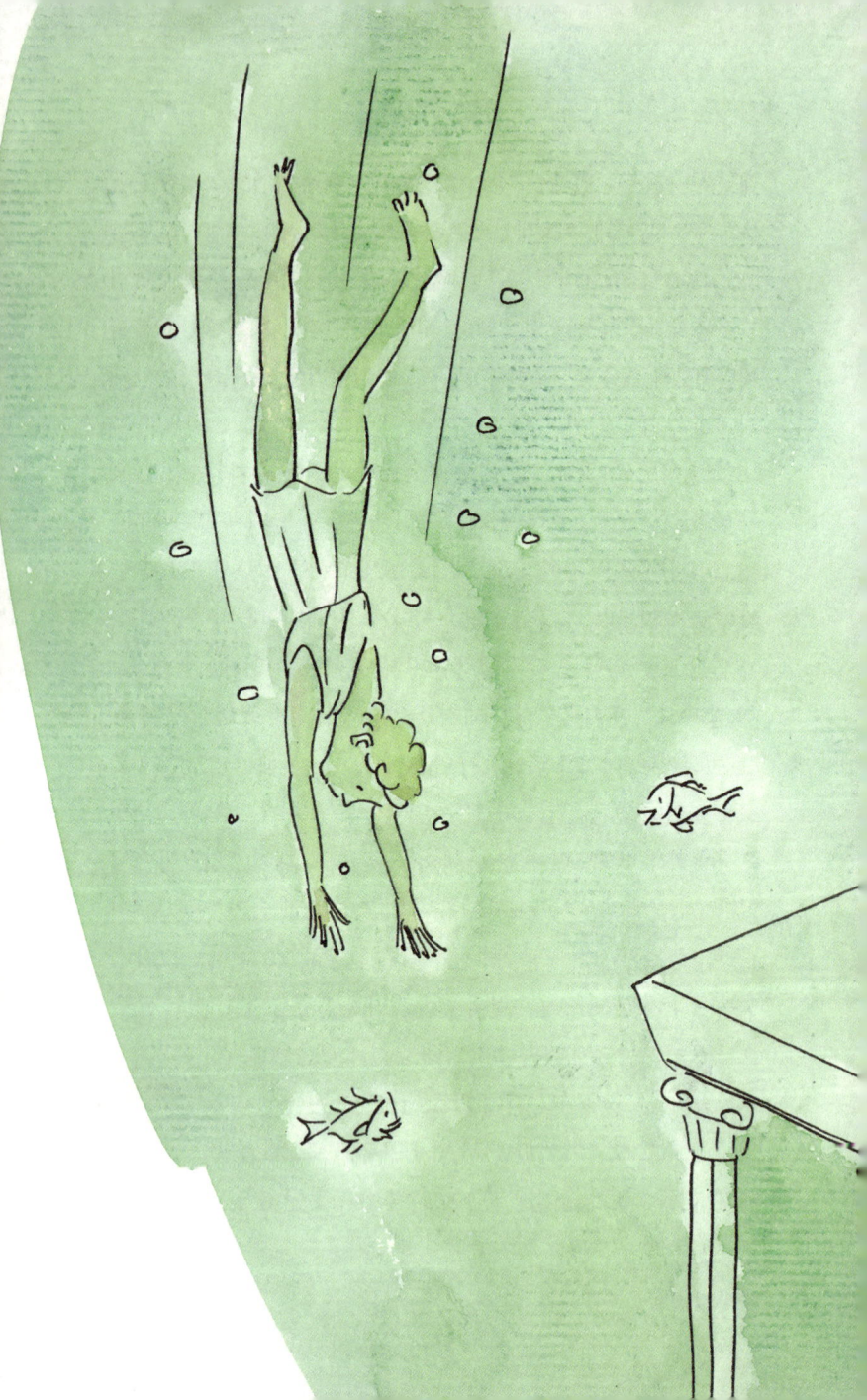

지 완만한 경사를 이루고 있었습니다. 저는 가까이 가서 발을 물속에 넣었습니다. 그러나 그것으로 만족하지 않고 버들가지에 옷을 벗어 걸고 더 깊이 들어갔습니다. 그리고 물속에서 놀고 있으려니까, 강바닥에서 들려오는 것처럼 가냘픈 소리가 들려 왔습니다. 저는 가장 가까운 강 언덕으로 급히 도망치려 했습니다. 그러자 그 소리가 말했습니다. '아레투사야, 왜 달아나느냐? 나는 이 강의 신 알페이오스다.' 제가 달아나자 그는 추격해 왔습니다. 그의 걸음이 저보다 빠르지는 않았지만 그가 힘이 더 세어 내가 기운을 잃었을 때 따라잡히고 말았습니다. 마침내 저는 아르테미스에게 구원을 요청했습니다. '여신님, 저를 살려 주십시오. 당신의 열렬한 숭배자인 저를 살려 주십시오.' 여신은 이 소리를 듣고 저를 갑자기 검은 구름으로 감쌌습니다. 강의 신은 이곳저곳 휘둘러보았습니다. 그러나 저를 발견하지는 못했습니다. '아레투사! 아레투사!' 하고 그는 부르짖었습니다. 오, 저는 얼마나 공포에 떨었는지요. 우리 밖에서 으르렁거리는 늑대의 소리를 듣는 어린 양과도 같았습니다. 식은땀이 몸에 배고, 머리카락은 흐르는 물이 돼 흘러내려 제가 서 있는 곳에 물이 괴었습니다. 한마디로 저는 샘이 된 것입니다. 하지만 알페이오스는 단념하지 않았습니다. 물이 된 저를 몽땅 자기의 것으로 흡수하려고 했습니다. 그러자 아르테미스가 지면을 갈랐고 저는 알페이오스를 피해 그 갈라진 곳으로 들어갔습니다. 그리고 지구의 내부를 돌아서 이 시칠리아 섬까지 오게 된 겁니다. 제가 따님을 본 것은 바로 지구의 밑바닥을 통과할 때였습니다. 따님은 슬픈 안색이었으나 놀란 기색은 보이지 않았습니다. 따님은 여왕이 된 것같이 보였습니다. 에레보스의 여왕, 사자(死者)의 나라를 지배하는 왕의 왕후가 된 것같이 보였습니다."

케레스는 아레투사의 말을 듣고 한동안 얼이 빠진 사람처럼 멍하니 서있더니, 이륜차를 하늘로 돌려 제우스에게 갔다. 그녀는 자신의 불행한 이야기를 하고, 딸을 찾아오는 데 협력해 달라고 제우스에게 애원했다. 제우스는 페르세포네가 명계에 머물고 있는 동안 식사를 한 번도 한 일이 없다면 가능한 일이라고 승낙했다. 하지만 한 번이라도 무엇을 먹었다면 운명의 여신들이 그것을 금해서 어쩔 수 없다고 했다. 이에 헤르메스가 사자(使者)로서 봄의 여신을 대동하고 파견되어 하데스에게 페르세포네를 돌려줄 것을 요구했다. 교활한 명계의 국왕은 흔쾌히 승낙했다. 그러나 애통하게도 페르세포네는 이미 하데스가 준 석류를 먹은 후였다. 결국 완전한 구출은 불가능하게 되었고, 한 가지 타협책으로 반년은 어머니와 지내고 반년은 남편과 지내기로 합의했다.

케레스는 타협에 응하고 대지에 이전과 같은 은총을 베풀었다. 그리고 케레스는 켈레오스의 가족에게 한 약속을 떠올리고 장성한 트립톨레모스에게 쟁기의 사용법과 씨 뿌리는 법을 가르쳐 주었다. 그녀는 또 날개 돋친 용이 끄는 자신의 이륜차에 트립톨레모스를 태워서 지상의 모든 나라를 돌아다니며 인류에게 유용한 곡식과 농업의 지식을 전수하게 했다.

일을 마치고 돌아온 트립톨레모스는 케레스를 위하여 엘레우시스 지방에 거대한 신전을 건립하고 '엘레우시스의 비의(秘儀)'라는 이름의, 케레스 여신 숭배를 창시했다. 이 의식은 신전의 위대함이나 장엄함에 있어서 그리스 인들의 다른 모든 종교적 의식을 능가하는 것으로 평가되었다.

글라우코스와 스킬라

글라우코스는 어부였다. 어느 날 그는 그물을 해변으로 끌어올려 고기를 골라 풀 위에 던졌다. 그런데 갑자기 고기들이 살아나 물속에 있는 것이나 다름없이 지느러미를 움직이기 시작했다. 놀란 글라우코스가 멍하니 그 광경을 지켜보자니 고기들은 하나도 남김없이 모두 바다로 헤엄쳐 들어갔다. 그는 이것이 어떤 신의 소치인지, 아니면 풀에 있는 어떤 신비로운 힘의 소치인지를 분간할 수가 없었다.

"어떤 풀이 이런 힘을 가지고 있는가?"

그는 풀을 조금 뜯어서 씹었는데 놀라운 것은 풀의 즙이 입안에 퍼지자마자 물이 몹시 그리워지는 것이었다. 그는 견딜 수가 없이 대지에 이별을 고하고 물속으로 뛰어들었다. 그러자 강의 신들이 그를 따뜻이 맞아주었고, 동료로 대접해 주었다. 그들은 바다의 지배자인 오케아노스와 그의 아내 테티스의 동의를 얻어 그가 가지고 있는 인간적인 요소를 다 씻어 버렸다. 그러자 그가 그때까지 지니고 있던 감각은 물론 의식까지도 모두 사라졌다. 얼마 후 정신이 든 글라우코스는 자신의 모습은 물론 마음도 변했음을 발견했다. 그의 머리칼은 바다 빛이었고, 물 위에 길게 드리워져 있었다. 그의 어깨는 넓어졌고, 다리는 물고기 꼬리 모양이었다. 바다의 신들은 그의 변한 모습을 칭찬해 주었고 글라우코스도 자신이 마치 미남이나 된 듯 느껴졌다.

얼마 후 글라우코스는 스킬라라는 아름다운 처녀의 모습을 발견했다. 그녀는 물의 요정들이 좋아하는 해안을 산보하고 있었는데, 사람 눈에 띄지 않는 맑은 물을 발견하고서 거기에 몸을 담그고 손발을 씻고 있었다. 글라우코스는 그녀를 보고는 단번에 사랑하게 되었다. 그래서 물 위에 모습을 드러내고 그녀를 향해 말을 걸었다. 그리고 그녀가 좋아할 만한 이야기를 이것저것 했다. 하지만 스킬라는 그의 모습을 보자마자 바로 몸을 돌려 달아났다. 바다가 내려다보이는 높은 절벽 위까지 도망쳤기 때문에 그는 그녀를 계속 쫓아갔다. 그녀는 절벽에 다다라서야 그가 신인지 아니면 바다짐승인지 알아보기 위해 뒤돌아섰다. 글라우코스는 신체의 일부를 물 위에 드러내고, 그 몸을 바위에 의지하면서 다음과 같이 말했다.

"아가씨, 나는 괴물도, 바다짐승도 아니오. 나는 신이오. 프로테우스나 트리톤도 나보다는 지위가 높지 않소. 예전에는 나도 인간이었으나 지금은 완전히 바다에 속하게 되었소."

그는 자신이 어떻게 변신하게 되었는지 그 사연을 소상히 이야기했다. 그리고 다시 덧붙였다.

"그러나 이런 이야기를 아무리 해도 당신의 마음을 움직일 수가 없다면 무슨 소용이 있겠소."

이런 그의 말에도 스킬라는 돌아서서 달아나 버렸다. 글라우코스는 실망했다. 그러나 문득 키르케라고 불리는 마법사 여신에게 상의해 봐야겠다는 생각이 났다. 그래서 그는 키르케가 거주하는 섬으로 갔다. (이곳은 뒤에 오디세우스가 상륙한 섬으로, 후반부에 자세히 설명하겠다.) 그는 인사를 나눈 뒤에 말했다.

"여신이여, 제발 나를 불쌍히 여기소서. 나의 이 고통을 제거할 수 있는 분은 당신뿐입니다. 내 모습이 변한 것도 그 풀 때문이기에 나는 누구보다도 그 효력을 잘 알고 있습니다. 나는 스킬라를 사랑합니다. 말씀드리기 부끄럽습니다만 아무리 구애해도 그녀는 나를 거들떠도 안 보고 비웃을 따름입니다. 제발 요술을 쓰든지 아니면 그보다 더 효력이 있는 풀이 있거든 그걸 사용해서 그녀도 나와 같은 마음이 되게 해주십시오."

키르케는 글라우코스에게 매력을 느끼며 대답했다.

"마법을 사용하지 않고도 당신을 따르는 애인을 찾아보는 것이 좋을 것 같군요. 당신은 구애를 받을 만한 가치가 있어요. 당신 스스로 헛되이 구애를 할 필요는 없지 않습니까. 자신을 가지십시오. 당신 자신의 가치를 소중히 하십시오. 나는 여신이고 또 식물과 주문의 효력에도 통달하고 있습니다만, 당신으로부터 구애를 받으면 절대 거절하지 못할 것 같습니다. 그녀가 당신을 비웃는다면 당신도 그녀를 비웃고 당신의 사랑을 기꺼이 받아들이는 사람을 사랑하십시오. 그렇게 하면, 스킬라에 대해서나 그 사람에 대해서나 온당한 보답이 될 것입니다."

그러자 글라우코스는 대답했다.

"바다 밑바닥에 수목이 자라고, 산꼭대기에 해초가 자란다고 해도 나의 스킬라에 대한 사랑은 변함이 없을 것입니다."

여신 키르케는 분개하였으나 글라우코스를 벌할 수 없었고, 또 벌하기를 원하지도 않았다. 그를 너무 좋아했기 때문이었다. 그래서 여신은 모든 분노를 연적인 가엾은 스킬라에게 돌렸다. 여신은 독이 있는 약초를 몇 개 뜯어 주문을 외면서 섞었다. 그리고 그녀의 요술에 희생이 되어 뛰노는 많은 짐승들 사이를 지나서 스킬라가 살고 있는 시칠리아의 해안으로 갔다. 여신은 스킬라가 자주 다니는 바닷가에 독초 혼합물들을 풀고 강력한 마력을 가진 주문을 외었다.

얼마 후 아무것도 모르는 스킬라는 예의 그 바다에 몸을 담갔다. 그러자 갑자기 나타난 뱀과 괴물을 보고 소스라치게 놀랐다. 자신의 몸 일부인 줄은 꿈에도 모르고 그녀는 그들로부터 달아나고, 그들을 쫓아 버리려 했다. 하지만 그럴수록 몸은 완전히 괴물의 형태로 바뀌었고, 성질마저 포악해져 그녀는 뱃사공들을 닥치는 대로 잡아먹고 희열을 느꼈다. 괴물로 변한 스킬라는 여섯 명의 오디세우스의 동료들을 멸망시켰고, 급기야는 아이네이아스의 배를 난파시키려 했다. 그러다 스킬라는 마침내 한 개의 바위로 변했는데, 지금도 바위는 배를 난파시키는 암초로서 선원들에게 공포의 대상이 되고 있다.

제7장

피그말리온

아프로디테와 아도니스

아폴론과 히아킨토스

피그말리온

키프로스의 여인들은 나그네를 박대했다가 아프로디테의 저주를 받아 나그네에게 몸을 팔게 되었다. 피그말리온은 이 일을 목격한 뒤부터 여성에 대해 좋지 않은 감정을 갖게 되어 여성을 혐오하게 되었다. 그러다 마침내는 결혼하지 않고 평생 독신으로 지내기로 마음먹었다.

피그말리온은 조각가였는데 훌륭한 솜씨를 발휘하여 상아로 여성의 모습을 만들어냈다. 그 조각은 완벽한 처녀의 모습으로 마치 살아 있는 것처럼 보였다. 너무나 완벽했기 때문에 그 작품은 사람의 손으로 만든 것이 아니라 자연이 만든 것처럼 보였다. 결국 피그말리온은 자신의 작품에 감탄한 나머지, 그 조각과 사랑에 빠지게 되었다. 그는 처녀가 좋아할 만한 것들, 즉 반짝이는 조개껍데기, 반들반

들한 돌, 조그만 새, 가지각색의 꽃, 구슬과 호박 등을 선물로 주었다.

그는 조각상에 옷을 입히고, 손가락에는 보석을 끼우고, 목에는 목걸이를 걸어 주었다. 귀엔 귀고리를 달아 주고, 가슴에는 진주를 꿴 끈을 달아 주었다. 옷은 잘 어울렸고 옷을 입은 맵시는 더욱 매력적이었다. 그는 그녀를 티루스 지방에서 나는 염료로 물들인 천을 씌운 소파 위에 눕히고 자신의 아내라고 불렀다.

얼마 후 아프로디테의 제전에 참석한 피그말리온은 제단 앞에서 머뭇거리며 말했다.

"신들이여, 원컨대 내게 상아 처녀와 같은 여인을 아내로 점지해 주십시오."

아프로디테는 그의 말을 듣고 소원을 들어 주겠다는 표시로 제단에 불타고 있는 불꽃을 세 번 공중에 세차게 피어오르게 했다.

집에 돌아온 피그말리온은 조각상을 보러 갔다. 그리고 조각의 입술에 키스했다. 그러자 입술에서 온기가 느껴졌다. 깜짝 놀란 그는 입술에 키스하면서 팔다리로 손을 가져가 보았다. 그랬더니 그것은 딱딱한 조각상이 아닌 인간의 피부로 변해 있었다. 피그말리온은 기쁨에 넘쳐 아프로디테 여신에게 감사를 드리고 다시 여인에게 키스했다. 처녀는 얼굴을 붉혔고, 수줍은 듯 애인을 응시했다.

아프로디테는 자신이 맺어 준 두 사람의 결혼을 진심으로 축복했다. 그리고 이들 부부는 파포스라는 아들을 낳았는데 아프로디테에게 바쳐진 파포스라는 마을은 그의 이름을 딴 것이다.

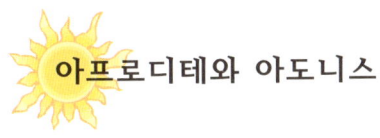# 아프로디테와 아도니스

아프로디테는 아들 에로스와 즐거운 시간을 보내다 그만 아들이 가지고 놀던 화살에 상처를 입었다. 그녀는 재빨리 아들을 밀어 냈으나 상처는 생각한 것보다 깊었다. 그러다 상처가 낫기도 전에 아프로디테는 미소년 아도니스를 보게 되었고, 그에게 한눈에 반했다. 그래서 그동안 잘 다니던 파포스 마을, 크니도스 섬, 광물이 풍부한 아마토스에도 아무런 흥미를 느끼지 않게 되었다. 그녀는 천상에도 오르지 않고 아도니스에게만 관심을 가졌다. 자신의 용모를 아름답게 하는 데만 관심을 갖고 그늘 밑에서 휴식을 즐기던 아프로디테는 수렵의 여신인 아르테미스와 같은 옷차림을 하고, 숲을 지나거나 산을 넘으면서 이리저리 돌아다녔다.

그러다 천상의 부름을 받고 잠시 떠나야 했던 아프로디테는 아도

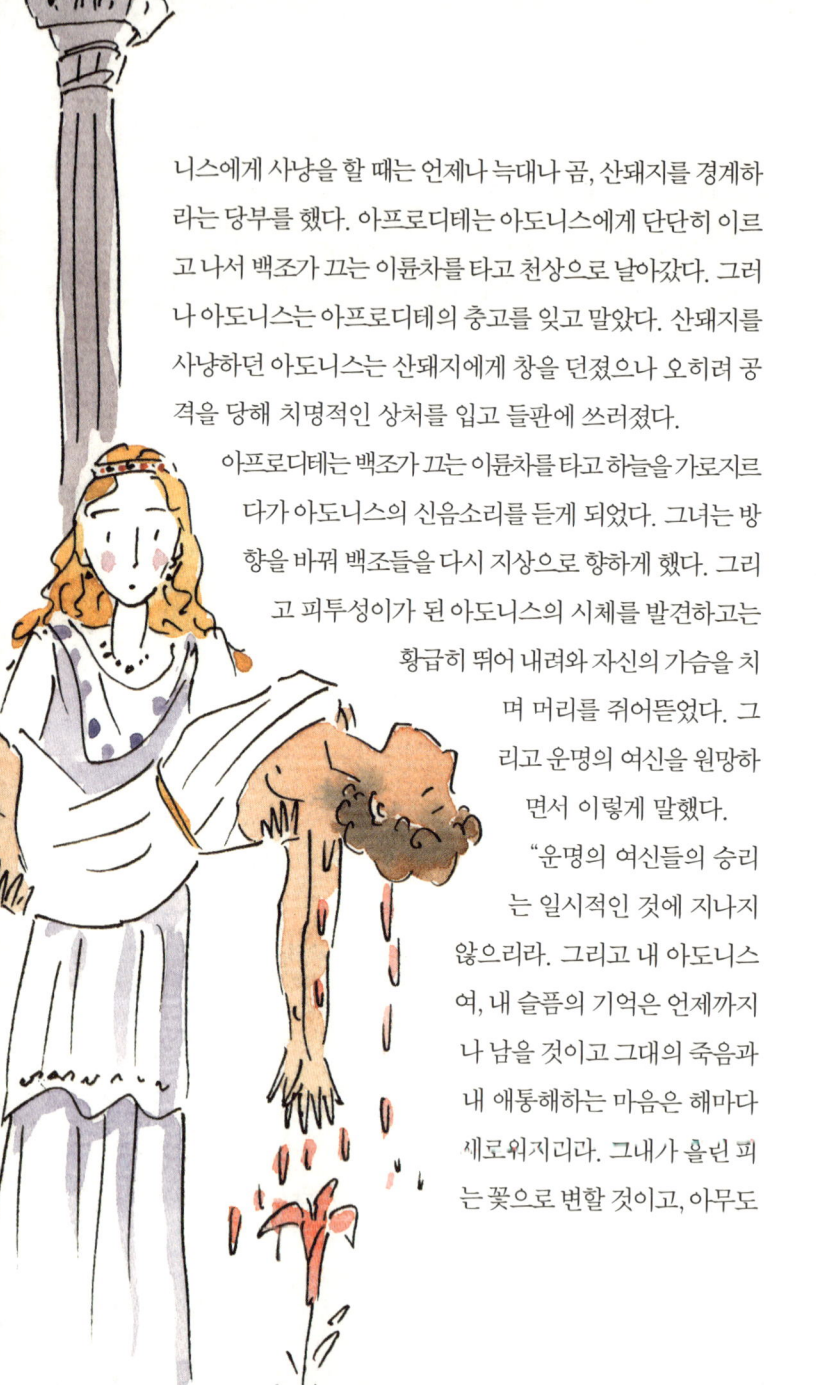

니스에게 사냥을 할 때는 언제나 늑대나 곰, 산돼지를 경계하라는 당부를 했다. 아프로디테는 아도니스에게 단단히 이르고 나서 백조가 끄는 이륜차를 타고 천상으로 날아갔다. 그러나 아도니스는 아프로디테의 충고를 잊고 말았다. 산돼지를 사냥하던 아도니스는 산돼지에게 창을 던졌으나 오히려 공격을 당해 치명적인 상처를 입고 들판에 쓰러졌다.

아프로디테는 백조가 끄는 이륜차를 타고 하늘을 가로지르다가 아도니스의 신음소리를 듣게 되었다. 그녀는 방향을 바꿔 백조들을 다시 지상으로 향하게 했다. 그리고 피투성이가 된 아도니스의 시체를 발견하고는 황급히 뛰어 내려와 자신의 가슴을 치며 머리를 쥐어뜯었다. 그리고 운명의 여신을 원망하면서 이렇게 말했다.

"운명의 여신들의 승리는 일시적인 것에 지나지 않으리라. 그리고 내 아도니스여, 내 슬픔의 기억은 언제까지나 남을 것이고 그대의 죽음과 내 애통해하는 마음은 해마다 새로워지리라. 그대가 흘린 피는 꽃으로 변할 것이고, 아무도 이를 시기할 수 없을 것이다."

　말을 마친 그녀는 그 피 위에 신주(神酒)를 뿌렸다. 피와 신주가 섞이자 거품이 일더니 한 시간쯤 지나 석류꽃 같은 핏빛의 꽃이 한 송이 피었다. 그러나 그것은 곧 지고 말았다. 전하는 바에 따르면 바람이 불면 꽃이 피고, 다시 또 불면 꽃잎이 진다는 것이다. 그래서 그것을 아네모네(그리스어로 아네모스(Anemos, 바람)에서 유래), 즉 바람꽃이라 부르는데 그것은 꽃이 피고 지는 원인이 모두 바람에 있기 때문이다.

아폴론과 히아킨토스

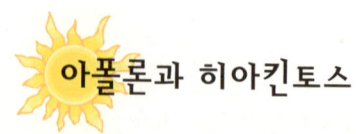

아폴론은 히아킨토스라는 소년을 아주 귀여워 했다. 그래서 그는 운동을 할 때, 고기를 잡으러 갈 때, 사냥을 갈 때, 산에 소풍을 갈 때에도 소년과 함께 했다. 소년에게 너무 빠진 아폴론은 자신의 소중한 리라와 화살을 돌보는 데도 소홀했다.

어느 날 아폴론은 원반던지기를 하고 있었다. 기술과 힘을 겸비한 아폴론은 원반을 들어 하늘 높이 멀리 던졌다. 히아킨토스는 원반이 날아가는 것을 쳐다보았다. 경기에 너무 열중한 소년은 원반을 잡으려고 달려갔는데 원반이 그만 땅에서 튀는 바람에 이마에 맞고 말았다. 그는 기절해 쓰러졌다. 깜짝 놀란 아폴론은 급히 달려와 히아킨토스를 안아 일으켰으나 상처는 예상보다 컸다. 찢어진 이마에서는 피가 멈추지 않고 흘렀다. 아폴론은 어떻게 해서  든지 출혈을 멈추려고 했지만 모두 허사였다. 생명을 붙잡으려는 아폴론의 노력은 수포로 돌아가고 히아킨토스의 머리는 축 늘어졌다. 슬픔에 잠긴 아폴론이 말했다.

"너는 나 때문에 청춘을 빼앗기고 죽어 가는구나. 네가 얻은 건 고통이요, 내가 얻은 건 죄로다. 너 대신 내가 죽을 수만 있다면 좋으련만. 그럴 수 없으니 너를 기억과 노래 속에서 나와 함께 살게 하리라. 내 리라는 너를 칭송할 것이며, 내 노래는 네 운명을 노래 부를 것이다. 그리고 너는 내 애통한 마음을 아로새긴 꽃이 될 것이다."

아폴론이 이렇게 말하자 땅을 적시던 히아킨토스의 피는 아름다운 빛깔의 꽃으로 변했다. 그 꽃은 백합꽃과 같았는데, 다만 백합은 은백색인 데 비해 그 꽃은 진홍빛이라는 점이 다를 뿐이었다. 아폴론은 그의 슬픈 마음을 표현하기 위해 그 꽃잎 위에 '아!아!(Ah! Ah!)'라는 글자의 모양을 아로새겼는데, 지금도 우리는 그 모양을 볼 수 있다. 이 꽃은 히아킨토스(히아신스)라고 불리게 되었고, 매년 봄이 오면 피어 히아킨토스의 기억을 새롭게 하고 있다. 일설에 의하면 서풍의 신인 제피로스도 히아킨토스를 좋아했는데, 히아킨토스가 아폴론을 좋아해 이에 앙심을 품고 바람을 이용해 원반의 방향을 바꿔 상처를 입혔다고도 한다.

제8장

케익스와 알키오네

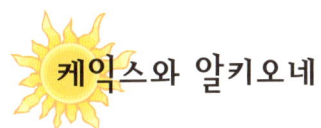 케익스와 알키오네

케익스는 테살리아의 왕이었다. 그는 폭력과 부정 없는 평화로운 통치로 나라를 다스렸다. 케익스는 금성 헤스페로스의 아들이었는데, 그의 빛나는 아름다움은 그의 아버지가 누구인지를 쉽게 짐작하게 했다. 그의 아내는 바람의 지배자인 아이올로스의 딸 알키오네였는데 그를 진심으로 사랑했다. 그러다 케익스는 형을 잃고 깊은 고뇌에 잠기게 되었다. 형의 죽음 뒤에 일어난 여러 가지 흉흉한 일들이 그로 하여금 신들이 혹시 자신에게 적의를 품고 있지 않은지 의심하게 했다. 결국 그는 이오니아 지방에 있는 카를로스로 건너 아폴론의 신탁을 받는 것이 최선책이라 생각했다. 케익스는 아내 알키오네에게 이러한 자신의 생각을 고백했는데 알키오네는 안색이 창백해져 말했다.

"제가 무슨 잘못을 했기에 당신의 애정이 저에게서 떠나게 되었나요? 그렇게도 열렬했던 나에 대한 당신의 사랑은 어디로 갔나요? 나와 떨어져 있어도 마음이 평화로울 수 있을 만큼 수양을 하셨나요? 당신은 나와 이별하기를 원하는 거죠?"

그녀는 어떻게 해서든지 남편의 여행을 중지시키기 위해 아버지인 바람의 신 아이올로스의 집에서 경험한 무서운 바람의 위력에 대해 이야기했다.

"바람이 서로 부딪칠 때는 굉장한 위력이어서 불꽃을 튀길 정도입니다. 그러나 당신이 꼭 가시겠다면……. 제발 저를 데리고 가 주세요. 그렇지 않으면 당신이 당할 실제의 재난뿐만 아니라, 제 근심이 상상하는 재난까지도 당해야 할 것입니다."

그녀의 말은 케익스 왕의 마음을 무겁게 짓눌렀다. 그리고 그 자신도 아내와 같이 가고 싶은 마음이 간절했다. 그러나 아내를 위험에 빠뜨릴 수는 없는 노릇이었다. 그래서 그는 될 수 있는 한 아내를 달랜 뒤에 다음과 같이 말했다.

"나는 내 아버지 금성을 두고 약속하겠소. 운명이 허락한다면 달이 그 궤도를 두 번 돌기 전에 돌아오리다."

이렇게 말한 뒤 케익스는 창고에서 배를 꺼내 노와 돛을 달도록 명령했다. 알키오네는 이러한 준비 과정을 보고 재난을 예감이나 한 듯 몸을 떨었다. 준비를 마친 남편이 배 위에서 이별을 고하자 눈물을 흘리고 흐느끼며 그녀는 바닥에 주저앉았다. 케익스는 쓰러진 아내를 보고 뛰어 내리려 했지만 배는 이미 떠난 후였다. 알키오네는 남편이 갑판 위에서 자신을 향해 손을 흔드는 모습을 보고는 배가 사라질 때까지 손을 흔들었다. 배의 모습이 완전히 사라지자 그녀는 자신의 방으로 돌아가 침대에 몸을 던졌다.

한편, 배는 미끄러지듯 항구를 빠져 나가 돛을 올렸다. 항해가 어느덧 중반에 접어들 무렵 바다가 갑자기 사나워졌다. 파도가 일고 바람이 점차 세게 불었다. 선장이 돛을 내리도록 명령했으나 폭풍 때문에 인해 내릴 수도 없었다. 바람과 파도 소리 때문에 명령 소리도 잘 들리지 않았다. 다들 자신의 판단에 따라 몸을 움직이기에 바빴다. 하지만 폭풍은 점점 심해졌고, 선원들은 공포에 떨기 시작했다. 집에 남겨 두고 온 가족에 대한 생각이 그들의 마음에 떠올라 사라지지 않았다.

케익스는 알키오네를 생각했다. 그녀의 이름만이 그의 입술에 맴돌고, 그녀를 그리워하면서도 그녀가 이곳에 없음을 다행으로 여겼다. 급기야 돛대는 벼락에 맞아 산산조각이 났고 노도 파괴되었다. 의기양양한 파도는 소용돌이치며 난파선을 내려다보았다. 그리고 배를 산산조각 내버렸다. 선원들은 그대로 가라앉아 두 번 다시 떠오르지 않았다. 어떤 선원은 부서진 배 조각에 매달렸는데 케익스는 판자를 꼭 쥐고, 아버지와 장인을 향해 구원을 청했다. 그러나 가장 자주 그의 입에 오르는 것은 알키오네의 이름이었다. 그의 생각은 그녀에게 집중되었다. 그는 자신의 시체가, 그녀가 있는 곳에 떠내려가서 그녀의 손으로 매장되기를 기원했다. 마침내 파도는 그를 삼켜 버려 그는 바다 밑으로 가라앉았다.

 한편 알키오네는 이러한 무서운 사건이 일어난 줄도 모르고, 남편이 돌아오기로 약속한 날만을 손꼽아 기다리고 있었다. 남편이 돌아오면 입힐 옷을 준비하고, 자신이 입을 옷도 준비했다. 그녀는 모든 신들에게 기도를 드렸다. 특히 부부애의 수호신이기도 한 헤라에게 자주 기도했다. 이미 이 세상 사람이 아닌 남편을 위해 끊임없이 기원했다. 남편이 무사히 귀가하도록, 객지에서 자기 이외의 여인을 보는 일이 없도록 기원했다. 그러나 이러한 모든 기원 중에서 최후의 것만이 허락되었다.

헤라는 이미 죽은 사람을 위한 기도를 더 이상 들을 수가 없었다. 장례를 거행해야 할 손이 자신의 제단에 기원하는 것을 견딜 수가 없었다. 그래서 무지개의 여신 이리스를 불러 다음과 같이 말했다.

"내 충실한 사자인 이리스야, 힙노스가 있는 잠의 집으로 가서 알키오네에게 꿈을 보내어 그 꿈속에 케익스가 나타나서 사건의 전말을 그녀에게 알리도록 해라."

이리스는 일곱 가지 색의 옷을 몸에 걸치고, 공중을 무지개로 물들이면서 잠의 왕이 있는 궁전을 찾아갔다. 킴메리오스 인이 사는 나라 근방의 산에 동굴이 있었는데, 그곳에 게으른 힙노스의 거처가 있었다. 해의 신 아폴론은 일출 때는 물론 한낮, 일몰 때도 이곳에는 오려고 하지 않았다. 구름과 그림자가 지면으로부터 발산되고, 희미한 광선이 어렴풋이 빛날 뿐이었다. 이곳에서는 머리에 볏이 달린 새벽의 새인 닭도 아침의 여신 에오스를 향해 소리 높여 외치는 일이 없었고, 경계심이 많은 개나 그보다 더 영리한 거위도 적막을 깨뜨리는 일이 없었다. 단 한 마리의 가축도 짐승도 없었다. 바람에 나부끼는 나뭇가지도 없었고, 사람의 말소리도 전혀 들리지 않았다. 오직 침묵만이 이곳을 지배하고 있었다.

그러나 바위 밑으로부터 그 속삭이는 소리를 들으면 저절로 잠이 오는 레테 강이 흐르고 있었다. 동굴의 입구에는 양귀비와 약초들이 무성하게 자라 있었는데 밤의 신은 이런 약초의 즙에서 잠을 모아 어두워진 지상에 뿌렸다.

힙노스의 거처에는 문이 없었다. 문의 삐걱거리는 소리가 들려선 안 되었기 때문이었다. 당연히 문지기도 없었다. 오직 집 가운데 흑단으로 만든 긴 의자가 하나 있었고, 검은 깃털 이불이 펼쳐져 있었으며, 검은 장막이 쳐져 있을 뿐이었다. 그 위에 잠의 신은 몸을 누이고 사지를 펴고 잠들어 있었다. 그리고 그 주위에는 형형색색의 꿈들이 가로놓여 있었다. 그 꿈의 숫자는 추수할 때 거두어들인 곡식의 줄기 혹은 바닷가의 모래알만큼 무수했다.

밤의 신은 기척을 느끼고 일어났다. 겨우 눈을 뜨고서 때때로 턱수염을 가슴 위에 늘어뜨리고 졸더니, 마침내 정신을 차리고서 팔에 몸을 기대며 그녀에게 용무를 물었다.

이리스가 대답했다.

"신들 중에서도 가장 점잖고, 마음을 안정시키고 고뇌에 지친 가슴을 위로해 주는 힙노스여, 헤라로부터 당신에게 트라키아의 마을에 있는 알키오네에게

꿈을 보내어, 그녀의 죽은 남편과 난파선의 모든 사건을 알리라는 분부가 내려졌습니다."

그러자 힙노스는 그의 많은 아들 중 하나인 모르페우스를 불렀다. 모르페우스는 어떤 사람이든 그 사람의 형태, 걸음걸이, 용모, 말솜씨뿐만 아니라 옷맵시, 태도까지도 틀림없이 흉내 내는 데 매우 능숙했다. 그러나 그는 인간의 흉내만 냈고, 새나 짐승이나 뱀의 역할을 하는 것은 다른 형제인 이켈로스가 맡았다. 그리고 판타소스가 있었는데 그는 바위, 물, 나무, 기타 무생물로 변하는 일을 맡았다. 이들은 왕이나 귀족들 사이에서, 나머지 다른 자들은 보통 인간들 사이에서 움직였다. 힙노스는 모르페우스를 선택하여 이리스의 명령을 이행하도록 했다. 그리고 다시 베개를 베고 즐거운 휴식에 몸을 맡겼다.

모르페우스는 날개 소리도 내지 않고 날아서 하이모니아의 마을(테살리아의 옛 이름)에 도착했다. 그곳에서 그는 날개를 떼어 놓고 케익스의 모습으로 변신했다. 얼굴은 죽은 사람과 같이 창백했고 몸은 발가벗은 채, 그는 가련한 아내의 침대 앞에 섰다. 그의 수염은 물에 젖은 것같이 보였고, 물방울이 그의 머리칼로부터 뚝뚝 떨어지고 있었다. 그는 눈물을 흘리면서 말했다.

"가엾은 아내여, 그대는 나 케익스를 알아보겠는가? 혹은 죽었기 때문에 내 모양이 너무도 변했는가? 나를 보라. 그리고 나를 알아보라. 알키오네여, 그대의 기도는 아무 소용도 없었다. 나는 죽었다. 내가 돌아오리라는 헛된 희망을 버려라. 에게 해(海)에서 폭풍이 일어나 배는 침몰되고, 그대의 이름을 소리 높이 부르고 있었을 때, 파도가 내 입을 막아 버렸다. 어서 일어나라. 나를 위해 눈물을 흘려 다오. 슬퍼해 다오. 아무도 슬퍼해 주는 사람 없이 지옥으로 가게 하지 말아 다오."

모르페우스는 케익스와 똑같은 목소리로 말했다. 그는 진심으로 눈물을 흘리는 것같이 보였다. 손짓도 케익스와 똑같았다. 알키오네는 꿈속에서 눈물을 흘리면서 신음했다. 그리고 팔을 내밀어 남편을 포옹하려고 했다. 그러나 잡히는 것은 허공뿐이었다. 그녀는 부르짖었다.

"기다려 줘요! 당신은 어디로 날아가려고 하십니까. 저하고 함께 가요."

그녀는 자신의 목소리에 놀라 잠을 깼다. 그리고 일어나서 주위를 둘러보았다. 그녀는 가슴을 치며 옷을 찢었다. 머리가 풀어져도 개의치 않고 마구 쥐어뜯었다. 그녀의 소리를 듣고 놀라서 달려온 유모는 왜 이렇게 슬퍼하느냐고 물었다. 그녀는 대답했다.

"케익스는 이미 이 세상 사람이 아니에요. 내 남편 케익스는 사라져 버렸어요. 어떤 위로의 말도 하지 마세요. 그는 난파하여 죽었어요. 나는 그를 보았어요. 그런데 그를 붙잡으려고 손을 내밀자 그의 망령은 사라져 버렸답니다. 그러나 그건 틀림없는 내 남편의 진정한 망령이었어요. 그 전과 같은 아름다운 모양이 아니고, 얼굴은 창백하고 몸은 발가벗은 채, 머리칼은 바닷물에 젖은 채로 그는 내게 나타났어요. 다름 아닌 바로 이곳에 그의 비탄에 찬 환영이 서 있었어요."

알키오네는 그의 발자국을 찾으며 계속 말했다.

"내가 당신께 길을 떠나지 말라고 간청했을 때, 나는 이런 일을 예감한 것입니다. 그래도 당신은 듣지 않고 떠나셨으니 차라리 저를 같이 데리고 가셨더라면 얼마나 좋았을까요? 그랬더라면 당신과 이별하고 홀로 여생을 보내는 일도 없었을 것이며, 또 저 홀로 죽는 일도 없었을 것을……. 앞으로 모든 걸 체념하고 살아 나갈 수 있다 하더라도, 그건 제게 잔인한 일일 겁니다. 바다가 저에 대해 잔인했던 것보다 더 잔인한 일 일겁니다. 그러나 불행한 당신이여, 저는 체념하려고 노력하지는 않겠습니다. 당신과 떨어지지 않겠습니다. 이번만은 당신의 뒤를 따르렵니다. 두 몸이 한 무덤에 들어가지는 못할지라도 묘비명에는 우리 둘의 이름이 같이 기록될 것입니다. 제 유골과 당신의 유골이 같은 곳에 있지는 못할지라도, 적어도 제 이름만은 당신의 이름과 함께 할 것입니다."

이윽고 아침이 되었다. 알키오네는 바닷가로 가서 남편을 전송한 장소를 찾았다.

"이곳에서 그이는 주저했고, 손에 든 밧줄을 내던지고, 내게 최후의 키스를 했지."

알키오네는 하염없이 바다를 내려다보면서 그때 일어난 모든 일을 하나하나 떠올리려고 애를 썼다. 그런데 그녀의 눈에 무언가가 들어왔다. 물 위에 무엇이 떠 있었는데 그것은 점점 가까이 떠밀려 왔다. 누구의 시체인지는 알 수 없으나 분명 그것은 시체였다. 알키오네는 난파한 사람의 것임을 확신하고 남편을 떠올리며 애도의 눈물을 흘렸다.

"아, 불행한 사람이여, 그리고 당신에게 아내가 있다면 당신의 아내도 불행한 사람이에요."

시체는 점점 가까이 떠밀려 왔다. 그리고 그 모습을 지켜보고 있던 알키오네는 몸을 부르르 떨었다. 그것은 남편이었다. 떨리는 손을 뻗으며 그녀는 부르짖었다.

"오, 사랑하는 당신이여, 그대는 결국 이런 모습으로 돌아오시나요?"

알키오네는 제방 위로 뛰어올랐는데 순간 그녀의 몸에는 날개가 돋치며 새가 되었다. 그 새는 날아가며 목 깊은 곳으로부터 슬픔에 찬 소리를 내뱉었는데 그 소리는 애통해하는 사람의 목소리와 같았다. 새는 시체에 가까이 가더니 사랑하는 이의 손발을 날개로 감쌌다. 그리고 뾰족한 부리로 키스하려고 애썼다. 그런데 갑자기 시체가 고개를 들더니 하늘을 향해 날아올랐다.

그들은 모두 새가 되었다. 신들이 그들을 불쌍히 여기고 둘 다 새로 변하게 한 것이었다. 새로 변한 그들은 부부가 되어 새끼도 낳았다.

겨울철 날씨가 좋을 때 알키오네는 이레 동안 바다 위의 보금자리에서 알을 품는데 그 기간에는 선원들이 무사히 항해할 수 있다. 바람의 신인 아이올로스가 딸과 손자들을 위해 바람을 잠재우기 때문이다.

제9장

베르툼누스와 포모나

베르툼누스와 포모나

베르툼누스와 포모나는 그리스의 신이 아니라 로마의 신들이다.

포모나는 숲의 요정들 중 하나로 정원을 사랑하고 과일을 가꾸는 데는 그녀를 따를 자가 없었다. 그녀는 숲이나 시내에는 관심을 가지지 않고 경작한 토지와 감미로운 사과가 열리는 과수를 좋아했다. 그녀의 오른손에는 칼이 있었는데 그녀는 이 칼로 너무 자란 나무를 자르거나 보기 싫게 뻗은 가지를 쪼개서 그 사이에 접붙일 가지를 삽입하곤 했다. 또 애지중지하는 나무들이 가뭄에 고생하지나 않을까 하여 나무뿌리에 물을 주었다. 그녀는 아프로디테가 열을 올리는 연애에는 관심조차 없었다. 사람들을 경계해 그녀는 과수원에 자물쇠를 채우고 근처에 얼씬하지 못하게 했다.

많은 이들은 포모나를 손에 넣기 위해서 안달복달했다. 그들은 가지고 있는 것을 모두 주어도 아깝지 않다고 했다. 나이에 비해서 젊어 보이는 실바누스 노인도, 솔잎 관을 머리에 쓴 파우누스도 그러했다. 그중에서도 계절의 신인 베르툼누스가 누구보다도 그녀를 사랑했다. 그러나 그도 다른 신과 마찬가지로 성공하지 못했다. 그는 추수하는 농부의 모습으로 변신하여 포모나에게 곡식을 바구니에 담아다 준 일이 한두 번이 아니었다. 변신한 그의 모습은 농부와 조금도 다름없었다. 건초 띠를 두른 모습은 방금 풀을 뒤적이다 온 사람으로밖에는 보이지 않았다. 때로는 소를 모는 막대기를 손에 쥐고 있었는데 그것은 마치 피곤한 소의 멍에를 방금 벗기고 온 사람 같아 보였다. 그는 호시탐탐 그녀에게 접근하기 위해 애썼다. 하루는 한 노파로 변장하여 그녀를 찾았는데 회색 머리에는 모자를 쓰고 손에는 지팡이를 짚고 있었다. 노파는 과수원에 들어가서 말했다.

"참 훌륭한 과일이군요, 아가씨."

노파는 포모나에게 키스했다. 그런데 그 키스는 늙은 부인에게는 어울리지 않는 아주 강렬한 것이었다. 노파는 둑 위에 앉아 과일이 주렁주렁 달린 가지를 쳐다보았다. 맞은편에는 느릅나무가 하나 있었는데 터질듯 한 포도송이가 달린 포도넝쿨이 엉켜 있었다.

"모두 훌륭하지만 느릅나무에 포도나무가 엉켜 있지 않다면 이처럼 매력적으로 보이지 않았을 겁니다. 또 포도넝쿨도 느릅나무가 있었기에 제대로 뻗어나갈 수 있었을 겁니다. 당신은 이 느릅나무와 포도나무의 교훈으로부터 무엇을 느꼈습니까? 혹시 배필을 얻을 생각은 없습니까? 제 생각에는 그렇게 하는 게 좋을 것 같은데요. 헬레네에게도, 영리한 오디세우스의 아내 페넬로페에게도 당신과 같이 많은 구혼자는 없었습니다. 당신이 그들을 차 버리더라도 그들은 당신을 사모한답니다. 전원의 신들도 그렇고, 저 산에 자주 나타나는 여러 신들이 다 그렇습니다. 그러나 신중을 기하고 좋은 배필을 구하려거든 이 늙은이의 말을 들으십시오. 나는 당신이 생각하는 것보다 훨씬 더 많은 세상의 이치를 깨닫고 있답니다. 그러니 내 말을 믿고 베르툼누스를 받아들이십시오. 나는 그를 잘 알고 있습니다. 그는 여기저기 떠돌아다니는 신이 아니고, 저 산에 살고 있습니다. 또 그는 요즘 사람들같이 아무나 눈에 띄는 사람을 사랑하지는 않습니다. 그는 당신만을 사랑합니다. 뿐만 아니라 그는 젊고 미남이며 어떤 자태든지 원하는 대로 취할 수 있는 기술을 갖고 있으므로 당신이 명령하는 대로 자신을 만들 수 있습니다. 게다가 또 그는 당신이 사랑하는 것과 같은 걸 사랑하고 원예를 즐기며 사과나무를 잘 손질할 줄 안답니다. 그러나 현재는 다른 아무 것에도 관심을 두지 않고 오로지 당신만 생각하고 있습니다. 그를 불쌍히 여기십시오. 그리고 지금부터 내가 하는 말을 잘 들으십시오. 키프로스 섬에서 실제로 일어난 유명한 이야기를 할 테니 들어 보십시오. 원컨대 이 이야기를 듣고 좀더 인정이 많아지기를 바랍니다.

그가 지금 내 입을 빌려 말하고 있다고 상상하십시오. 신들은 잔인을 벌하고 아프로디테는 무정을 미워하므로 조만간에 그런 자에게는 벌이 내릴 겁니다. 그 증거로 이피스는 가난한 집안에서 태어난 젊은이였는데 테우크로스라는 유서 깊은 집안의 아낙사레테라는 귀부인을 보고 반해 버렸습니다. 젊은이는 자신의 열정을 짓누르기 위해 애썼으나 그녀를 체념하지 못하고 결국에는 부인을 찾았습니다. 그러나 부인은 그를 비웃었습니다. 희망은커녕 무정한 말만 퍼부었습니다. 이피스는 희망 없는 사랑의 괴로움을 더 이상 감내할 수 없어 그녀의 문 앞에 서서 최후의 말을 했습니다.

'아낙사레테여, 당신이 이겼습니다. 이제부터는 당신을 귀찮게 하는 일이 없을 겁니다. 당신은 승리를 즐기십시오! 기쁨의 노래를 부르십시오. 그리고 이마에 월계수를 감으십시오. 당신은 이겼으니까요. 나는 죽습니다. 돌과 같이 무정한 마음이여, 기뻐하십시오. 당신을 기쁘게 하기 위해 적어도 그것만은 할 수 있습니다. 죽기라도 하면 나를 칭찬하지 않을 수 없겠지요. 제가 죽었다는 걸 풍문으로 듣게 하지는 않으렵니다. 죽더라도 꼭 당신의 눈앞에서 죽으렵니다. 그리하여 그 광경을 보는 당신의 눈을 즐겁게 하렵니다. 그러나 인간의 비애를 내려다보는 신들이여, 제 운명을 눈여겨보아 주십시오. 제 유일한 소원을 말씀드리겠습니다. 후세에라도 저에 대한 기억이 남게 하여 주십시오. 명대로 살지 못하고 죽는 몸이오니, 죽은 후에 이름이라도 길이 남도록 해주십시오.'

이처럼 말한 이피스는 창백한 얼굴로 부인이 종종 화환을 걸어두는 문기둥에 끈을 맸습니다. 그러고는 끈에 목을 매고 중얼거렸습니다.

'적어도 이 화환만은 당신의 마음에 들 것이오. 무정한 여인이여!'

얼마 후 하인들은 문을 열고 그가 죽은 걸 발견했습니다. 그리고 불쌍하다고 동정을 보내며 그의 식은 몸을 어머니가 있는 집으로 옮겼습니다. 그 어머니는 아들의 싸늘한 몸을 껴안았습니다. 슬픈 장례식의 행렬이 거리를 지나갔습니다. 그리고 창백한 유해는 상여 위에 실려 화장터로 운반됐습니다. 장례 행렬은 아낙사레테의 집을 지나게 되었는데 복수의 신이 전하는 목소리가 그녀의 귀에 들렸습니다. '우리도 장례 행렬을 구경하자.' 그녀는 자신도 모르게 탑 위에 올라가 창문을 통해 장례 행렬을 내려다보았습니다. 그녀의 눈길이 상여 위에 가로놓인 이피스의 유체에 머문 순간 그녀의 눈은 굳어졌고, 몸에 흐르던 따뜻한 피는 식기 시작했습니다. 뒤로 물러서려 하자, 발을 움직일 수 없었습니다. 얼굴을 돌리려 했으나, 그것도 되지 않았습니다. 그녀의 몸은 서서히 돌이 되었던 것입니다.

만일 이 이야기가 믿어지지 않거든 아프로디테의 신전에 가보십시오. 거기에는 부인의 생전 모습 그대로 돌이 된 석상이 남아 있으니까요. 그러니 당신도 사랑을 우습게 여기고 주저하는 마음을 버리십시오. 그리고 사랑하는 사람을 받아들이십시오. 그렇게 하면 봄 서리가 당신의 젊은 열매를 시들게 하는 일도 없을 것이며 사나운 바람이 당신의 꽃을 떨어뜨리는 일도 없을 겁니다."

말을 마친 베르툼누스는 노파의 모습을 벗고 아름다운 청년 본연의 모습으로 변해 포모나 앞에 섰다. 그 모습은 구름을 뚫고 빛나는 태양처럼 보였다. 그는 다시 한 번 애원하려고 했다. 그러나 그럴 필요가 없었다.  그의 진실한 이야기와 아름다운 모습이 그녀를 매혹시켰기 때문이다. 그녀는 더 이상 거절하지 않았다. 그녀의 가슴에도 이미 사랑의 불길이 타오르고 있었다.

제10장

에로스와 프시케

에로스와 프시케

세 딸을 둔 왕이 있었다. 딸들은 모두 아름다웠으나 특히 막내, 프시케는 너무나 아름다워 말로 형용할 수 없을 정도였다. 그녀의 아름다움은 외국까지 소문이 퍼져 이웃 나라에서 많은 사람들이 그녀를 보려고 떼를 지어 몰려들었다. 프시케를 직접 본 사람들의 경탄은 널리 퍼지고 퍼졌고, 그럴수록 그녀의 아름다움에 대한 칭송은 치솟아 아프로디테에게 향하던 경의는 모두 그녀에게 쏟아졌다. 사람들은 프시케를 아프로디테라고 불렀으며, 실제 아프로디테의 제단을 돌보는 사람은 더 이상 없었다. 이에 아프로디테는 신들에게만 표해야 하는 경의가 인간을 찬양하는 데 남용되는 것을 보고 몹시 노했다. 그녀는 노한 나머지 향기로운 머리채를 흔들면서 부르짖었다.

"내 명예가 인간의 딸에게 짓밟혀야 한단 말인가? 제우스까지도 아테나와 헤라보다도 내가 더 아름답다고 했거늘 이제는 그 영예도 소용이 없게 됐구나. 그러나 그녀가 내 명예를 그렇게 쉽사리 박탈하지는 못할 것이다. 그녀는 자신의 아름다움을 후회할 때가 오고야 말 것이다."

아프로디테는 날개 돋친 아들 에로스를 불렀다. 에로스는 워낙 장난을 좋아한 까닭에 어머니의 불평을 듣자마자 흥분했다. 그녀는 에로스에게 프시케를 가리키며 말했다.

"내 사랑하는 아들아, 저 교만한 미녀를 벌하여 다오. 그녀가 받은 벌이 심하면 심할수록 내게는 좋은 복수가 된단다. 저 교만한 아가씨의 가슴 속에 어떤 미천한 자에 대한 연정을 불어넣어라. 그렇게 되면 현재 그녀가 누리고 있는 기쁨만큼 굴욕 또한 크게 맛보게 될 것이다."

에로스는 어머니의 명령을 수행하기 위해 준비했다. 아프로디테의 정원에는 샘이 두 개 있었는데, 그 하나는 물맛이 달고, 다른 하나는 썼다. 에로스는 두 개의 호박(琥珀) 병에다 두 샘물을 각각 담고서, 그것을 화살통 끝에 매달고 급히 프시케의 방으로 갔다. 자고 있는 프시케의 모습을 본 에로스는 측은한 생각도 들었으나, 이내 생각을 고쳐먹고 쓴 샘물을 두어 방울 그녀의 입술 위에 떨어뜨렸다. 그러고 나서 조심스레 그녀의 옆구리에 화살 끝을 가져갔다. 그런데 프시케가 깨어나 에로스를 바라보았다. 에로스는 몹시 놀란 나머지 당황하여 자신이 들고 있던 화살에 부상을 입었다. 그는 부상에는 그게 신경 쓰지 않고 자신이 저지른 장난을 없던 것으로 하려고 그녀의 비단결 같은 곱슬머리 위에 기쁨의 향기로운 물방울을 뿌렸다.

이후 프시케는 아프로디테의 미움으로 고독한 날들을 보내게 되었다. 모두 그녀의 아름다움을 찬미했지만 아프로디테가 두려워 사람들은 그녀에게 다가가지 못했다. 왕과 귀족은 물론 평민들도 그녀의 아름다움을 동경했으나 누구도 그녀에게 청혼을 하는 자가 없었다. 그녀보다 아름다움이 덜 했던 두 언니는 모두 결혼을 했지만 그녀는 외로운 세월을 보내야만 했다. 프시케는 늘 혼자 지내는 자신의 고독한 신세를 한탄하고, 많은 사람들로부터 상찬을 받았으나 사랑을 불러일으키지 못하는 자신의 아름다움에 싫증을 느꼈다.

그녀의 부모는 혹시 그녀가 신들의 노여움을 사서 그런 것이 아닌지 아폴론의 신탁에 문의하자 다음과 같은 답변을 얻었다.

"그 처녀는 인간에게 시집을 갈 팔자가 아니다. 그녀의 남편 될 자가 산정에서 그녀를 기다리고 있다. 그는 괴물로서, 인간은 물론 신도 그에게는 반항할 수 없다."

그녀의 양친은 깊은 슬픔에 잠겼다. 그러나 프시케는 말했다.

"아버님 어머님, 왜 이제 와서 제 신세를 슬퍼하세요? 사람들이 저를 아프로디테라고 칭송했을 때 슬퍼하셨어야죠. 그런 칭송을 들은 벌이 제게 내린 것을 이제 아셨나요? 저는 운명에 순종하겠어요. 제 불행한 운명이 이끄는 산정으로 저를 데려다 주세요."

그래서 프시케를 보낼 준비가 행해졌고 마침내 행렬이 출발했는데 그것은 혼례 행렬이라기보다 장례 행렬에 가까운 것이었다. 프시케는 사람들의 비탄 속에 양친과 더불어 산에 올라갔다. 그리고 산정에 이르자 사람들은 그녀를 그곳에 혼자 남겨 놓고 슬픈 마음으로 집으로 내려왔다.

프시케가 산정에서 공포에 떨며 눈물에 흠뻑 젖어 있으려니 친절한 제피로스가 그녀를 일으켜 꽃이 한가득 피어 있는 골짜기에다 실어다 주었다. 그러는 동안 그녀의 마음은 점점 진정되었기 때문에 그녀는 풀이 무성한 둑에 몸을 누이고 잠시 잠을 잤다. 원기가 회복되어 상쾌한 마음으로 눈을 뜨고 주위를 둘러보니, 근처에는 큰 나무가 우뚝 솟은 아름다운 숲이 있었다. 프시케는 그 속으로 들어갔다. 그리고 그 한가운데서 샘을 발견했는데, 그 샘에서는 수정과 같이 맑은 물이 솟고 있었고, 바로 가까이에는 웅장한 궁전이 있었는데, 그 장엄함은 보는 사람으로 하여금 그 궁전이 사람의 손으로 이루어진 것이 아니라 어떤 신의 행복한 은신처라는 느낌을 주었다.

감탄과 경이감에 이끌려 프시케는 안으로 들어갔다. 보는 물건마다 그녀를 즐섭세 했고, 놀라게 했다. 황금 기둥이 반원형의 지붕을 받치고 있었고, 벽은 수렵의 대상이 되는 짐승이나 전원 풍경을 그린 조각과 그림으로 장식되어 아름다움을 더했다. 더 깊이 들어가 보니 여러 가지 보물과 진귀한 물건이 가득 찬 방이 여러 개 있었다. 그녀가 궁전 안을 구경하는 동안 사람은 하나도 보이지 않았으나, 한 목소리가 그녀에게 다음과 같이 말했다.

"여왕이시여, 당신이 지금 보고 계신 것은 모두 당신의 것입니다. 당신이 듣고 계신 이 목소리는 당신의 하인인 우리들의 목소리랍니다. 우리들은 당신의 모든 분부에 전력을 다해 복종하겠습니다. 당신의 방으로 가십시오. 그리고 침대 위에 편히 쉬십시오. 또한 목욕을 하시려거든 하십시오. 저녁 식사는 옆에 있는 정자에서 하시는 것이 어떨까요?"

프시케는 소리만 들리는 시종의 말에 열심히 귀를 기울였다. 그리고 침대 위에서 잠시 쉬고 목욕으로 원기를 회복한 후에 정자에 들어가 앉았다. 요리사나 하인들이 일하는 것이 보이지는 않았지만, 식탁 위에 맛좋은 음식과 감미로운 술이 놓여 있었다. 그리고 보이지 않는 연주자의 음악은 그녀의 귀를 즐겁게 했다. 프시케는 그때까지 운명으로 맺어진 자신의 남편을 보지 못했는데 마침내 밤이 되어 그가 나타났다. 그러나 그는 밤이 어두워야만 왔고, 날이 밝기 전에 떠났다. 하지만 그의 음성은 사랑에 충만했고, 그녀의 마음에도 따스한 애정을 불러일으켰다. 그녀는 떠나지 말고 얼굴을 보여 달라고 종종 간청하였으나 그는 듣지 않았다. 도리어 그는 정당한 이유가 있어 얼굴을 보이고 싶지 않으니, 자기를 볼 생각은 아예 하지 말라고 부탁했다.

"왜 나를 보고 싶어 하오? 내 사랑에 대해 조금이라도 의심을 갖고 있소? 아니면 무슨 불만이 있소? 그대가 나를 본다면 두려워할지도 혹은 숭배할지도 모르오. 그러나 중요한 건 나를 사랑하는 것이고 나는 그것만을 그대에게 원하오. 나는 그대가 나를 신으로 숭배하는 것보다 같은 인간으로서 사랑하기를 바라오."

이러한 말을 들으면 프시케는 잠시 마음이 안정되었다. 그러나 시간이 흘러감에 따라 자신이 어떻게 지내고 있는지 모르고 걱정할 부모님과 언니들 생각에 프시케는 괴로웠고, 점차 궁전은 오로지 훌륭한 감옥에 지나지 않는 곳이라는 생각을 갖게 되었다. 어느 날 밤 남편이 왔을 때, 프시케는 그에게 자신의 고민을 고백했다. 그리고 마침내 언니들이 자신의 궁전에 놀러 와도 좋다는 승낙을 겨우 얻었다. 그래서 그녀는 제피로스를 불러 남편의 명령을 전했고, 얼마 지나지 않아 언니들이 찾아왔다. 프시케는 언니들과 서로 끌어안고 반가움을 나누었다. 그녀는 언니들의 손을 잡고 금으로 된 자신의 궁전으로 안내했다. 그리고 목소리만 들리는 수많은 시종으로 하여금 언니들의 시중을 들게 하고, 여러 가지 보물도 자랑했다.

언니들은 동생이 자신들보다 훨씬 나은 생활을 하고 있는 것을 보고 질투심을 느꼈다. 그녀들은 프시케에게 많은 질문을 했는데, 특히 그녀의 남편이 어떤지를 물었다. 프시케는 그가 아름다운 청년으로 낮에는 보통 산에 사냥을 나간다고 답변했다. 그러나 언니들은 이 답변에 만족하지 않고 프시케를 계속 추궁했다. 그래서 결국 프시케는 아직까지 단 한 번도 남편의 얼굴을 본 일이 없다고 고백했다. 이 말을 들은 언니들은 여러 가지 말로 프시케의 마음속에 남편에 대한 의혹을 불어 넣었다.

"저 피티아의 신탁이 네가 무서운 괴물과 결혼할 팔자라고 한 걸 잊지 마라. 이 골짜기의 주민들의 말에 의하면, 네 남편은 무섭고 괴상한 뱀으로 잠깐 동안 너를 맛있는 음식을 먹여 살찌운 뒤에 삼켜 버릴 거라고 떠들어 댄다. 그러니 우리말대로 해라. 등잔과 예리한 칼을 준비한 뒤, 남편에게 들키지 않도록 그걸 숨겨 놓았다가 그가 깊이 잠들거든 침대에서 빠져나와 등잔불을 켜고 주민들의 말이 사실인가 네 눈으로 살펴 보거라. 만약 그 말이 사실이라면 주저하지 말고 괴물의 머리를 베라."

프시케는 언니들의 말에 마음을 쓰지 않으려 했으나 그렇게 되지 않았다. 그래서 프시케는 등불과 예리한 칼을 준비하여 남편이 보지 못하도록 덮개를 씌워 감춰 두었다. 그리고 그날 밤 그가 잠이 들었을 때 프시케는 살짝 일어나서 등잔불의 덮개를 벗겼다. 그러나 그녀의 눈앞에 나타난 것은 무서운 괴물이 아니었다. 신들 중에서도 가장 아름답고 매력 있는 신이었다. 그의 금빛 곱슬머리는 눈과 같이 흰 목과 진홍색의 볼 위에서 물결쳤고, 어깨에 달린 이슬에 젖은 두 날개는 눈보다도 희었고, 그 털은 보들보들한 봄꽃과 같이 빛나고 있었다. 그는 바로 에로스였다. 프시케가 남편의 얼굴을 더 가까이 보기 위해 등불을 기울였을 때 불붙은 기름 한 방울이 그의 어깨에 떨어졌다. 그는 깜짝 놀라 눈을 뜨고 프시케를 응시했다. 그러더니 말 한마디 없이 흰 날개를 펴고 창밖으로 날아갔다. 프시케는 그를 따라가려고 발버둥치다가 창에서 떨어졌다. 에로스는 프시케가 땅바닥에 엎어져 있는 것을 보고 잠깐 멈추고는 말했다.

"오, 어리석은 프시케야, 이것이 내 사랑에 보답하는 짓이란 말이냐. 나는 어머니의 명령에도 복종하지 않고 너를 아내로 맞았는데, 너는 나를 괴물로 여기고 내 머리를 베려고 생각했단 말이냐. 가거라. 내 말보다 그들의 말을 믿은, 언니들한테 돌아가거라. 나는 네게 다른 벌을 가하지는 않겠다. 오직 영원히 너와 이별할 따름이다. 사랑은 의심과 함께 할 수 없는 것이니까."

이렇게 말하고는 울부짖으며 땅에 엎드려 있는 가엾은 프시케를 버리고 가버렸다. 그녀는 어느 정도 마음의 평정을 되찾고 주위를 둘러보았다. 궁전은 온데간데없었고, 그곳은 언니들이 살고 있는 도시로부터 얼마 떨어지지 않은 넓은 벌판임을 깨달았다. 프시케는 언니들이 있는 곳으로 가서, 자기가 당한 재난을 이야기했다. 심술궂은 언니들은 내심으론 기쁘면서도 슬퍼하는 체했다. 그리고 동생이 버림 받았으니 자신들에게도 기회가 있다고 생각했다. 그래서 다음 날 아침 일찍 일어나 제각기 산에 올랐다. 산정에 이른 그들은 각각 제피로스를 불러 자기를 받아들이고, 그의 주인에게 데려다 달라고 청했다. 그러고서 뛰어내렸으나 제피로스가 받쳐 주시 않았기 때문에 절벽으로 떨어져 그들의 몸은 산산조각으로 부서져 버렸다.

프시케는 남편을 찾아 아무것도 먹지 않고 자지도 않으면서 방황했다. 이리저리 헤매던 그녀는 높은 산 위에 있는 신전을 발견하고는 탄식했다.

"내 사랑, 내 주인은 아마 저곳에 살고 있을 거야."

그녀는 그곳으로 발을 옮겼다. 그곳에 들어가니 추수한 곡식들이 쌓여 있었는데 묶은 이삭과 묶지 않은 이삭이 한데 섞여 있었다. 또 낫과 갈퀴 등 농기구가 여기저기 흩어져 있었다. 이에 프시케는 곡식을 고르고, 종류별로 정리한 뒤 농기구들도 정돈해 놓았다. 그것은 어떤 신이라도 소홀히 해서는 안 되고, 모든 신을 경건한 마음으로 대하여 자기편이 되도록 해야 한다는 신념에서였다. 그곳은 여신 케레스의 신전이었는데, 여신은 프시케의 행동을 보고 다음과 같이 말했다.

"오, 가엾은 프시케야, 비록 나는 너를 아프로디테의 벌로부터 구해 줄 수는 없으나, 그녀의 기분을 완화시킬 수 있는 최선의 방법을 가르쳐 줄 수는 있다. 그건 다름이 아니라, 네 여왕인 아프로디테에게로 가서 용서를 빌고 순종하는 것이다. 그러면 아마 은총을 베풀어 네 남편을 찾도록 해줄 것이다."

프시케는 케레스의 말에 따라 마음을 단단히 먹고 아프로디테의 신전으로 갔다. 무슨 말을 해야 노한 여신의 마음을 풀 수 있을지 곰곰이 생각하였으나, 아무래도 결과가 좋지 않을 것 같은 예감이 들었다. 아프로디테는 잔뜩 화가 난 얼굴로 프시케를 맞았다.

"하인들 중에서도 가장 불성실한 여인이여, 너는 주인을 섬기는 몸이라는 걸 이제야 깨달았느냐? 혹은 네가 이곳에 온 건 사랑하는 아내에게서 받은 상처 때문에 아직도 병석에 누워 있는 네 남편을 보기 위해서냐? 너는 보면 볼수록 비위에 거슬리는구나. 네가 남편을 섬길 수 있는 유일한 길은, 부지런히 일하는 길밖에 없다. 나는 가정부로서의 네 솜씨를 시험해 보련다."

아프로디테는 프시케를 신전의 창고에서 일하도록 명령했다. 그곳에는 아프로디테가 총애하는 새인 비둘기의 모이로 밀, 보리, 기장, 완두, 콩 등이 쌓여 있었다.

"저녁이 되기 전까지 이 곡식들을 모두 종류별로 가려 놓도록 해라."

이렇게 말하고 아프로디테는 떠났다. 홀로 남은 프시케는 일거리가 너무도 많은 데 놀라서 멍하니 곡식더미를 바라보고 있었다.

한편 에로스는 곤란에 빠진 프시케를 돕기 위해 개미를 이용했다. 개미 우두머리에게 동정심이 일도록 한 뒤 졸개들을 끌고 가 프시케를 돕도록 했다. 개미들은 곡식 더미에 접근해 전력을 다하여 부지런히 곡식을 한 알 한 알 날라다가 종류별로 가려내 구분해 주었다. 그리고 일이 끝나자마자 개미들은 순식간에 사라져 버렸다. 아프로디테는 황혼이 가까워지자 향기로운 냄새를 풍기며 장미화관을 쓰고 신들의 향연에서 돌아왔다. 그리고 프시케에게 명령한 일이 다 끝난 것을 보고서 부르짖었다.

"못된 계집 같으니, 이건 네 스스로 한 일이 아니다. 분명 남편을 꾀어내어 한 일일 게다. 어디 두고 봐라. 너도 네 남편도 무사하지 못할 테니."

이렇게 말하면서, 프시케에게 저녁 식사로 검은 빵을 한 조각 던져 주고서는 가 버렸다. 다음 날 아침 아프로디테는 하인에게 명하여 프시케를 불러 오게 하고, 그녀에게 이렇게 말했다.

"보거라, 저쪽 물가에 나무들이 늘어서 있지? 그곳에 가면 양들이 양치는 사람 없이 풀을 뜯어먹고 있는데 모두 금빛 모피를 몸에 걸치고 있다. 그곳에 가서 각기 양들이 걸치고 있는 모피의 견본을 모아 갖고 오너라!"

프시케는 최선을 다해서 명령을 이행하리라 마음먹고 냇가로 갔다. 그러나 하신(河神)은 갈대로 하여금 노래 부르듯 속삭이게 했다.

"가혹한 시련을 받고 있는 처녀야. 위험한 냇물을 건너려 하지도, 건너편에 있는 무서운 숫양 속에 들어가지도 마라. 왜냐하면 해가 떠오를 무렵에 양들은 날카로운 뿔과 사나운 이빨로 사람을 죽이려고 덤벼들기 때문이다. 그러나 양떼들이 그늘을 찾아가는 대낮에는 냇물의 청명한 정기가 그들을 달래서 재우기 때문에 내를 건너도 안전하다. 그리고 그때에는 덤불이나 나무줄기에 붙어 있는 금빛 양모를 발견할 수 있을 게다."

인자한 하신은 프시케에게 여러 가지로 그 임무를 수행하는 방법을 가르쳐 주었다. 이렇게 해서 프시케는 아프로디테가 있는 곳으로 금빛 양모를 한 아름 가득 안고 돌아올 수 있었다. 그러나 프시케는 집념이 강한 여주인의 만족을 얻지 못했고 여주인은 도리어 다음과 같이 말했다.

"나는 이번에도 네가 이 일을 성공한 건 네 자신의 힘이 아님을 잘 알고 있다. 나는 아직 네게 너 자신을 유용한 존재로 만들 능력이 있다는 것을 믿지 못하겠다. 또 다른 일을 시켜 보겠다. 이곳에 있는 상자를 갖고 에레보스(명계)로 가서 페르세포네에게 전달하고, 다음과 같이 말해라. '나의 여주인 아프로디테가 당신의 미(화장품)를 조금 나누어 주기를 원합니다. 병석에 있는 아들을 간호하느라고 자신의 미를 약간 잃었기 때문입니다.' 그러나 갔다 오는 데 너무 지체해서는 안 된다. 나는 오늘 저녁에 얻어 온 미를 몸에 바르고 신들의 파티에 참석해야 하니까."

프시케는 이제야 죽음이 가까워 왔다고 믿었다. 자기 발로 직접 에레보스에 내려가야 했기 때문이다. 할 수 없이 프시케는 높은 탑 꼭대기로 갔다. 단번에 명계에 가기 위해 높은 탑에서 떨어지려고 한 것이었다. 그런데 탑 속으로부터 한 소리가 들려 왔다.

"가엾고 불행한 처녀야. 왜 그렇게 무서운 방법으로 목숨을 끊으려고 하느냐. 이제까지 여러 번 위험한 경우에 처했을 때마다 신들의 가호를 받았거늘 왜 최후의 위험에 처해서는 겁을 내고 풀이 죽었느냐."

그리고 나서 그 소리는 어떤 동굴을 지나면 하데스의 나라에 도착할 수 있는지, 어떻게 하면 가는 길에 위험을 피할 수 있는지, 명부의 문을 지키는 머리가 셋 달린 개 케르베로스 곁을 지날 때는 어떻게 하면 되는지, 흑하(黑河)를 건너고, 다시 또 돌아오기 위해 뱃사공을 설복시키려면 어떻게 해야 하는지를 조목조목 가르쳐 주었다. 그리고 다음과 같이 덧붙였다.

"가장 조심해야 할 일은, 페르세포네가 그녀의 미가 가득 찬 상자를 주거든 그걸 한 번이라도 열거나, 그 속을 들여다보아서는 안 된다는 것이다. 또 호기심으로 여신들의 미의 비보(秘寶)를 탐색하려고도 하지 말아라."

프시케는 이 충고에 힘을 얻어 모든 것을 일러 주는 대로 했다. 그리고 무사히 명부에 도착한 뒤 아프로디테로부터의 전언(傳言)을 전달하고 뚜껑이 닫힌 상자를 받았다. 결국 프시케는 다시 햇빛을 볼 수 있었다. 그러나 위험한 임무를 모두 완수했다는 생각이 들자 상자에 무엇이 들었는지 보고 싶은 마음이 일었다. 그녀는 혼자말로 중얼거렸다.

"어째서 신의 미(화장품)를 전달하는 내가 이걸 좀 나누어 가지면 안 된다는 것인가? 나도 사랑하는 남편의 눈에 좀더 예쁘게 보이고 싶다!"

그녀는 조심스럽게 상자를 열었다. 그러나 그 속에 미는 하나도 없었고 명부의 지옥의 수면만이 있었다. 지옥의 수면은 프시케에게 덤벼들었다. 그래서 그녀는 길 한가운데 쓰러져 잠자는 시체가 되었고, 지각도 움직임도 없는 존재가 되고 말았다. 한편 아픈 몸을 추스른 에로스는 프시케를 발견하고 그녀에게 날아갔다. 그리고 그녀의 몸을 지배하는 수면을 몰아내고 그의 화살로 가볍게 그녀를 찔러 깨웠다.

"너는 또 전과 같은 호기심 때문에 하마터면 죽을 뻔했구나. 자, 너는 이제 어머니가 분부한 임무를 완수해라. 그 밖의 일은 내가 처리하겠다."

그래서 에로스는 높은 하늘을 꿰뚫는 번갯불과 같이 재빨리 제우스 앞에 나아가 애원했다. 제우스는 호의를 가지고 들어 주었다. 그리고 두 연인을 위하여 간곡히 아프로디테를 설득했다. 결국 아프로디테도 둘의 관계를 승낙했다. 그래서 제우스는 헤르메스를 보내 프시케를 천상의 회의에 참석하도록 했다. 그리고 그녀가 도착하자 제우스는 불로불사의 음식이라고 하는 암브로시아를 한 잔 주면서 이렇게 말했다.

"프시케야, 이걸 마시고 불사의 신이 되어라. 에로스는 이 인연을 끊지 못할 것이며, 이 결혼은 영원히 변함이 없을 것이다."

이리하여 프시케는 마침내 에로스와 영원히 결합되었다. 그리고 얼마 뒤 두 사람 사이에서 태어난 딸은 '쾌락'이라고 명명되었다.

제11장

카드모스

카드모스

제우스는 어느 날, 황소로 변하여 페니키아의 왕 아게노르의 딸 에우로페를 납치했다. 이에 아게노르는 아들 카드모스에게 그의 누이를 찾아오도록 명령하고, 만약 찾지 못하면 돌아오지 말라고 덧붙였다. 카드모스는 그의 누이를 찾아 천지를 헤맸으나 발견할 수 없었다. 임무를 달성하지 못한 카드모스는 어디로 가야 할지 몰라 아폴론의 신전으로 가서 신탁을 기다렸다. 신탁은 그에게 "들에서 암소를 한 마리 발견하거든 어디든지 그 소가 가는 곳으로 따라가라. 그리고 소가 발을 멈춘 곳에 마을을 세워 '테베'라 명명하라."고 일러 주었다.

카드모스가 신탁을 받은 카스탈리아의 동굴에서 나왔을 때 그의 눈앞에는 어린 암소가 있었다. 카드모스는 그 뒤를 바짝 따라갔다.

그리고 동시에 아폴론에게 감사의 기도를 올렸다. 암소는 계속 전진해 케피소스의 얕은 수로를 지나 파노페 평야로 갔다. 그곳에서 암소는 발을 멈추고는 공중을 향해 넓은 이마를 들고 크게 울었다.

카드모스는 암소에게 고마움을 표하고 몸을 굽혀 미지의 대지에 키스했다. 그리고 눈을 들어 주위의 산에 인사하고는 제우스에게 제물을 올리려고 부하들을 시켜 제주(祭酒)로 사용할 깨끗한 물을 구해 오도록 했다. 그 근처에는 오래 된 숲이 있었는데, 한가운데는 무성한 관목이 두텁게 덮인 동굴이 하나 있었다. 그 동굴의 지붕은 아치형을 이루었고, 그 밑으로부터 깨끗한 샘물이 솟고 있었다. 동굴 속에는 무서운 뱀 한 마리가 있었는데, 볏이 돋친 머리와 금빛으로 빛나는 비늘을 지니고 있었다. 눈은 불처럼 이글거리며, 몸은 독액으로 부풀고, 세 개의 혀를 끊임없이 날름거리며 세 줄로 된 이빨을 드러냈다.

뱀은 사람들이 물을 담아가기 위해서 병을 물에 담그자 동굴 속에서 머리를 내밀고 무서운 소리를 냈다. 사람들은 손에서 물병을 떨어뜨리고, 창백해져 사지를 벌벌 떨었다. 뱀은 비늘 돋친 몸뚱이를 곧추 세우며 머리를 높이 쳐들었다. 사람들이 공포에 떨며 싸우지도 못하고, 달아나지도 못한 채 얼어 있자 뱀은 사정없이 그들을 공격하기 시작했다. 어떤 자는 독이빨로 물어뜯어 죽이고, 어떤 자는 몸으로 감아 죽이고, 어떤 자는 독을 풍기는 숨을 뿜어 죽여 버렸다.

카드모스는 부하들을 기다리다가 그들이 좀처럼 오

지 않자 직접 찾아 나섰다. 사자의 가죽으로 만든 겉옷을 입고 손에는 투창과 긴 창을 들었다. 또 가슴 속에는 창보다 더 훌륭한 무기인 대담한 심장을 지니고 있었다. 숲 속으로 들어간 그는 부하들의 시체가 즐비하고, 뱀의 턱에서 피가 흐르는 것을 목격했다.

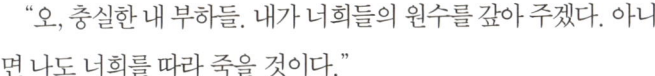

"오, 충실한 내 부하들. 내가 너희들의 원수를 갚아 주겠다. 아니면 나도 너희를 따라 죽을 것이다."

카드모스는 큰 돌을 들어 뱀을 향해 힘껏 던졌다. 그 돌은 요새의 성벽도 진동시킬 만큼 큰 돌이었으나 뱀은 꿈적도 하지 않았다. 그래서 카드모스는 투창을 던졌다. 이번에는 먼저보다 효과가 있었다. 창이 뱀의 비늘을 뚫고 내장까지 관통했기 때문이었다. 뱀은 아픔에 못 견디어 날뛰면서 상처를 보려고 머리를 뒤로 돌렸다. 그리고 입으로 창을 빼려고 하였으나 창은 부러지고 살촉은 더욱 깊이 박혔다. 목이 노여움으로 부풀고, 피거품이 턱을 덮고 콧구멍으로부터 내뿜는 독기가 주위의 공중에 흩어졌다. 때로는 몸을 원형으로 꼬기도 하고, 때로는 자빠진 나무 둥치같이 지면에 퍼지기도 했다. 카드모스는 호시탐탐 기회를 노리다 뱀이 머리를 뒤에 있는 나무 둥치로 젖히는 순간 창을 던졌다. 뱀의 몸뚱이는 창에 꿰어 나무에 매달리게 되었는데 뱀의 엄청난 무게 때문에 나무는 크게 휘었다.

카드모스가 원수의 최후를 바라보고 있을 때, 한 소리가 들려 왔다. 뱀의 이빨을 빼서 대지에 뿌리라는 말이었다. 그는 그 말대로 땅에다 고랑을 만들고, 이빨을 뿌렸다. 그러자 흙덩이가 움직이기 시

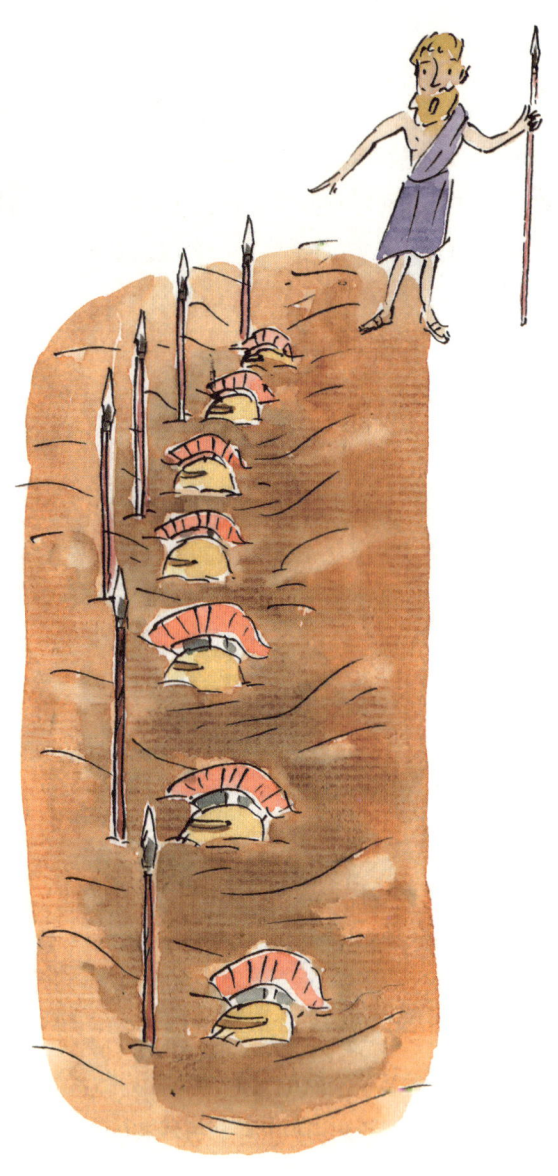

작하더니 창끝이 여러 개 지면에 나타나기 시작했다. 다음엔 깃털을 끄덕거리면서 투구가 나타났다. 그 다음에는 사람의 어깨와 가슴과 무기를 든 팔다리가 나타나고, 마침내 무장을 한 무사들이 나타났다. 카드모스는 깜짝 놀라 새로운 적에 대비하려 했다. 그러자 그중 한 사람이 말했다.

"우리들의 내란에 간섭하지 마십시오."

그러더니 무사는 땅에서 태어난 그의 형제 중 한 사람을 칼로 찔러 죽였다. 그리고 그 자신도 또 다른 무사의 화살에 맞아 죽었다. 이렇게 온 무리가 서로 싸워 부상을 입고 쓰러져 마지막에 남은 것은 다섯 명뿐이었다. 마침내 이들 중 한 사람이 무기를 내던지고 말했다.

"형제들아, 우리 모두 평화롭게 살자꾸나."

이렇게 남은 다섯 명과 카드모스는 힘을 합하여 마을을 세웠고, '테베'라 명명했다.

얼마 후 카드모스는 아프로디테의 딸 하르모니아(조화)를 아내로 맞아들였다. 신들이 결혼을 축하하기 위해 올림포스를 떠나 결혼식에 참석했다. 헤파이스토스는 직접 만든 아름다운 목걸이를 신부에게 선사했다.

그러나 불행한 운명이 카드모스 일가를 기다리고 있었다. 카드모스가 죽인 뱀은 실은 아레스에게 바쳐진 것으로, 카드모스는 그 대가로 딸 세멜레와 이노, 손자 악타이온과 펜테우스를 잃었다. 결국 카드모스와 하르모니아는 테베를 떠나기로 하고 엥켈리아 인의 나라로 이주했는데, 이 나라 사람들은 그들을 환대하고 카드모스를 왕으로 추대했다. 하지만 자손들의 불행은 여전히 그들의 마음을 침울하게 했다. 어느 날 카드모스가 부르짖었다.

"뱀의 생명이 그렇게도 신들에게 귀중한 것이라면, 나도 뱀이었더라면 좋았을걸."

이 말이 끝나자마자 그의 모습은 변하기 시작했다. 하르모니아는 그 모습을 보고 자신도 남편과 같은 운명이 되게 해달라고 신들에게 기도했다. 그러자 두 사람 모두 뱀이 되었다. 뱀이 된 그들은 숲 속에서 살았다. 그러나 다른 뱀들과 달리 사람을 피하지도 해치지도 않았다고 한다.

제12장

니소스와 스킬라

에코와 나르키소스

클리티에

니소스와 스킬라

크레타의 왕 미노스는 메가라와 전쟁을 했다. 전쟁은 6개월이나 계속되었으나 메가라는 호락호락 함락되지 않고 있었다. 메가라의 왕인 니소스의 머리카락에 숨어 있는 자줏빛 머리카락이 사라지지 않는 한 메가라는 절대 점령되지 않는다는 운명이 주어져 있었기 때문에 메가라는 지루한 전쟁을 버텨 내고 있었다.

메가라 성에는 탑이 있었는데 거기서는 미노스와 그의 군대가 진을 치고 있는 평야가 내려다보였다. 니소스 왕의 딸 스킬라는 탑 위에 자주 올라가 적의 진영을 내려다보았다. 전쟁이 오랫동안 이어졌기 때문에 스킬라는 적군 지휘관들의 얼굴을 분별할 수 있었는데 미노스는 그녀의 감탄을 자아내게 했다. 투구를 쓰고 방패를 든 그의

우아한 풍채에 그녀는 감탄했다. 투창을 던지는 모습을 통해 그가 재능과 힘을 겸비했음을 알 수 있었다. 활을 쏠 때의 우아한 자태는 아폴론 이상이었다. 더구나 그가 투구를 벗고 자줏빛 옷을 입고, 화려하게 장식한 백마를 탈 때면 스킬라는 정신을 잃을 정도였다. 그녀는 감탄한 나머지 미칠 지경이었다. 그녀는 그가 손에 쥐고 있는 무기와 고삐라도 되고 싶었다. 그녀는 가능하다면 적 사이를 뚫고 그에게로 달려가고 싶었다. 탑 위에서 그의 진영 가운데로 몸을 던지거나, 그에게 문을 열어 주거나, 그 밖에 그를 기쁘게 하는 일이라면 무엇이든지 하고 싶은 충동을 느꼈다. 탑 안에 앉아 있을 때 그녀는 홀로 중얼거렸다.
"나는 이 전쟁을 기뻐해야 할지 슬퍼해야 할지 모르겠다. 나는 미노스가 우리의 적인 것이 슬프다. 아마 그는 우리가 병화

를 청한다면 들어 주겠지. 그리고 나를 인질로 받아들이겠지. 가능하다면 나는 날아가서 그의 진영에 내려앉아 '항복하겠으니 처분을 바랍니다.'라고 말하고 싶다. 그러나 그렇게 하면 아버지를 배반하는 것이 된다. 아니다. 차라리 미노스를 다시 안 보는 편이 좋을 것이다. 그러나 정복자가 인자하고 관대할 경우에는 정복당하는 것이 오히려 나은 방법이 될지도 모른다. 정의는 확실히 미노스 편에 있다. 우리는 틀림없이 정복당하고 말 것이다. 그리고 전쟁의 결과가 어차피 그렇게 될 바엔 전쟁에 의해 성문이 열리도록 방치하는 것보다 사랑으로써 그에게 성문을 열어주는 것이 더 좋지 않을까? 할 수만 있다면 전쟁을 오래 끌지 않고, 살육을 줄이는 것이 더 좋을 것이다. 만약에 누가 미노스에게 부상을 입히거나 죽인다면 어떻게 하지? 누구도 그럴 용기는 없겠지만 그럴 수도 있지 않은가. 나는 내 나라를 지참금으로 해서라도 그에게 나를 맡기고 싶다. 하지만 어떻게 하면 좋을까. 문엔 문지기가 있고 열쇠는 아버지가 갖고 계시다. 내 길을 막는 것은 아버지뿐이다. 신들이 아버지를 처치해 주었으면……. 그러나 신들에게 기도할 필요가 없을지도 모른다. 누군가를 사랑하는

여자라면 사랑하는 사람을 위해 무엇이든 할 것이다. 나는 누구보다 용감히 감행할 자신이 있다. 나는 내 목적을 달성하기 위해서 불은 물론 칼도 상대할 자신이 있다. 그러나 이 일에는 불이나 칼도 필요 없다. 내게는 오직 아버지의 자줏빛 머리카락이 필요할 뿐이다. 그것은 내게 금보다도 더 귀중한 것이며, 내가 원하는 모든 것을 가져다 줄 것이다."

밤이 되어 성 안에 있는 모든 사람이 잠든 후 그녀는 아버지의 침실로 몰래 들어가 운명의 머리카락을 뽑았다. 그리고 몰래 도시를 빠져나와 적의 진영으로 들어갔다. 그녀는 왕 앞에 안내되자 다음과 같은 말을 건넸다.

"나는 니소스의 딸인 스킬라입니다. 나는 당신에게 이 나라와 아버지의 집을 바칩니다. 그 대가로 나는 당신 이외에는 아무것도 바라지 않습니다. 모두 당신을 사랑하기 때문입니다. 이 자줏빛 머리카락을 보십시오! 이 머리카락과 함께 나는 아버지와 그 왕국을 당신에게 드립니다."

그녀는 운명의 머리카락을 내밀었다. 그러자 미노스는 뒤로 물러서며 부르짖었다.

"고약한 계집 같으니, 천벌을 받으리라. 너는 우리 시대의 치욕이다! 바라건대 대지는 물론 바다도 네게 안식처를 주지 않기를 기도한다! 제우스의 요람지인 내 크레타가 너와 같은 괴물로 더럽혀져서는 안 된다."

그는 정복한 메가라 도시를 부하들이 공정하게 다스리기를 명하고, 그곳을 떠났다.

스킬라는 미쳐서 부르짖었다.

"이 배은망덕한 자여! 당신이 이렇게 나를 버리고 간단 말인가? 당신에게 승리를 얻게 한 나를……. 당신을 위해 아버지와 나라를 배신한 나를 버린단 말인가! 내가 죽을죄를 진 것은 사실이다. 마땅히 죽어야 하지. 하지만 네 손에 죽고 싶지는 않다."

함대가 해안을 떠나려고 하자, 그녀는 바다 속으로 뛰어들었다. 그리고 미노스를 태운 배의 키를 잡은 채 배를 따라갔다. 하늘 높이 솟은 물수리 한 마리가(그것은 새의 모습으로 변신한 그녀의 아버지였다.) 그녀를 발견하고 덤벼들어 부리와 발톱으로 공격했다. 겁에 질린 그녀는 키를 놓치고 하마터면 배에서 떨어질 뻔하였으나 어떤 인자한 신이 그녀를 새(백로)로 변하게 했다.

물수리는 아직도 옛날의 원한을 간직하고 있다. 그래서 높이 날면서도 백로를 발견하면 언제나 사납게 덤벼드는 것을 볼 수 있다.

에코와 나르키소스

에코는 아름다운 요정으로 숲과 언덕을 돌아다니며, 사냥 따위의 놀이에 열중하고 있었다. 그녀는 아르테미스의 총애를 받고 여신의 사냥을 따라다녔다. 그러나 이 에코에게는 하나의 결점이 있었으니, 그것은 말하기를 좋아해 잡담이나 논의를 할 때 언제나 최후까지 지껄인다는 것이었다.

어느 날 헤라는 남편 제우스가 요정들과 몰래 놀아나고 있는 것을 발견했다. 그런데 헤라를 발견한 에코는 그녀를 붙들고 쉬지 않고 떠들어 요정들에게 달아날 시간을 주려고 했다. 하지만 헤라는 에코의 계략을 알아차리고 다음과 같이 말했다.

"나를 속인 그 혀를 자유롭게 사용할 수 없으리라. 남이 먼저 말하기 전에는 단 한마디도 할 수 없을 것이다."

이러한 벌을 받게 된 에코는 어느 날 나르키소스라는 아름다운 청년을 보게 되었다. 그가 산에서 사냥을 하고 있을 때였다. 에코는 이 청년을 사랑하게 되어 그의 뒤를 따라갔다. 그녀는 아름다운 목소리로 말을 걸어 그와 이야기하고 싶었다. 그러나 그럴 수가 없었다. 그래서 그녀는 그가 먼저 말을 걸어 주기를 초조한 마음으로 기다렸고, 답변도 준비하고 있었다.

　어느 날 그 청년이 사냥하던 동료와 떨어지게 되자, "누가 이 근처에 있어요?" 하고 소리 높이 외쳤다. 에코는 "있어요."라고 대답했다. 나르키소스는 사방을 둘러보았으나 아무도 발견하지 못하였으므로, "이쪽으로 오시오." 하고 외쳤다. 에코는 "오시오."라고 대답했다. 그러나 아무도 보이지 않았기 때문에 나르키소스는 "왜 계속 나를 피합니까?" 하고 다시 말했다. 그러자 "피합니까."라는 대답이 들려왔다. 청년은 이어 "우리 같이 갑시다."라고 말했다. 에코는 "갑시다."라는 대답을 한 뒤 달려가 청년의 목을 끌어안았다. 청년은 깜짝 놀라 뒤로 물러서면서, "놓아라, 네가 나를 붙잡는다면 차라리 죽어 버리겠다."라고 말한 뒤 매정하게 그녀의 곁을 떠나 버렸다. 에코는 부끄러움으로 붉어진 얼굴을 숲 속 깊이 감추었다. 그때부터 그녀는 동굴 속이나 깊은 산속 절벽 가운데서 살게 되었다. 그녀는 슬픔 때문에 말라갔고 마침내 모든 살이 없어졌다. 그녀의 뼈는 바위로 변하고 그녀의 몸에는 목소리밖에 남은 것이 없었다. 이 목소리는 지금도 그녀를 부르는 어떤 사람에게 대답할 준비를 하고 있고 그녀는 끝까지 말하는 옛

습관을 유지하고 있다.

나르키소스의 냉정함을 엿볼 수 있는 일화는 이외에도 많이 있다. 그는 가엾은 에코뿐 아니라 다른 모든 요정들도 싫어했다. 어느 날 한 처녀가 그의 마음을 끌려고 노력하였으나 아무 관심도 얻지 못했다. 이 처녀는 나르키소스의 냉정함에 슬퍼하며 그도 언젠가는 사랑이 무엇인지, 또 애정의 보답을 받지 못하는 슬픔이 어떠한 것인지를 깨닫게 해달라는 기도를 올렸다. 이에 복수의 여신 네메시스는 기도를 듣고 승낙했다.

어느 곳에 맑은 샘이 있었는데, 그 물은 은처럼 빛나고 있었다. 목자들도 그곳으로는 양 떼를 몰지 않았고, 산양은 물론 짐승들도 가지 않았다. 그래서 나뭇잎이나 가지가 떨어져 수면이 더럽혀지는 일도 없었고, 신선한 풀만이 나고, 바위는 햇빛을 가려 주었다.

어느 날 나르키소스는 사냥과 더위와 갈증으로 지쳐 이 샘에 왔다. 그는 몸을 굽히고 물을 마시려다가 물속에 자기 그림자가 비친 것을 보았다. 그는 그것을 이 샘에 살고 있는 어떤 아름다운 물의 요정인 줄 알았다. 그 빛나는 두 눈, 디오니소스나 아폴론의 머리카락같이 곱슬곱슬한 머리카락, 둥그스름한 두 볼, 상아 같은 목, 도톰한 입술, 그리고 이 모든 것 위에 빛나는 건강하고 단련된 모습에 넋이 나가 정신없이 바라보며 서 있었다. 그는 그 모습이 못 견디게 좋아져서 키스하려고 입술을 댔다. 그리고 사랑하는 이를 포옹하려고 팔을 물속으로 집어넣었다. 그러나 물속의 요정은 달아났고 잠시 후 다시 돌아와 그 매력을 새로이 했다. 그는 그곳을 떠날 수가 없었다.

그는 먹는 것도 잠자는 것도 잊고 언제까지나 샘 곁에서 서성거리며 자신의 그림자를 바라보고 있었다.

그는 물의 요정이라고 생각되는 자신의 그림자에게 말을 걸었다.

"아름다운 자여, 그대는 왜 나를 피하는가? 요정들은 나를 사랑하고, 그대도 나에 대해 무관심하지는 않은 것 같은데. 내가 팔을 내밀면 그대도 내게 미소를 지으며 팔을 내밀고, 내가 손짓을 하면 그대도 손짓을 하지 않는가."

그의 눈에서 흘러내린 눈물이 물속에 떨어져 그림자를 흔들었다. 그는 그것이 떠나는 것을 보자 외쳤다.

"제발 부탁이니 기다려 다오. 바라보게 만이라도 해다오."

그의 가슴에서 타는 불꽃은 그의 몸을 태워 안색은 날로 초췌해지고, 힘은 쇠약해졌다. 전에 그다지도 요정 에코를 매혹케 하던 아름다움은 사라졌다. 그러나 에코는 여전히 그의 곁에서 그가 '아, 아!' 하고 외치면 그녀도 같은 말로 대답했다. 결국 그는 혼자 가슴을 태우다가 죽었다. 그리고 그의 망령이 지옥의 강을 건널 때 그는 배 위에서 몸을 굽혀 물속에 비친 자기의 모습을 찾으려 했다.

요정들은 그의 죽음을 슬퍼했다. 특히 물의 요정들이 그러했다. 그들이 가슴을 두들기며 슬퍼하니, 에코도 가슴을 두들겼다. 그들은 나뭇더미를 준비하고 화장하려고 했으나 시체를 발견할 수가 없었다. 그러나 한 송이의 꽃을 발견했는데 속은 자줏빛이고 흰 잎으로 싸여 있었다. 그의 추억을 간직한 그 꽃은 나르키소스(수선화)라 불리지고 있다.

클리티에

물의 요정 클리티에는 아폴론을 사랑했지만 아폴론은 응해 주지 않았다. 그래서 그녀는 아무 일도 하지 않고 흐트러진 머리칼을 어깨 위에 늘어뜨린 채 온종일 찬 땅 위에 앉아 있기만 했다. 엿새 동안이나 그대로 앉아서 아무것도 먹지도 마시지도 않은 그녀는 날로 파리해져 갔다. 그녀의 뺨을 타고 흐르는 눈물과 찬 이슬만이 유일한 음식물이었다. 온종일 하늘의 해, 아폴론만 바라보던 그녀는 결국 하나의 꽃이 되었다. 그녀의 다리는 땅 속에서 뿌리가 되었고, 얼굴은 해바라기 꽃이 되었다. 이 꽃은 태양이 동쪽에서 서쪽으로 움직임에 따라 얼굴을 움직여 늘 태양을 바라보고 있다. 왜냐하면 그 꽃은 지금도 여전히 아폴론을 사랑한 요정의 사랑을 지니고 있기 때문이다.

제13장

아테나
니오베

아테나

지혜의 여신 아테나는 제우스의 딸이었다. 그녀는 제우스의 머리에서 어른의 모습으로, 그것도 완전히 무장한 모습으로 태어났다고 전해지고 있다. 그녀는 기술을 관장했는데 남자의 기술로는 농업과 항해술 등을, 여자의 기술로는 제사(製絲)·방직·재봉 등을 관장했다. 아테나는 또 전쟁의 신이기도 했다. 그러나 그녀가 지원하는 것은 방어적인 것에 한했고, 폭력이나 유혈을 좋아하는 아레스의 야만적인 방식에는 찬성하지 않았다.

아테네는 아테나가 직접 선택한 땅으로, 포세이돈과 경쟁한 끝에 승리를 거둠으로써 그녀에게 주어진 도시였다. 이 도시의 최초의 왕인 케크롭스가 아테네를 다스릴 때 아테나와 포세이돈은 이 도시를 자신의 것으로 만들기 위해 대립했다. 신들은 인간들에게 가장 유익한 선물을 준 자에게 그 도시를 주겠다고 했는데 포세이돈은 인간에게 말(일설에서는 샘이라고도 한다.)을 주고 아테나는 올리브나무를 주었다. 이에 신들은 올리브나무가 좀더 유익하다고 판정하고 이 도시를 아테나에게 주었다. 그래서 그녀의 이름을 따서 아테네라고 불리게 된 것이다.

또 다른 경쟁도 있었는데 그것은 용감한 인간과의 경쟁이었다. 바로 아라크네라는 처녀였는데 그녀는 길쌈과 자수의 명수여서 요정들까지도 그녀의 솜씨를 보러 오곤 했다. 완성된 옷이나 자수는 물론, 일을 하고 있는 그녀의 모습까지 탄성을 자아낼 정도로 아름다웠다. 그녀가 헝클어진 털실을 손에 들고 타래를 만들고 북을 돌리며 자수를 놓는 모습을 본 사람은 그 재주를 아테나로부터 전수받은 것이라고 생각했으나 그녀는 이를 부정했다.

"아테나와 내 솜씨를 경쟁시켜 보세요. 만약 내가 지면 벌을 받겠어요."

아테나는 그녀의 자신감 넘치는 말을 듣고는 불쾌했다. 그래서 노파로 변장하고서 아라크네가 있는 곳으로 가서 다음과 같이 친절한 충고를 했다.

"나는 많은 경험을 했습니다. 당신이 내 충고를 무시하지 않기를 바랍니다. 같은 인간끼리라면 얼마든지 경쟁을 하십시오. 하지만 여신과는 경쟁하지 마십시오. 오히려 당신이 말한 것에 대해 여신에게 용서를 비는 것이 좋을 것입니다. 여신은 인자한 분이므로 당신을 용서할 것입니다."

아라크네는 베를 짜던 손을 멈추고 성난 얼굴로 노파를 노려보며 말했다.

"그런 충고라면 당신의 딸이나 하인에게 하세요. 나는 내가 한 말을 추호도 후회하지 않습니다. 나는 여신도 두렵지 않습니다. 그럴 의사가 있으면 나하고 솜씨를 견주어 보라지요."

아테나는 변장을 벗어 버리고 정체를 나타냈다. 요정들은 고개를 숙여 경의를 표하고, 옆에 있던 모든 사람들도 경의를 표했다. 오직 아라크네만이 두려워하지 않았다. 아라크네는 결심을 바꾸지 않고 자신만만해 하면서 운명을 향해 돌진했다. 아테나도 그 이상 참지 않았다. 그리고 더 이상 충고하지 않았다.

두 사람은 틀에 앉아 천을 짜기 시작했다. 손놀림은 빨랐고, 점점 형체를 드러내는 직물은 감탄을 자아냈다. 아테나는 직물에 포세이돈과 경쟁했던 때의 광경을 짜 넣었다. 천상의 열두 명의 신이 그려졌고, 제우스가 위엄을 과시하며 그 중앙에 자리 잡고 있었다. 바다의 지배자인 포세이돈은 삼지창을 손에 들고 있었고 땅으로부터는 한 마리의 말이 뛰어나왔다. 아테나 자신은 머리에 투구를 쓰고 가슴은 방패로 가려진 모양으로 표현되어 있었다. 그리고 직물의 네 귀퉁이에는 감히 신에게 대항하는 인간들의 모습이 보였다. 이 광경은 더 늦기 전에 아라크네로 하여금 경쟁을 포기하라는 암시가 담겨 있었다.

한편 아라크네의 직물에는 신들의 실패와 과오가 적나라하게 드러나 있었다. 신들을 향한 그녀의 오만하고 불경한 마음이 숨김없이 드러난 아라크네의 직물을 본 아테나는 그녀의 뛰어난 솜씨에 감탄했으나 분노를 참을 수 없었다. 그래서 아라크네의 직물을 찢어 버린 뒤 그녀의 이마에 손을 얹어 자신의 죄와 치욕을 느끼게 했다. 이에 아라크네는 죄책감에 시달리다 목을 매어 자살했다. 아테나는 숨진 아라크네를 보고 말했다.

"죄 많은 여인아, 살아나라. 그리하여 이 교훈을 기억하고 잊지 마라. 미래에 영원히 너와 네 자손은 계속해서 목을 매고 있을지어다."

아테나는 아라크네의 몸에다 아코니테의 즙을 뿌렸다. 그러자 바로 아라크네의 머리카락, 코, 귀가 사라졌다. 그녀의 몸은 오그라들고 머리는 더욱 작아졌다. 손가락은 옆구리에 붙어 버려 다리의 역할을 했으며 몸뚱이에선 실이 뽑아져 나왔다. 한마디로 그녀는 거미가 된 것이다.

니오베

아라크네의 운명은 방방곡곡으로 퍼져 인간들에게 신들과 겨루어서는 안 된다는 교훈을 남겼다. 그러나 테베의 여왕 니오베는 겸손의 교훈을 배우지 못했다. 그녀는 뽐낼 만한 많은 것을 가지고 있었는데, 그것은 자신의 아름다움도, 집안도, 그들 나라의 세력도 아니었다. 그것은 다름 아닌 그녀의 아들들이었다. 니오베는 모든 어머니들 중에서 가장 행복한 어머니였다. 적어도 그녀가 다음과 같이 주장하기 전까지는 말이다.

해마다 레토와 그녀의 아들과 딸인 아폴론과 아르테미스를 기념하는 축제가 벌어졌는데 축제날에 테베 사람들은 월계관을 쓰고, 제단에 유향을 바치며 기원을 했다. 그런데 바로 그 축제 때 금과 보석으로 치장한 니오베가 나타나 거만한 태도로 사람들을 내려다보며 말했다.

"어리석은 백성들 같으니, 눈앞에 보이는 사람을 무시하고 본 일도 없는 자들을 택하다니! 어째서 레토는 숭배하고, 나는 숭배하지 않는단 말인가. 내 아버지는 탄탈로스로서 신들의 식탁에 초청을 받았으며, 어머니는 여신이었다. 내 남편은 이 테베를 건설했고, 이 나라의 왕이 되었다. 그리고 프리지아 시는 내가 아버지로부터 양도받은 것이다. 그러므로 눈을 어디로 돌려도 내 영토가 보인다. 또 내게는 훌륭한 아들과 딸들이 있어 지금 그 며느리와 사위를 구하고 있는 중이다. 이만하면 자랑할 만하지 않은가? 그런데도 너희들은 레토를 나보다 훌륭하다고 여긴단 말이냐? 내게는 그 일곱 배나 되는 자녀가 있다. 나는 행복한 여인이요, 장래에도 그럴 것이다. 그걸 누가 부정할 것인가? 너무 많은 복을 받았기 때문에 그중 하나나 둘을 잃는다 하더라도 염려가 없다. 운명의 여신도 나를 어쩔 수 없을 것이다. 내가 지닌 행운 중에서 많은 걸 빼앗는다 하더라도, 여전히 남아 있는 것이 많을 테니까. 아이들을 두서넛 잃는 일이 있다 할지라도 단지 자식이라곤 둘밖에 없는 레토같이 빈약한 처지가 되지는 않을 것이다. 이런 축제는 집어치우고 이마에 쓴 월계관도 벗어 버리고, 레토에 대한 숭배도 그만두어라."

백성들은 니오베의 명령에 따라 제전을 중지해 버렸다. 레토는 분개했다. 그리고 자기가 살고 있는 킨토스의 산정에서 자신의 아들과 딸에게 이렇게 말했다.

"얘들아, 너희들 둘을 자랑으로 여기고 헤라 이외에는 어느 여신한테도 뒤지지 않는다고 생각하던 내가 지금은 여신의 신분조차 의심받게 되었다. 그러니 너희들이 보호해 주지 않는다면 나는 숭배받지 못하게 될 것이다."

레토가 계속 말하려 하는 것을 아폴론이 막았다.

"더 말씀하지 마십시오. 말씀을 길게 하시면 형벌이 지연될 뿐이니까요."

딸 아르테미스도 같은 말을 했다. 그리고 두 사람은 공중을 화살처럼 날아가 구름의 베일을 쓰고 테베 시의 탑 위에 내렸다. 성문 앞에는 넓은 들이 펼쳐져 있었고, 그곳에서는 테베 시의 젊은이들이 전쟁놀이를 하고 있었다. 그중에는 니오베의 아들들도 섞여 있었는데 어떤 자는 준마를 타고 있었고, 어떤 자는 화려한 이륜전차를 몰고 있었다. 장남 이스메노스가 말을 타고 들판을 가로지르고 있을 때 갑자기 하늘에서 화살이 날아왔다. 그는 화살을 맞고 '악!' 하고 부르짖으며 고삐를 놓치고 땅 위에 떨어져 절명했다. 이 모습을 본 다른 아들은 부리나케 달아나기 시작했다. 그러나 하늘에서 날아오는 화살을 피할 수는 없었다. 화살은 도망하는 그를 뒤따라 잡았다. 다른 아들들도 화살을 피하지 못하고 숨을 거두었다. 모두 숨지고 일리오네우스만이 남았는데 그는 하늘을 향해 기도를 올렸다.

"신들이여, 저를 도와주옵소서."

아폴론은 그를 살려 주고 싶었다. 그러나 이미 화살은 활시위를 떠난 후였다

아들들의 비참한 죽음을 전해들은 니오베는 믿을 수가 없었다. 신

들이 그런 일을 감행한 데 분노했지만 어쩔
수 없는 일이었다. 그녀의 남편은 충격을
이기지 못하고 자살했다. 그녀는 자식들의 시체
앞에 무릎을 꿇고 죽은 아들들 하나하나에게 입을 맞추었다. 그리고
창백한 두 팔을 하늘을 향해 뻗어 올리고 말했다.

"잔인한 레토여, 당신의 노여움을 나의 고통으로써 충분히 만족시키십시오. 나도 내 아들들을 따라 묘지로 갈 것입니다. 그러나 어디에 당신의 승리가 있습니까? 이렇게 아들과 남편을 잃었으나 아직도 나는 승리자인 당신보다 부유합니다."

니오베가 말을 마치자마자 활 소리가 났다. 니오베를 제외한 모든 사람이 공포에 떨었다. 너무도 큰 슬픔이 공포마저 앗아가 버렸기 때문에 그녀는 떨지 않았다. 그녀의 딸들은 상복을 입고 죽은 오빠들의 관 앞에 서 있었는데 갑자기 딸 하나가 화살에 맞아 아들들의 시체 위에 쓰러졌다. 둘째 딸은 어머니를 위로하려고 하다가 갑자기 말하기를 그치고 땅 위에 쓰러졌다. 셋째 딸은 도망치려 하다가, 넷째 딸은 숨으려고 하다가 죽음을 맞았다. 결국 여섯 딸들이 죽고 한 명만이 남았다. 니오베는 마지막 남은 딸을 두 팔로 끌어안고 온몸으로 호위하면서 말했다.

"하나만, 제일 어린 딸 하나만 살려 주십시오. 많은 자식 중에서 오직 하나만 살려 주십시오."

니오베는 부르짖었다. 그러나 그녀가 말을 다 마치기도 전에 마지막 딸마저 죽어 버렸다. 니오베는 죽은 자식들과 남편 가운데 홀로

쓸쓸히 앉아 있었다. 그녀는 슬픔 때문에 정신을 잃은 것 같았다. 미풍도 그녀의 머리카락을 움직이지 못했다. 그녀의 양 볼은 이미 싸늘하게 식어 있었다. 그녀의 두 눈은 한 곳만을 응시하고 있었는데 살아 있는 기색이라곤 하나도 없었다. 혀는 입천장에 붙어 버리고, 혈관은 생명의 흐름을 전하기를 멈췄다. 목은 구부러지지 않았고, 팔과 다리는 그 어떤 미동도 하지 않았다.

니오베는 돌로 변해 버린 것이었다. 그러나 눈물은 계속 흐르고 있었다. 그리고 그녀는 회오리바람에 실려 고향 산에 운반되었다. 그것은 지금도 한 바위로 남아 있는데 그 바위에서는 물이 졸졸 흘러 그녀의 슬픔을 말해 주고 있다.

제14장

그라이아이와 고르고들

페르세우스와 메두사

아틀라스

안드로메다

그라이아이와 고르고들

그라이아이는 세 명의 자매를 가리키는 말인데 그들은 태어날 때부터 백발이었다. 그라이아이라는 이름도 백발에서 유래한 것이다. 또 고르고들은 산돼지의 이빨처럼 억세고 큰 이빨과 놋쇠와 같이 거친 손, 뱀의 머리를 가진 괴물의 모습을 한 여인들이었다. 고르고라고 하면 보통 메두사를 지칭하는데 이는 신화에서 메두사가 부각되었기 때문이다.

현대인들은 고르고와 그라이아이가 바다의 공포를 의인화한 것에 불과하다고 하는데 고르고는 넓은 바다의 굳센 파도를, 그라이아이는 해안의 바위에 부딪히는 흰 물결을 의미한다고 한다.(그리스어로 고르고는 '굳세다'는 의미이고, 그라이아이는 '희다'는 의미이다.)

페르세우스와 메두사

페르세우스는 제우스와 다나에와의 사이에서 태어난 아들이다. 그의 외조부인 아크리시오스는 외손자 때문에 죽게 된다는 신탁을 받고 놀라 다나에와 그 아들을 상자에 넣어 바다에 띄워 버렸다. 상자가 세리포스 섬까지 떠내려갔을 때 한 어부가 발견하고 두 모자를 그 나라의 왕인 폴리덱테스에게 바쳤다. 왕은 그들을 친절히 맞았는데 페르세우스가 장성하자 폴리덱테스는 메두사를 정복하기 위하여 그를 파견했다. 메두사는 그 나라를 황폐하게 만든 무서운 괴물로 전에는 아름다운 처녀였다. 특히 머리카락은 그녀의 큰 자랑거리였으나 아테네와 아름다움을 견주려 했기 때문에 여신은 그녀의 아름다운 머리카락을 끔찍한 뱀의 형상으로 변하게 했다. 메두사는 무서운 모습을 한 잔인한 괴물로 변했고,

누구든 그녀를 한 번 본 사람은 돌로 변했다. 그녀가 살
고 있는 동굴 주변에는 그녀를 보고 돌로 변한 사람과
동물의 석상이 즐비했다.

페르세우스는 아테나와 헤르메스의 총애를 받아 아테나가 빌려 준 방패와 헤르메스가 빌려 준 날개 돋친 구두를 몸에 지니고 메두사가 잠들어 있을 때 접근했다. 그리고 그녀를 직접 바라보지 않고 방패에 비친 그녀의 모습을 보고 머리를 베었다. 페르세우스는 그녀의 머리를 아테나에게 주었고, 그녀는 자신의 아이기스(방패) 한가운데에 붙였다.

아틀라스

메두사를 퇴치한 후에 페르세우스는 그 머리를 들고 육지와 바다를 건너 날아갔다. 그리고 밤이 가까워질 무렵에 해가 지는 서쪽 끝에 도달했다. 그곳은 거인으로 이름난 아틀라스 왕의 나라로 그는 그곳에서 아침까지 휴식을 취하려고 했다. 아틀라스의 나라는 평화로운 곳으로 황금의 사과가 열리는 나무가 있었다. 페르세우스는 왕에게 말했다.

"나는 손님으로서 여기에 온 것입니다. 나의 아버지는 제우스이고, 지금 나는 메두사를 물리치고 오는 길입니다. 나는 지금 휴식과 음식이 필요합니다."

그러나 아틀라스는 제우스의 아들이 어느 날 황금 사과를 탈취해 갈 것이라는 예언이 떠올랐다.

"가 주시오. 당신의 가문 자랑에 움직일 내가 아니오."

말을 마친 아틀라스는 페르세우스를 추방하려고 했다. 이에 페르세우스는 아틀라스가 직접 상대하기엔 너무도 굳센 거인임을 깨닫고 말했다.

"그대가 내 우정을 너무도 과소평가하고 있기 때문에 선물을 하나 드리려고 합니다."

그러고는 자신의 얼굴을 옆으로 돌린 뒤 메두사의 머리를 내밀었다. 그러자 거대한 몸집의 아틀라스는 순식간에 돌이 되어 버렸다. 그의 수염과 머리털은 숲이 되고 팔과 어깨는 절벽이 되고 머리는 산정이 되고, 뼈는 바위가 되더니 마침내 그는 산이 되었다.

 # 안드로메다

페르세우스는 계속 날아가 에티오피아 사람들이 사는 나라에 도착했다. 그 나라의 왕은 케페우스였으며 왕후는 카시오페이아였다. 카시오페이아는 자신의 아름다움을 감히 바다의 요정들과 비교했는데 이 일로 요정들의 노여움을 샀다. 요정들은 거대한 바다의 괴물을 파견해 그 나라의 해안을 황폐화시켰다. 이에 케페우스는 신들의 노여움을 풀기 위해서 신탁을 요청했는데, 그의 딸 안드로메다를 그 괴물에게 제물로 바쳐야 한다는 것이었다.

페르세우스가 에티오피아의 하늘에서 아래를 내려다보니 안드로메다는 몸을 결박당한 채 바위에서 뱀의 모습을 한 괴물을 기다리고 있었다. 그녀의 얼굴은 너무도 창백했고, 몸은 미동도 하지 않았기 때문에 흐르는 눈물과 미풍으로 움직이는 머리카락이 없었다면

페르세우스는 그녀를 석상으로 생각했을 것이다.

"오, 처녀여, 사랑하는 애인들의 사랑의 사슬에 묶여 있어야 할 그대가 이런 쇠사슬에 묶여 있다니! 원컨대 내게 그대의 이름과 그대가 살고 있는 나라, 그리고 왜 이렇게 결박되어 있는지를 가르쳐 주시오."

그녀는 수줍어서 아무 말도 못 했다. 할 수만 있었다면 얼굴을 손으로 가렸을 것이다. 얼마 후 그녀는 자신이 그렇게 하고 있는 이유를 설명했다. 그러나 그녀가 말을 채 끝내기도 전에 바다 저쪽에서 굉음이 나더니 괴물이 머리를 수면 위에 내놓고, 파도를 헤치며 다가왔다. 처녀는 비명을 질렀다. 마침 그녀를 찾아 온 그녀의 부모는 그 모습을 보고 비통해 했다. 하지만 부모는 아무 것도 할 수가 없었다. 다만 탄식을 하며 제물이 될 딸을 끌어안고 있을 뿐이었다. 그때 페르세우스가 말했다.

"눈물이라면 나중에라도 얼마든지 흘릴 수 있습니다. 지금은 한시바삐 따님을 구하는 일이 급합니다. 제우스의 아들인 내 신분과 고르고의 정복자로서의 명성은 구혼자로서 충분한 자격이 있다고 생각합니다. 그러나 나는 신들이 허락한다면 새로운 공을 쌓아 따님을 얻고자 합니다. 만약 내가 저 괴물을 물리쳐 따님을 구한다면 그 대가로 나에게 따님을 주십시오."

부모는 즉시 승낙했다. 딸은 물론 자신들의 나라를 지참금으로 줄 것을 약속했다. 그러는 사이 바다 괴물은 그들이 있는 곳 가까이까지 접근했다. 페르세우스는 갑자기 대지를 박차고 하늘 높이 날아올랐다. 그는 독수리가 먹잇감을 잡아채듯이 날렵한 몸놀림으로 괴물의 등에 칼을 꽂았다. 깜짝 놀란 괴물은 몸을 크게 일으켰다가 바다 속으로 들어가더니 빠른 속도로 그에게 돌진했다. 하지만 페르세우스는 날개를 이용해 괴물의 공격을 피하며 계속 공격했다. 거대한 몸집의 괴물은 속수무책으로 그의 공격에 당하기만 하다 결국은 피를 뿜으며 쓰러졌다. 해안에 모여 있던 군중의 환성이 산을 움직였다. 양친은 기뻐서 어쩔 줄 모르며 장래의 사위를 얼싸안고 그를 구세주라고 불렀다. 그리고 쇠사슬에 묶여 있던 처녀는 무사히 풀려났다.

기쁨에 넘친 양친은 페르세우스와 안드로메다를 데리고 궁전으로 돌아왔다. 이어 잔치가 열렸고 모두 기쁨으로 충만했다. 그런데 갑자기 떠들썩한 소리가 나더니 안드로메다의 약혼자였던 피네우스가 부하들과 함께 뛰어 들어와서 난동을 부렸다. 그러자 케페우스가 말했다.

"자네는 내 딸이 괴물의 재물로서 바위에 결박되었을 때 찾아왔어야 했네. 하지만 자네는 그러지 않았어. 내 딸이 신들의 명령을 받았을 때 이미 모든 약속은 취소된 것이나 다름없네. 자네에겐 아무런 권리도 없어."

피네우스는 아무런 대답도 하지 않고 갑자기 페르세우스에게 창을 던졌다. 그러나 창은 빗나가 땅에 떨어졌다. 페르세우스도 창을 던지려고 하자 비겁한 공격자는 급히 도망쳐 제단 뒤에 숨었다. 그리고 부하들에게 공격을 명령했다. 마침내 난투극이 벌어졌다. 왕은 만류했으나 아무 소용이 없었다. 다만 왕은 이렇게 된 것은 자신의 책임이 아니니 굽어 살펴달라고 신들에게 호소했다.

페르세우스는 압도적인 수에 밀려 처음에는 불리한 싸움을 해야만 했다. 하지만 그의 뇌리에 좋은 생각이 떠올랐다. 그는 큰 소리로 말했다.

"여기서 내 적이 아닌 자는 얼굴을 돌려라!"

그리고는 메두사의 머리를 높이 들었다.

"그런 요술을 갖고 누구를 위협하려 하느냐?"

적들은 더욱 사납게 달려들었으나 하나둘씩 차례차례 그들은 돌이 되어 버렸다. 이 모습을 뒤에서 지켜보던 피네우스는 당황해 그의 부하들을 소리 높여 불렀다. 그러나 아무도 대답하는 사람이 없었다. 그는 결국 얼굴을 돌린 채 무릎을 꿇고 페르세우스에게 용서를 빌었다.

"모든 걸 다 빼앗아도 좋습니다. 그러나 내 생명만은 남겨 주십시오."

페르세우스는 말했다.

"비겁한 자여, 나는 너를 무기를 써서 죽이지는 않겠다. 뿐만 아니라 너는 이 사건의 기념으로 내 집에 보관될 것이다."

이렇게 말하면서, 그는 메두사의 머리를 피네우스가 바라보고 있는 쪽으로 돌렸다. 그러자 피네우스 역시 커다란 돌덩이가 되었다.

제15장

기간테스

스핑크스

페가소스와 키마이라

켄타우로스

피그마이오스

기간테스

　괴물이란, 신화의 말을 빌려 말하면, 부자연한 몸을 가진 생물로 보통 굉장한 힘과 잔인성을 가지고 사람들을 괴롭히는 공포의 대상이다. 그들 중에 어떤 것은 서로 전혀 다른 몇 동물의 신체 부분을 한 몸에 지닌 것으로 스핑크스와 키마이라가 그런 종류였다. 이들은 야수의 무서운 성질과 인간의 지혜와 재능을 겸비한 것으로 표현되었다.

　그 밖에 기간테스가 있는데 이들은 우라노스(천공)와 가이아(대지) 사이에서 태어난 아들들이다. 우라노스가 자신의 아들인 크로노스에 의해 생식기를 잘렸을 때 흘린 피가 대지에 떨어져 24명의 아들들이 태어났는데 이들을 바로 기간테스라고 한다. 이들 중 신들과 전쟁한 초인간적인 기간테스는 굉장한 체구를 지니고 있었다. 기간테스를 두려워한 신들이 이집트로 도망쳐 여러 가지 형태로 변신해 몸을 감춘 일도 있었다. 제우스는 숫양의 형태로 모습을 바꾸기도 했다. 그래서 그 후 이집트에서는 그를 구부러진 뿔을 가진 암몬 신으로 숭배했다. 아폴론은 까마귀, 디오니소스는 산양, 아르테미스는 고양이, 헤라는 암소, 아프로디테는 물고기, 헤르메스는 새로 변신했다.

스핑크스

테베의 왕 라이오스는 신탁에 의해 새로 탄생한 그의 아들이 그대로 성장하면 자신의 왕위와 생명에 위협이 된다는 경고를 받았다. 그래서 왕은 아들을 한 양치기에게 맡겨 죽이도록 명령했다. 그러나 양치기는 왕자를 죽일 수가 없었고, 그렇다고 명령을 어길 수도 없어서 왕자의 발을 묶어 나뭇가지에 매달아 두었다. 얼마 후 왕자는 한 농부에 의해 발견되었고, 그 농부는 주인부부에게 왕자를 데려다 주었다. 주인부부는 왕자를 받아들여 오이디푸스라고 이름 지었는데, 그것은 '부푼 발'이라는 뜻이다.

몇 년이 흐른 뒤에 라이오스는 시종 하나만을 대동하고 델포이로 가는 도중에 이륜마차를 몰고 가는 한 청년을 만났다. 시종은 청년에게 길에서 비켜나라고 했지만 청년은 이를 거부했다. 이에 시종은 청년의 말 한 마리를 죽였고, 크게 노한 청년은 라이오스와 그의 시종을 죽여 버렸다. 그런데 이 청년은 바로 라이오스의 아들인 오이디푸스였다. 그는 자기도 모르는 사이에 친아버지의 살인자가 된 것이다.

　이 사건이 있은 지 얼마 안 되어 테베 시의 사람들은 대로를 횡행하는 한 괴물 때문에 괴로움을 당해야 했다. 그것은 스핑크스라고 하는 괴물로서 하반신은 사자의 몸을, 상반신은 여자의 몸을 한 괴물이었다. 그 괴물은 바위 위에 웅크리고 앉아 길 가는 사람들에게 수수께끼를 낸 뒤 그것을 푸는 자는 무사히 통과할 수 있으나 풀지 못하는 자는 생명을 잃을 것이라고 위협했다. 그런데 문제의 정답을 맞힌 자는 한 사람도 없었으므로 모든 행인들은 죽음을 당했다. 오이디푸스가 이 이야기를 듣고 조금도 겁내지 않고, 대담하게 시험해 보려고 스핑크스를 찾아갔다.

스핑크스가 오이디푸스에게 물었다.

"아침에는 네 발로 걷고, 낮에는 두 발로 걷고, 저녁에는 세 발로 걷는 동물은 무엇인가?"

오이디푸스가 대답했다.

"그건 인간이다. 인간은 어릴 때는 두 손과 두 무릎으로 기어 다니고, 커서는 두 발로 서고, 늙으면 지팡이를 짚고 다니기 때문이다."

스핑크스는 자신의 수수께끼가 풀린 데 대하여 굴욕을 느끼고 바위 밑으로 몸을 던져 죽어 버렸다.

테베의 시민들은 오이디푸스에게 존경과 감사를 표한 뒤 그를 왕으로 모시고 여왕인 이오카스테와 결혼하게 했다. 오이디푸스는 자신의 부친인줄도 모르고 부친을 살해했고, 이번에는 여왕과 결혼함으로서 어머니의 남편이 되었다. 이런 무시무시한 내막을 알지 못한 채 세월은 흘렀다. 그러다 테베에 기근과 역병의 재난이 났고, 그 일로 신탁에 문의했는데 신들은 그의 범죄를 그에게 알려주었다. 그

결과 여왕 이오카스테는 자살했고, 오이디푸스는 미쳐서 자기의 눈을 후벼 뺀 뒤 방랑의 길을 떠났다. 그는 모든 사람에게 버림을 받고 공포의 대상이 되었으나 그의 딸 안티고네만은 그를 충실히 보살폈다. 하지만 그의 비참한 방랑 생활은 계속 되었고, 마침내 처참한 죽음을 맞았다.

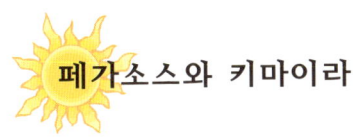

페가소스와 키마이라

페르세우스가 메두사의 목을 베었을 때, 그 피가 땅 속에 스며들어 그곳에서 날개 돋친 말, 페가소스가 세상 밖으로 나왔다. 아테나는 그 말을 잡아 길들인 후에 무사의 여신들에게 선사했다. 무사의 여신들이 거주하는 헬리콘 산 위에 있는 히포크레네(말의 샘이라는 뜻)라는 샘은 페가소스의 발굽에 패여 생긴 것이다.

키마이라는 불을 뿜는 무서운 괴물이었다. 그 괴물은 앞에서 보면 사자와 염소를 섞어 놓은 듯 보였고, 뒤에서 보면 용이었다. 키마이라는 리키아의 마을에서 큰 소동을 일으키는 괴물로 왕인 이오바테스는 이 괴물을 퇴치할 용사를 찾고 있었다. 때마침 그의 궁정에 벨레로폰이라는 한 용감한 젊은 무사가 도착했다. 젊은이는 이오바테스의 사위인 프로이토스의 편지를 갖고 있었다.

편지에서 프로이토스는 벨레로폰을 마음에서 우러나온 말로 추천하며 그를 용감무쌍한 영웅이라고 극찬했는데 편지 끝에는 그를 죽여 달라는 의뢰가 적혀 있었다. 벨레로폰이 너무 뛰어났기 때문에 프로이토스는 자격지심을 느꼈으며, 그의 아내인 안테이아가 벨레로폰을 지나친 감탄의 눈으로 바라보았기 때문에 질투심에 그런 의뢰를 한 것이었다. 자신의 사형 집행 영장을 들고 온 벨레로폰의 이 고사(故事)에서 '벨레로폰의 편지'란 말이 유래하게 되었다.

이오바테스는 편지를 읽고서 어찌할 바를 몰라 당황했다. 손님을 환대하지 않을 수도 없고, 사위의 청을 들어 주지 않을 수도 없었는데 마침 좋은 생각이 떠올랐다. 벨레로폰을 보내어 키마이라를 퇴치시키는 일이었다. 벨레로폰은 제안을 흔쾌히 받아들였다. 그러나 퇴치하러 가기 전에 예언자 폴리도스와 상의한 결과 될 수만 있으면 페가소스를 얻어 타고 가는 것이 좋을 것이라는 답을 얻었다. 또 페가소스를 얻기 위해서는 아테나의 신전에서 밤을 보내야 한다고 했다.

지시에 따라 아테나의 신전에서 밤을 지내는데 꿈에 아테나가 나타나 황금고삐를 그에게 내밀었다. 잠에서 깬 벨레로폰의 손에는 여전히 고삐가 쥐어져 있었고, 그는 아테나의 말에 따라 페이레네 샘으로 가 페가소스를 타고 하늘로 날아올랐다. 그리고 아주 손쉽게 키마이라를 발견해 퇴치했다.

벨레로폰은 키마이라를 퇴치한 뒤에도 그에게 적의를 품은 주인에 의하여 많은 시련을 당했으나 그때마다 페가소스 덕분에 살아날 수 있었다. 이오바데스는 벨레로폰이 신들의 특별한 총애를 받고 있다는 확신을 갖고 그의 딸과 결혼 시킨 뒤 왕위의 계승자로 정했다. 그러나 벨레로폰은 지나친 자신감으로 오만해져 신들의 노여움을 샀다. 급기야는 페가소스를 타고 천상으로 오르려다 제우스가 보낸 등에로부터 공격을 당해 땅에 떨어져 절름발이가 되고, 눈이 멀었다. 그 후 벨레로폰은 사람들의 눈을 피해 외로이 방황하다 비참한 최후를 맞이했다.

켄타우로스

 켄타우로스는 머리에서 허리까지는 인간이고 나머지는 말의 몸을 가진 괴물이다. 고대인들은 말에 대한 호감이 높았기 때문에 이 괴물은 다른 괴물들과 달리 유일하게 훌륭한 특성을 부여받았다.

 켄타우로스는 인간과 교제가 허용돼 있었기 때문에 페이리토스와 히포다메이아가 결혼할 때에도 다른 손님과 함께 초대되었다. 그런데 결혼식이 거행되던 날 켄타우로스 족의 에우리티온이 술에 취해 신부에게 폭행을 가해 큰 싸움이 벌어졌다. 이 싸움으로 몇몇이 피살되었는데 이것이 그 유명한 라피타이 족과 켄타우로스 족의 싸움으로 고대의 조각가와 시인들이 즐겨 다룬 소재가 되었다.

 그러나 켄타우로스가 모두 이처럼 난폭한 것은 아니었다. 케이론이라는 켄타우로스는 아폴론과 아르테미스로부터 교육을 받고 수렵, 의술, 음악, 예언술에 능하기로 유명했다. 그리스의 옛날이야기에 나오는 가장 유명한 영웅들은 모두 그의 제자였다. 케이론은 켄타우로스 중에서 가장 현명하고 가장 공정한 자로 평가되었으며 제우스는 그가 죽자 인마궁(人馬宮)이라는 별자리 가운데에 그를 놓았다.

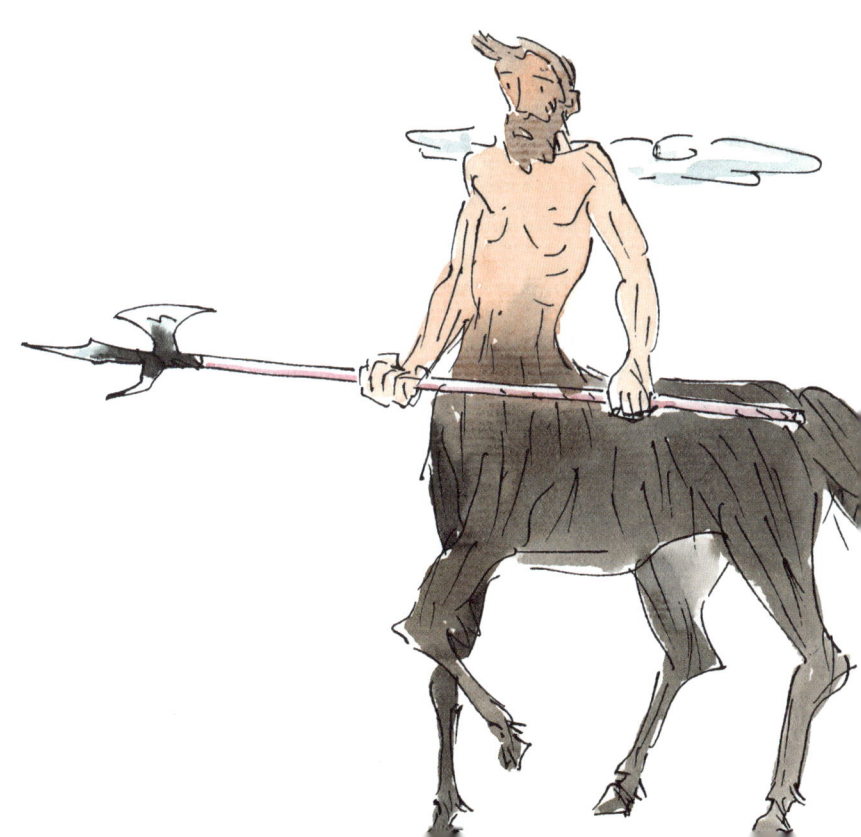

피그마이오스

피그마이오스(피그미)란 난쟁이 종족으로 그들은 네일로스 강(나일 강)의 수원(水源) 근처에 살고 있었다. 호메로스에 의하면 두루미는 매년 겨울에 이 피그마이오스의 나라로 옮겨 오는데 그들의 출현은 피그마이오스의 주민에게는 유혈의 투쟁을 알리는 신호였다. 두루미라는 외래의 약탈자로부터 옥수수밭을 지키지 않으면 안 되었기 때문이었다. 그래서 피그마이오스와 그들의 적인 두루미는 여러 예술 작품의 소재로 쓰이기도 했다.

제16장

황금의 양모피
메디아와 이아손

황금의 양모피

옛 테살리아에 아타마스라는 왕과 네펠레라는 왕비가 살았다. 그들에게는 사내아이 하나와 계집아이 하나가 있었다. 그러나 아타마스는 아내에게 냉담해져서, 그녀와 이혼하고 딴 여자를 얻었다. 네펠레는 자기 아들과 딸이 계모에게 구박을 당할까 걱정되어 그들을 계모의 손이 닿지 않는 먼 곳으로 보낼 궁리를 했다. 헤르메스는 이러한 그녀의 소식을 듣고 동정하여 그녀에게 황금 양피를 가진 숫양 한 마리를 주었다. 그녀는 이 양이 아이들을 안전한 장소로 데려다 줄 것을 기대하면서 그들을 양에 태웠다. 그러자 양은 아이들을 등에 업고 공중으로 뛰어올라 동쪽을 향하여 갔다. 양은 이윽고 유럽과 아시아를 격리하는 해협에 다다랐다. 그런데 여자아이 헬레라가 아래를 내려다보다가 그만 양의 등에서 떨어져 바다 속으로 떨어졌다. 그래서 이 바다는 헬레스폰토스라고 불리게 되었다. 오늘날의 다르다넬스 해협이 바로 그곳이다.

양은 계속 하늘을 달려 이윽고 흑해의 동해안에 있는 콜키스라는 왕국에 도착했다. 그곳에서 양은 무사히 사내아이인 프릭소스를 내려놓았다. 그 아이는 그 나라의 왕 아이에테스의 뜨거운 영접을 받았다. 프릭소스는 그 양을 제우스에게 제물로 바치고 황금 양피를 아이에테스에게 주었다. 왕은 그것을 신에게 바친 숲 속에 놓고, 잠자지 않는 용으로 하여금 지키도록 했다.

한편 테살리아의 아타마스 왕국 근처에 또 하나의 왕국이 있었다. 그곳의 왕은 아이손이었는데 그가 정치를 싫어해 아들 이아손이 성인이 될 동안만이라는 조건부로 아우에게 왕위를 보도록 했다. 그러나 이아손이 성장하여 숙부에게 왕위의 반환을 요구하자 펠리아스는 겉으로는 기꺼이 양도하는 자세를 취하면서 이아손에게 황금 양피를 손에 넣는 영광스러운 모험을 권유했다. 이에 이아손은 콜키스의 왕국으로 떠날 준비를 했다.

이아손이 아르고스에게 명령하여 50명을 태울 수 있는 배를 만들게 했는데 배는 만든 사람의 이름을 따서 '아르고'호라 명명했다. 배가 완성되고 이아손은 모험을 좋아하는 그리스의 모든 청년들을 모집했다. 그들은 대부분 나중에 그리스의 영웅으로 명성을 떨쳤는데 헤라클레스, 테세우스, 오르페우스, 네스토르도 포함되어 있었다.

아르고 호는 영웅들(배의 이름을 따 이들을 '아르고나우테스'라고 했다)을 태우고 테살리아의 해안을 떠나 트라키아까지 항해했다. 이곳에서 그들은 철인 피네우스(장님 예언자로 국왕)를 만나게 되어 그로부터 교시를 받았다. 에욱세이노스 해의 입구는 두 개의 암석으로 이루어진 섬에 의해 차단되어 있었는데, 파도에 의해 이 두 섬은 충돌하기를 일삼았다. 그래서 그 섬은 심플레가데스, 즉 충돌하는 섬이라고 불리고 있었다. 피네우스는 아르고나우테스들에게 이 위험한 해협을 통과하는 방법을 가르쳐 주었고, 그들은 피네우스의 지시대로 그 해협을 무사히 통과해 마침내 바다의 동쪽 끝에 도착하여 콜키스 왕국에 상륙했다.

이아손이 콜키스의 왕 아이에테스에게 자신의 목적을 전달했다. 그러자 왕은 이아손에게 놋쇠 발을 가지고 불을 내뿜는 두 마리의 황소에 쟁기를 매어 주고, 카드모스 왕이 퇴치한 용의 이빨을 뿌려 준다면 황금 양피를 양도하겠다고 동의했다. 그 용의 이빨을 뿌리면 그로부터 한 무리의 무사가 나와 그것을 뿌린 자에게 무기를 들고 돌진한다는 것은 잘 알려진 사실이었으나 이아손은 승낙했다. 그리고 시행할 날짜를 정했으나 그 전에 이아손은 왕녀인 메디아에게 청혼을 하고 결혼을 약속한 뒤 헤카테 여신의 제단 앞에 서서 여신을 불러 서약의 보증인으로 했다. 메디아는 흔쾌히 승낙했다. 그리고 그녀의 도움으로(그녀는 유능한 마술사였다.) 마력을 가지고 있는 부적을 얻을 수 있었다.

약속한 날이 오자 사람들은 싸움의 신인 아레스에게 바쳐진 숲에 모였다. 왕은 왕좌에 앉아 있었고, 민중은 산허리를 메웠

다. 놋쇠 발을 가진 황소가 콧구멍으로 불을 뿜으며 뛰어 들어오자 그 불은 길가의 풀들을 태워 버렸다. 용광로에서 쇳물이 끓는 것 같은 소리가 나고, 생석회에 물을 끼얹을 때와 같은 연기가 났다. 그러나 이아손은 겁내지 않고 황소를 향해 용감하게 앞으로 나아갔다. 그의 모습을 보고 아르고나우테스들은 전율을 느꼈다. 그는 불을 뿜는 콧김에도 아랑곳 않고 대담하게 황소의 목을 어루만지다가 슬쩍 멍에를 메우고 쟁기를 끌도록 했다. 콜키스 사람들은 아연 실색했고, 그리스 사람들은 환성을 올렸다.

　이아손은 다음에 용의 이빨을 뿌리고 그 위에 흙을 덮었다. 그러자 바로 한 무리의 무사들이 뛰어나와 무기를 휘두르며 이아손을 향해 돌진해 왔다. 그리스 인들은 이아손이 목숨을 잃을까 염려했고, 그에게 부적을 준 메디아까지도 공포로 안색이 창백해졌다. 이아손은 잠시 동안 칼과 방패로 공격자를 막았으나, 그들의 수효가 압도적으로 많음을 알고는 메디아가 가르쳐 준 마법대로 돌을 하나 손에 쥐고 그것을 적들의 한가운데에 던졌다. 그러자 그들은 이아손에게 덤비지 않고 서로 싸우다 마침내 한 명도 남지 않고 모두 죽어 버렸다. 그리스 인들은 그들의 영웅을 둘러쌌다. 메디아도 그럴 용기만 있었다면 그를 포옹했을 것이다.

　남은 일은 황금 양피를 지키고 있는 용을 잠재우는 일이었다. 그러나 그것은 메디아가 준 마법의 약 덕분에 손쉽게 이루어졌다. 이아손은 양피를 손에 넣은 후 친구들과 메디아를 거느리고 테살리아로 돌아가 양피를 펠리아스에게 인도하고 아르고 호를 포세이돈에게 바쳤다.

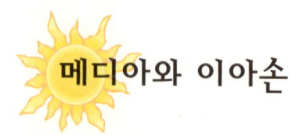 메디아와 이아손

황금 양피를 되찾은 축하 자리에서 이아손을 우울하게 하는 일이 하나 있었다. 그것은 부친인 아이손이 노쇠해서 그들과 함께 하지 못한다는 사실이었다. 이아손은 메디아에게 말했다.

"아내여, 나는 그대의 마력에 많은 도움을 입었는데 그 마법을 다시 한 번 나를 위해 제공해 주지 않겠소? 내 수명에서 몇 해를 빼어 아버지의 수명에 보태 주시오."

그러자 메디아는 대답했다.

"그런 희생은 하지 않아도 좋아요. 마법이 성공만 하면, 당신의 수명을 단축시키지 않고도 아버님의 수명을 연장시킬 수 있을 것입니다."

다음 달 보름날 밤, 모두 잠든 후에 그녀는 홀로 살그머니 밖으로 빠져 나왔다. 나뭇잎을 움직이는 바람 한 점 없고, 만물은 조용하기만 했다. 메디아는 우선 별을 향해 주문을 외웠다. 그리고 그 다음에는 달을 향해, 또 지옥의 여신인 헤카테를 향해, 대지의 여신 가이아를 향해 주문을 외었다. 이 여신들의 힘에 의해 마법에 효과가 있는 식물이 나기 때문이었다. 그녀는 숲, 동굴, 산, 골짜기, 호수, 강바람, 안개의 신들에게도 기도했다. 그러자 갑자기 날아다니는 뱀들에 이끌려 이륜차가 공중으로부터 내려왔다. 메디아는 그 이륜차를 타고 하늘 높이 올라 먼 지방으로 향했다. 그곳에는 효험 있는 식물들이 자라고 있었고, 메디아는 그중에서 몇 가지를 선택했는데 무려 9일 동안을 약초를 찾아 헤매 다녔다.

열흘째 되는 날 그녀는 두 개의 제단을 만들었다. 하나는 헤카테의 것이고 또 하나는 청춘의 여신인 헤베의 제단이었다. 그녀는 제단에 한 마리의 검은 양을 제물로 바치고 우유와 포도주를 부었다. 그리고 하데스와 그가 약탈해 간 신부 페르세포네에게 늙은 부왕의 생명을 빨리 빼앗지 말아 달라고 간청했다. 그런 다음 그녀는 아이손을 데려와 깊은 잠에 빠지게 한 뒤 약초로 만든 침대 위에 뉘었다. 누구도 근처에 오지 못하게 한 메디아는 신비의 용액을 만들어 늙은 아이손에게 마시게 했다. 그러자 백발의 머리털과 수염이 갑자기 검게 변했고, 창백하던 피부에는 생기가 돌기 시작했다. 아이손 자신도 놀라움을 금치 못했다. 노쇠한 자신의 몸이 사라지고 40년 전의 젊은 몸으로 되돌아갔기 때문이었다.

메디아는 이아손을 위해서는 그녀의 마법을 선량한 목

적을 위해 사용했으나 다른 곳에서는 그렇지 못했을 뿐만 아니라 어떤 경우에는 복수의 수단으로 사용했다.

이아손의 왕위를 찬탈하려고 한 펠리아스에게는 딸들이 있었는데 그 딸들은 자신들의 아버지에게도 아이손처럼 젊음을 달라고 간청했다. 메디아는 승낙하는 체하고서 전과 같이 솥을 준비한 뒤 마법의 용액을 만들었다. 밤이 되어 메디아는 왕녀들과 더불어 늙은 왕의 침실로 들어갔다. 왕녀들은 단검을 빼들고서 침대 곁에 섰다. 그를 베어야 한다는 메디아의 지시에도 불구하고 왕녀들이 주저하자 메디아는 그들의 우유부단함을 꾸짖었다. 결국 왕녀들은 얼굴을 돌린 뒤 부친을 단검으로 내리쳤다. 그러나 인기척을 느낀 왕이 잠에서 깨어 부르짖었다.

"딸들아, 무슨 짓을 하고 있느냐? 이 아비를 죽이려고 하느냐?"

그녀들은 용기를 잃고 단검을 손에서 떨어뜨렸다. 이에 메디아는 왕을 마법의 용액이 담긴 솥에 넣고 이륜차를 타고 황급히 그곳을 빠져나왔다. 그녀는 무사히 도망쳤으나 이아손은 그녀를 버렸다. 메디아는 이아손을 위해 많은 일을 했으나 그는 그녀를 버리고 크레우사라는 코린토스의 왕녀와 결혼하려고 했다. 메디아는 그의 배은망덕함에 분노하여 신들에게 복수를 기원하고, 독을 넣은 옷을 크레우사에게 선물로 보냈다. 그러고 나서는 자신의 아이들을 죽이고, 궁전에 불을 지른 뒤 뱀이 끄는 이륜차를 타고 아테네로 도망쳤다. 그리고 그곳에서 테세우스의 부친인 아이게우스 왕과 결혼했다.

제17장

헤라클레스

헤베와 가니메데스

헤라클레스

헤라클레스는 제우스와 알크메네와의 사이에서 태어났다. 헤라(제우스의 본처)는 인간과의 사이에서 태어난 남편의 자녀에게 늘 적의를 품었는데 헤라클레스가 태어난 지 1년도 안 되어 선전포고를 했다. 그녀는 두 마리의 독사를 보내어 그가 요람 속에 있을 때 죽이려고 했으나, 이 조숙한 어린아이는 스스로 뱀을 퇴치했다. 그러나 그는 헤라의 간계로 에우리스테우스의 부하가 되어 그의 모든 명령을 수행하도록 강요당했다. 에우리스테우스는 가능성이 전혀 없는 모험에 그를 끌어들였는데 '헤라클레스의 열두 가지 노역'이라고 불리는 것이 바로 그것이다.

첫 번째 노역은 네메아의 사자와의 싸움이었다. 네메아 계곡에는 한 마리의 무서운 사자가 있었는데, 에우리스테우스는 헤라클레스

에게 이 괴물의 모피를 가지고 오도록 명령했다. 헤라클레스는 몽둥이와 활을 가지고 사자에게 대항하다 결국에는 괴물을 목 졸라 죽이고 죽은 사자를 어깨에 메고 돌아왔다.

헤라클레스의 두 번째 노역은 히드라의 퇴치였다. 이 괴물은 아르고스 지방을 휩쓸며 아미모네 샘 근처에 있는 늪지에 살았다. 히드라는 아홉 개의 머리를 가지고 있었는데, 그중 한가운데 있는 머리는 불사(不死)의 머리였다. 헤라클레스는 곤봉으로 이 괴물의 머리를 하나씩 쳐서 떨어뜨렸으나, 그때마다 떨어진 곳에서 새로운 머리가 두 개씩 나왔다. 마침내 그는 이올라오스라는 충복의 도움을 받아, 히드라의 머리를 모두 불태워 버리고 아홉 번째 불사의 머리는 커다란 바위 밑에 파묻었다.

또 다른 노역은 아우게이아스의 마구간을 청소하는 일이었다. 아우게이아스는 엘리스의 왕이었는데 소를 3천 마리나 가지고 있었다. 그 마구간은 30년 동안이나 청소를 하지 않아 말할 수 없이 더러웠는데 헤라클레스는 알페우스와 페네우스 두 강물을 끌어들여 하루 만에 말끔히 해치웠다.

다음 노역은 더 까다로운 것이었다. 에우리스테우스의 딸 아드메테는 아마존 족 여왕의 허리띠를 탐냈다. 그래서 에우리스테우스는 헤라클레스에게 그것을 얻어 오라고 명령했다. 아마존 족은 여자만의 종족이었다. 그들은 대단히 호전적이었고 몇 개의 번창한 도시를 가지고 있었다. 여자 아이만을 길렀는데 남자아이는 이웃 나라에 보내거나 죽여 버렸다. 헤라클레스는 많은 지원병을 거느리고 고생 끝에 아마존 족의 나라에 도착했다. 여왕 히폴리테는 그를 따뜻이 맞아 자신의 허리띠를 주기로 승낙했다. 그러나 헤라가 아마존 족의 한 여인의 모습으로 변신하여, 곳곳에 돌아다니며 외국인이 여왕을 납치해 가려고 한다는 소문을 퍼뜨렸다. 소문을 믿은 아마존 족의 여인들은 무장을 하고 헤라클레스에게 몰려왔다. 이에 헤라클레스는 히폴리테가 자신을 배반한 줄 알고 그녀를 죽이고서, 허리띠를 갖고 고국으로 돌아봤다.

헤라클레스에게 부여된 또 하나의 노역은, 에우리스테우스에게 게리온의 소를 갖다 주는 일이었다. 이 게리온이란 세 개의 몸뚱이를 갖고 있는 괴물로서, 에리테이아라는 섬에 살고 있었다. 그 섬은 서방에 위치하여, 지는 해의 밑에 있었는데 헤라클레스는 여러 나라를 거친 뒤에 마침내 리비아와 유럽의 국경까지 왔다. 그리고 그곳에서 그는 여행에 대한 기념으로 칼페와 아빌라라는 두 개의 산을 세웠다. 다른 설에 의하면 한 개의 산을 둘로 쪼개서 지브롤터 해협을 이루게 했다고 하는데, 그 두 산은 헤라클레스의 기둥이라고 불리고 있다. 게리온의 소는 거인 에우리티온과 머리가 두 개인 개가 지키고 있었는데, 헤라클레스는 거인과 개를 죽이고 무사히 그 소를 에우리스테우스에게 가져다주었다.

가장 어려운 노역은 헤스페리스들이 지키고 있는 황금 사과를 가지고 오는 일이었다. 헤라클레스는 사과가 어디에 있는지도 몰랐는데 그 사과는 헤라가 대지의 여신으로부터 결혼 선물로 받은 것으로, 그녀는 그것을 헤스페로스의 딸들에게 지키게 하고 잠자지 않는 용을 붙여 두었다.

험난한 모험 끝에 헤라클레스는 아프리카의 아틀라스 산에 도착했다. 아틀라스는 신들에게 반항해 싸운 인물로 두 어깨에 무거운 하늘을 짊어지고 있어야 하는 벌을 받았다. 아틀라스는 헤스페리스들의 삼촌이었다. 그래서 헤라클레스는 사과를 자기에게 갖다 줄 자는 아틀라스밖에 없다고 생각했다. 그러나 어떻게 하면 아틀라스로 하여금 지금의 자리를 떠나게 할 수 있을지, 하늘을 어떻게 할지 난감했다. 결국 그는 아틀라스를 보낸 뒤 자신이 직접 하늘을 짊어지고 있었다. 마침내 아틀라스는 사과를 가져 왔고, 헤라클레스는 에우리스테우스에게 돌아가게 되었다.

헤라클레스의 유명한 공적 중 하나는 안타이오스와 싸워서 승리를 거둔 일이다. 안타이오스는 대지의 여신인 가이아의 아들이었는데, 힘이 센 거인이었으며 게다가 레슬링의 명수였다. 그 힘은 그가 그의 어머니인 대지와 접촉하고 있는 한 누구도 꺾을 수가 없었다. 그는 자신의 나라에 오는 모든 방문객들에게 레슬링을 강요했는데 싸움에서 지면 목숨을 내놓는다는 조건을 걸었다. 그러나 헤라클레스는 당당히 저항했다. 안타이오스가 대지에서 발을 떼었을 때 그를 번쩍 들어 공중에서 목을 졸라 죽여 버렸다.

최후의 공적은 케르베로스(지옥을 지키는 개)를 하계(下界)에서 데리고 오는 일이었다. 헤라클레스는 헤르메스와 아테나의 안내로 하데스의 나라로 내려갔다. 그리고 만일 무기를 사용하지 않고도 케르베로스를 하데스에서 데리고 갈 수 있다면 지상에 가도 좋다는 허가를 얻었다. 그는 거칠게 저항하는 괴물에게 무기를 사용하지 않고 오로지 힘으로 에우리스테우스에게 데리고 오는 데 성공했다.

한번은 발광한 헤라클레스가 친구인 이피토스를 죽였는데 그는 죗값으로 3년을 노예로 살았다. 그러나 복역을 끝낸 후에는 데이아네이라와 결혼하여 3년간 평화롭게 살았다. 그가 아내와 더불어 여행하는 도중에 네소스를 만난 일이 있는데 네소스는 데이아네이라를 납치하려고 했다. 하지만 헤라클레스는 아내의 비명 소리를 듣고 네소스의 심장에 화살을 쏘았다. 네소스는 죽으면서 데이아네이라에게, 남편의 사랑을 유지할 주문으로 사용할 수 있을 것이니 자신의 피를 얼마간 간직해 두라고 일러 주었다. 데이아네이라는 그의 말대로 했다.

얼마 가지 않아 그녀는 그것을 사용할 때가 왔다고 생각하게 되었다. 그녀는 헤라클레스가 전쟁에서 포로로 잡은 이올레라고 하는 아름다운 처녀를 마음에 두고 있는 것으로 생각했다. 아무 것도 모르는 헤라클레스는 승리를 축하하는 제전에서 입을 옷을 준비하라고 했다. 데이아네이라는 네소스의 피에 옷을 담가 두었다가 빨은 뒤 헤라클레스에게 주었다. 헤라클레스는 아내가 건네 준 옷을 입자마자 극심한 고통에 시달렸다. 독이 전신에 퍼진 것이었다. 그는 옷을 벗어 버리려고 했으나 그럴수록 옷은 더욱 그의 살갗을 파고들었다. 할 수 없이 그는 자신의 살점을 갈기갈기 찢어 옷을 떼어냈다. 데이아네이라는 자신의 엄청난 과오를 보고 목을 매어 목숨을 끊었다. 헤라클레스는 처참한 몰골로 오이테 산에 올라 나뭇더미를 쌓고, 필록테테스에게 활과 화살을 준 뒤 나뭇더미 위에 누웠다. 그리고 필록테테스에게 불을 붙이라고 명령했다. 불길은 삽시간에 퍼져서 나뭇더미를 덮었다.

신들은 훌륭한 전사가 비참한 최후를 맞이하는 것을 보고 마음 아파했다. 그러나 제우스만은 명랑한 얼굴로 말했다.

"나는 그대들이 그에게 깊은 관심을 쏟는 것을 기쁘게 생각한다. 내가 그대들과 같이 충성스런 부하들의 지배자라는 것이, 또 내 아들이 그대들의 총애를 받고 있다는 사실에 만족한다. 마음 아파하고 있는 그대들이여, 이제는 걱정하지 마라. 사멸하는 것은 어머니로부터 받은 육체뿐이고, 아버지인 내게서 받은 것은 불멸하다. 나는 지상에서 생명을 잃은 그를 천국에 데려오려고 하니, 그대들도 그를 따뜻이 맞아주기 바란다. 혹여 그가 이러한 영광을 받는 것을 못마땅하게 여기는 자가 있을지라도 그에게 그럴 만한 충분한 공적이 있음을 부인하지는 못할 것이다."

신들은 모두 찬성했다. 헤라는 불쾌감을 느꼈으나 남편의 결정을 유감스럽게 생각하지는 않았다.

불꽃이 헤라클레스의 몸을 태워 버리자 그의 몸은 사라지는 듯 보였다. 그러나 그의 신성한 부분은 손상당하지 않고, 도리어 새로운 생명력을 얻어 더 고상한 풍채와 위엄을 자랑했다. 제우스는 그를 구름으로 감싸고, 네 마리의 말이 끄는 마차에 태워 하늘에 오르게 해 별들 사이에 살게 했다. 그리고 헤라는 그와 화해한 뒤 딸 헤베를 그에게 출가시켰다.

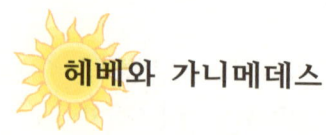
헤베와 가니메데스

헤라의 딸이요, 청춘의 여신인 헤베는 신들에게 술을 따르는 일을 맡고 있었다. 보통 전설에 의하면, 그녀는 헤라클레스의 아내가 된 뒤 그 임무를 그만두었다고 한다. 그러나 다른 설도 있는데 헤베가 신들에게 술을 따르다 실수를 해서 면직되었다는 것이다. 헤베의 뒤를 이어 트로이 태생의 소년 가니메데스가 그 임무를 맡았는데 독수리로 변신한 제우스가 이데 산에서 놀고 있는 가니메데스를 납치해 헤베의 후임으로 임명했다.

제18장

테세우스

올림픽 경기 및 그 밖의 경기

다이달로스

카스토르와 폴리데우케스

테세우스

테세우스는 아테네의 왕 아이게우스와, 트로이젠의 공주 아이트라와의 사이에서 태어났다. 그는 트로이젠에서 자란 뒤 성인이 되면 아테네로 가서 아버지와 만나기로 되어 있었다. 아이게우스는 아들이 태어나기 전에 아이트라와 이별하면서 그의 칼과 구두를 큰 돌 밑에 넣어둔 뒤 아들이 자라서 그 돌을 움직일 정도의 힘이 생기면 자신에게 보내라고 했다. 그리고 몇 년이 흐른 뒤 아이트라는 아들을 데리고 그 돌이 놓인 곳으로 갔다. 테세우스는 쉽게 돌을 움직여 칼과 구두를 꺼냈다. 그 무렵 육로에는 도둑들이 들끓어 위험했기 때문에 테세우스의 할아버지는 뱃길을 이용해 아테네로 가라고 했다. 그러나 영웅심에 불타는 테세우스는 헤라클레스처럼 괴물들을 퇴치해 유명

해지고 싶은 마음에 육로를 택했다.

 길을 떠난 첫날, 테세우스는 에피다우로스까지 왔다. 그곳은 헤파이스토스의 아들인 페리페테스라는 자가 살고 있는 곳으로 그는 항상 쇠망치를 들고 다니는 야만인으로 여행객들은 모두 그를 두려워하고 있었다. 테세우스가 가까이 오는 것을 본 페리페테스는 테세우스를 향해 돌진했으나 젊은 영웅의 일격을 받고 쓰러졌다. 테세우스는 그의 쇠망치를 빼앗아 첫 승리의 기념으로 이후 항상 가지고 다녔다.

 그 후에도 여러 지방에서 폭군과 약탈자들에 의해 공격을 받았으나 테세우스는 모두 물리치고 승리했다. 마침내 테세우스는 아테네에 도착했는데, 그곳에서도 새로운 위험이 기다리고 있었다. 이아손과 헤어진 메디아가 아이게우스의 아내가 되어 있었는데 그녀는 테세우스를 위험인물로 간주했다. 마력에 의해 그가 누구인지 직감한 메디아는 아이게우스에게 젊은 손님을 위험한 자라고 모함했다. 테세우스가 자신의 세력을 약하게 할 것을 염려했기 때문이었다. 아무것도 모르는 아이게우스는 젊은 손님에게 독배를 권했다. 그러나 그의 칼을 보고는 자신의 아들임을 알고 독배를 들지 못하게 했다. 모든 것이 메디아의 간계임을 알게 된 아이게우스는 메디아에게 벌을 내리려고 했으나 메디아는 아시아 지방으로 도망했다. 후에 그녀가 간 곳을 메디아라고 불렀는데 이는 그녀의 이름에서 유래한 것이다.

 테세우스는 아버지에 의해 인정을 받고 후계자로 결정되었다. 당시 아테네 사람들은 크레타의 왕 미노스에게 조공(朝貢)을 바치도록 강요당해 큰 고통을 받고 있었다. 조공이란 매년 일곱 명의 소년, 소녀들을 미노타우로스(소의 몸과 인간의 머리를 가진)란 괴물의 제물로 보내는 것이었다. 사납기로 유명한 이 괴물은 다이달로스라는 사람이 만든 미궁 속에 갇혀 있었는데, 그 미궁은 한 번 갇히면 누구도 탈출할 수 없는 구조로 되어 있었다. 이에 테세우스는 죽을 각오를 하고 이 재앙으로부터 국민을 벗어나게 해주어야겠다고 결심했다. 그래서 조공으로 선택된 무리 중 한 명으로 변장해 나섰다. 아버지는 테세우스를 말렸으나 그의 기세를 꺾을 수 없었다. 테세우스는 오히려 아버지에게 떠날 때는 검은 돛을 달고 가지만 자신이 승리한 뒤에는 꼭 흰 돛을 달고 오겠다고 말했다.

크레타에 도착한 일행은 미노스 왕 앞에 나아갔다. 왕녀 아리아드네도 그 자리에 나와 있었는데, 그녀는 테세우스의 모습을 보고 첫눈에 반했고, 테세우스도 그녀의 사랑을 기꺼이 받았다. 그녀는 그에게 괴물을 찌를 칼과 실 한 타래를 주었고, 그는 실타래를 풀어 길을 기억할 수 있도록 해서 미궁으로 들어갔다. 그리고 무사히 괴물을 무찌르고 미궁으로부터 탈출해 아리아드네를 데리고 아테네를 향해 출범했다. 돌아오는 중에 일행은 낙소스 섬에 머물렀는데, 테세우스는 잠든 아리아드네를 그곳에 버려두고 도망하듯 떠나왔다. 그가 은인에게 이와 같은 배은망덕한 짓을 한 것은 아테나가 꿈에 나타나 그렇게 하라고 명령했기 때문이었다.

아티카의 해안에 접근했을 때 테세우스는 깜빡 잊고 흰 돛을 달지 않았다. 그의 아버지는 떠날 때와 마찬가지로 검은 돛이 달려 있는 것을 보고는 아들이 죽은 줄로만 알고 충격을 받아 자결했고, 테세우스는 아테네의 왕이 되었다.

테세우스의 모험담 중 가장 널리 알려진 것은 아마존 족의 원정이다. 테세우스는 그들이 헤라클레스로부터 받은 타격을 회복하기도 전에 엄습하여 여왕 안티오페를 납치했다. 그러자 아마존 족은 아테네에 침입해 시내까지 쳐들어왔고, 테세우스가 그들을 정복한 최후의 전투는 바로 이 아테네 시 가운데서 벌어졌다. 이 전투는 고대의 조각가들이 즐겨 사용한 소재로 아직도 몇몇 예술 작품에서 찾아볼 수 있다.

테세우스와 페이리토스의 우정은 유명한데 그것은 전쟁 중에 시작된 것이었다. 페이리토스는 마라톤 평야에 침입해 아테네 왕이 소유하고 있는 소 떼를 약탈해 가려고 했다. 테세우스는 무모한 이 약탈자를 격퇴하러갔으나 페이리토스는 테세우스를 본 순간 감동에 사로잡혔다. 페이리토스는 화해의 표시로 손을 내밀고 말했다.

"처분에 따르겠소. 그대는 무슨 배상을 원하시오?"

그러자 테세우스가 대답했다.

"그대와의 우정을 원하오!"

이후 그들은 이 서약에 충실했고, 진정한 전우로서 언제까지나 변함없는 우정을 나누었다. 그들은 각각 제우스의 딸과 결혼하기를 원했다. 테세우스는 어린 헬레네를 선택했는데 후에 그것이 트로이 전쟁의 원인이 되었고, 페이리토스의 도움을 받아 그녀를 납치했다. 페이리토스는 하계의 여왕을 선택했다. 테세우스는 그것이 얼마나 위험한 일인지 알았지만 친구와 함께 하계로 내려갔다. 그들은 하계의 왕 하데스에게 잡혀 궁전의 문 옆에 있는 마법의 바위 위에 갇히게 되었다. 그러나 테세우스는 나중에 헤라클레스가 와서 자유의 몸이 되게 했지만, 페이리토스는 풀려나지 못했다.

안티오페가 죽은 뒤, 테세우스는 크레타의 왕 미노스의 딸 파이드라와 결혼했다. 그에게는 히폴리토스라는 아들이 있었는데, 아들은 아버지를 쏙 빼닮아 매력과 미덕을 겸비하고 있었다. 아들의 나이는 파이드라와 비슷했다. 파이드라는 아들인 히폴리토스를 사랑했으나, 그가 그녀의 구애를 받아들이지 않아 그녀의 사랑은 증오로 변했다. 그녀는 자신에게 마음을 송두리째 빼앗긴 남편을 조종해 아들을 질투하게 했다. 사랑에 눈먼 테세우스는 포세이돈에게 아들에 대한 복수를 기원했다.

어느 날 히폴리토스가 해안가에서 이륜차를 몰고 있을 때, 바다의 괴물이 나타나 말을 놀라게 해 날뛰게 했다. 그래서 히폴리토스는 이륜차에서 떨어져 죽게 되었다. 그러나 의술의 신 아스클레피오스가 그의 생명을 되살렸다. 아르테미스는 히폴리토스를 테세우스와 계모의 세력이 미치지 않는 이탈리아에 데려다 놓고, 에게리아라는 요정으로 하여금 보호하게 했다.

테세우스는 마침내 국민의 지지를 상실하고, 스키로스의 왕인 리코메데스의 궁정으로 은퇴했다. 리코메데스는 처음에는 테세우스를 따뜻하게 맞았으나 뒤에 그를 배반하고 죽음에 이르게 했다. 후대에 아테네의 키몬 장군은 그의 유해가 안치되어 있는 곳을 발견하고 아테네로 옮겼는데, 유해는 그를 기념하기 위해 세운 테세이온 신전에 안치되었다.

테세우스는 아테네의 기반을 구축한 인물로 유명하다. 기록에 의하면 그는 당시 아티카 지방을 점유하고 있던 여러 종족을 한 나라로 통합했는데, 그 수도가 바로 아테네였다는 것이다. 이 대사업의 기념으로 그는 아테나를 위해 판아테나이아라는 축전을 만들었는데 이 축전은 그리스의 다른 축전들과 달랐다. 그것은 아테네 사람들에게만 행해지는 축전으로, 중요 행사는 엄숙한 행렬을 지어 페플롬(아테나 여신의 거룩한 치마)을 파르테논의 여신상 앞에 걸어 놓는 일이었다. 페플롬 전면에는 수를 놓았는데 그것은 아테네 제일의 명문가 처녀를 뽑아, 그들로 하여금 만들게 했다. 행렬에는 남녀노소 누구나 다 참가할 수 있었다. 노인들은 손에 올리브나무의 가지를 들고, 젊은 남자들은 무기를 들고, 젊은 여자들은 성스러운 그릇과 과자 등이 담긴 바구니를 머리에 이고 행진했다. 이 행렬 모습은 파르테논 신전의 외부에 조각되었는데 이 조각의 상당 부분은 영국 박물관에 보존되어 있다.

올림픽 경기 및 그 밖의 경기

그리스에서 가장 먼저 시작되었고 유명한 경기인 올림피아 경기는 제우스가 창시한 것이다. 이 경기는 엘리스 지방에 있는 올림피아 평원에서 이루어졌다. 많은 관람객들이 그리스, 아시아, 아프리카, 시칠리아로부터 모여들었다. 경기는 5년에 한 번씩 한여름에 열려 닷새 동안 계속되었다. 이 경기를 표준으로 '올림피아 해'라는 연대 구분의 관습이 생겨났다. 첫 번째 올림피아 해는 기원전 776년에 해당하는 것으로 추정된다.

이외에도 델포이 부근에서 열리는 피티아(피톤) 경기, 코린토스 지협에서 열리는 이스트미아 경기, 아르고스 지방의 네메아에서 열리는 네메아 경기가 있었다.

이러한 경기에서는 보통 경주, 도약, 레슬링, 원반던지기, 창던지기, 혹은 권투가 행해졌는데 육체적인 경기 외에도 음악, 시, 웅변 경기도 있었다. 그래서 시인, 음악가, 작가들에게 그들의 작품을 대중 앞에 보일 기회를 제공했고, 승리자들의 명성은 널리 알려졌다.

다이달로스

테세우스가 아리아드네의 실타래를 가지고 탈출한 미로는, 다이달로스라는 아주 솜씨 좋은 명장에 의해서 만들어진 것이다. 그것은 끝을 알 수 없는 긴 복도와 굴곡이 이어진 건물로 시작과 끝이 어디인지 알 수 없었다. 다이달로스는 미노스 왕을 위해 이 미로를 만들었는데, 후에 왕의 총애를 잃고 오히려 탑 속에 갇히는 신세가 되었다. 그는 자신이 만든 감옥으로부터 도망칠 궁리를 하였으나, 섬을 탈출할 수 없었다. 미로로부터 나간다 해도 감시가 삼엄한 뱃길을 뚫고 나갈 재간이 없었기 때문이었다.

"미노스는 육지와 바다를 지배할 수는 있으나 공중을 지배할 수는 없을 것이다. 나는 하늘 길을 택하겠다."

그래서 다이달로스는 자신과 어린 아들 이카로스를 위해 날개를 만들기 시작했다. 그는 조그만 깃털을 이어붙이기 시작해서 점점 큰 깃털을 이어나갔다. 큰 털은 실로 잡아매고 작은 털은 밀초로 붙였다. 그리고 전체를 새의 날개처럼 가볍게 구부렸다. 마침내 날개가 완성되었을 때 다이달로스는 날개를 달고 가볍게 날갯짓을 해보았다. 균형을 잡을 수 있게 되자 그는 아들에게도 날개를 달아 주었다. 그리고 아들에게 당부했다.

"이카로스야, 나는 네가 적당한 높이를 유지하기를 바란다. 왜냐하면 너무 낮게 날면 습기가 날개를 무겁게 할 것이고, 너무 높이 날면 태양의 열이 날개를 녹일 테니까. 무조건 내 뒤만 따라오면 안전할 것이다."

그는 왠지 모를 두려움에 눈물을 흘리며 아들에게 키스했다. 그러고 나서, 홰를 치며 공중으로 날아올랐다. 이어 아들도 날아올랐고, 그는 뒤돌아 아들의 모습을 살폈다.

그들은 왼편으로는 사모스와 델로스의 섬을, 오른편으로는 레빈토스 섬을 통과했다. 소년은 기쁨에 들떠 아버지의 곁을 벗어나 하늘에 닿을 정도로 높이 올라갔다. 그러자 불타는 태양이 밀초를 녹여 붙인 깃털을 하나둘 녹여 떨어뜨리기 시작했다. 이카로스는 힘껏 팔을 흔들었으나 어느새 날개는 하나도 남아 있지 않았다. 이카로스는 아버지를 부르짖었으나, 그의 몸은 푸른 바다 속으로 가라앉고 말았다. 이후 그 바다는 이카로스 해(海)라고 불리게 되었다.

"이카로스야, 이카로스야, 어디에 있느냐?"

다이달로스는 울부짖다 아들의 시체를 발견하고 땅에 묻었다. 그리고 아들을 기리기 위해 그 땅을 이카리아라고 불렀다. 다이달로스는 무사히 시칠리아에 도착하여, 그곳에 아폴론을 기리기 위한 신전을 건립하고, 그의 날개를 신에게 바치고자 신전에 걸어 놓았다.

다이달로스는 자신의 업적에 의기양양하여, 세상에 자기에게 필적할 자는 없으리라 생각했다. 그의 누이는 아들 페르딕스를 그에게 맡겨 기술을 배우게 했다. 페르딕스는 재주가 뛰어났다. 그는 해안을 거닐면서 물고기의 뼈를 주웠는데 그것에 힌트를 얻어 톱을 발명했다. 또 두 개의 쇳조각의 한 끝을 못으로 연결시키고 다른 끝을 뾰족하게 갈아 컴퍼스를 만들었다. 그러나 다이달로스는 조카의 이런 업적을 시기하여, 그를 높은 탑에서 밀어 추락시켰다. 다행이 아테나가 떨어지는 그를 발견하고 새(페르딕스, 메추라기 과의 새)로 변하게 해 죽음을 면하게 해주었다. 이후 그 새는 보금자리를 높은 나뭇가지에 짓지 않고, 높이 날지도 않는데 모두 추락할까 염려해서라고 한다.

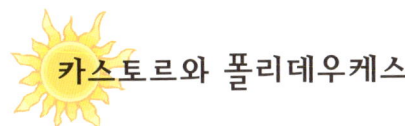 카스토르와 폴리데우케스

카스토르와 폴리데우케스(폴룩스)는 레다와 백조(제우스가 둔갑한) 사이에서 태어난 쌍둥이다. 레다는 알을 하나 낳았는데, 이 알로부터 쌍둥이가 태어났다. 후에 트로이 전쟁의 원인이 되어 유명하게 된 헬레네는 그들의 누이였다.

테세우스와 그의 벗 페이리토스가 헬레네를 스파르타에서 납치했을 때, 젊은 영웅 카스토르와 폴리데우케스는 부하들을 거느리고 누이를 구하기 위해 아티카로 달려갔다. 마침 테세우스가 아티카를 잠시 비웠기에 그들은 누이를 무사히 구출하는 데 성공했다.

카스토르는 말을 잘 길들이고 다루는 데 유명했고, 폴리데우케스는 권투를 잘하기로 유명했다. 두 형제는 우애가 남다르게 좋았고, 무엇을 하든 함께 했다. 그들은 아르고나우테스들의 원정에도 참가했다. 항해 중에 폭풍우를 만났을 때, 오르페우스는 사모트라케 섬의 신들에게 기도를 올리며 하프를 탔다. 그러자 폭풍우가 가라앉고 별들이 나타나 두 형제의 머리 위를 비추었다. 그래서 항해자들은 카스토르와 폴리데우케스를 그들의 보호신으로 생각했다.

아르고나우테스들의 원정 후에 카스토르와 폴리데우케스는 이다스와 링케우스를 상대로 싸웠는데 이 싸움으로 카스토르는 피살되었다. 폴리데우케스는 형제의 죽음을 너무 슬퍼한 나머지 제우스에게 자신이 카스토르 대신 죽게 해달라고 탄원했다. 이에 제우스는 두 형제가 교대로 생명을 누리도록 해, 하루는 지하에서 보내고 다음 날은 하늘의 처소에서 보내도록 했다. 혹자들은 제우스가 두 형제의 우애를 높이 사 그들을 게미니, 즉 쌍자궁으로서 별들 사이에 놓았다고 한다.

그들은 디오스쿠로이라는 이름의 신으로 존경을 받았다. 그들은 후대에 때때로 격전지에 백마를 타고 나타나 참가했다고도 한다. 로마의 옛 역사에 의하면 그들은 레길루스 호(湖)의 전투에서 로마 군대를 도왔다고 한다. 그리고 전승 후에 그들이 나타난 곳에 그들을 기념하기 위하여 신전이 건립되었다.

제19장

디오니소스

디오니소스

디오니소스(바쿠스)는 제우스와 세멜레와의 사이에서 태어났다. 헤라는 세멜레에게 원한을 품고 그녀를 죽일 음모를 꾸몄다. 헤라는 세멜레의 늙은 유모인 베로에의 모습으로 변신해, 그녀가 제우스에게 의심을 품도록 부채질했다.

"나는 사실이 알고 싶습니다. 워낙 거짓이 많은 세상이라 무엇이 진실인지 알고 싶습니다. 그가 진정 제우스라면 증거를 보여 달라고 하십시오. 하늘에서와 똑같이 빛나는 모습으로 오시라고 하십시오. 그렇게 하면 그가 진정 제우스인지 알 수 있을 것입니다."

유모의 말을 들은 세멜레는 고개를 끄덕인 뒤 얼마 후 제우스가 오자 그에게 청이 하나 있으니 들어 달라고 했다. 제우스는 그렇게 하겠다고 약속하고 신들도 두려워하는 스틱스 강의 신을 증인으로 세웠다. 그제야 세멜레는 원하는 바를 밝혔다. 제우스는 그녀의 말을 듣고 깊은 고뇌에 빠진 채 하늘로 돌아갔다. 그곳에서 그는 휘황찬란한 차림을 한 뒤 세멜레를 찾았다. 하지만 세멜레는 제우스의 빛나는 광채를 감당해 내지 못하고 그 자리에서 재가 되어 소멸했다. 인간으로서는 그의 광채를 감당할 수 없었던 것이다.

제우스는 어린 디오니소스를 니사 산의 요정들에게 맡겼다. 요정들은 제우스에게 히아데스 성좌로서 별 사이에 자리하게 해주겠다는 약속을 받고서 어린 디오니소스가 소년이 될 때까지 양육하기로 했다. 디오니소스는 성장한 뒤 포도 재배법과 과즙을 짜내는 법을 발견했다. 그러나 헤라는 그를 가만 두지 않았다. 그의 정신을 미치게 하여 추방해 그는 지상의 여러 나라를 돌아다니는 방랑객이 되었다. 마침내 디오니소스가 프리지아에 이르렀을 때, 여신 레아가 그를 발견하고는 그의 광기를 치료해 낳게 해주었다. 그리고 레아는 그에게 종교적 의식을 전해 주었다. 이후 그는 아시아로 여행을 떠나 많은 나라에 포도 재배법 등을 알려 주었는데 인도 원정은 유명하다. 인도에서 오랫동안 머물다 그리스로 돌아온 디오니소스는 그리스에 자신의 종교를 펼치려고 했으나 군주들이 반대하고 나섰다. 왜냐하면 종교에 따르는 무질서한 광중 때문에 포교를 두려워한 것이다.

고향인 테베 시 가까이 다다른 디오니소스는 계속 종교적 의식을 행했으나 국왕 펜테우스는 의식의 집행을 금지했다. 하시만 남녀노소를 막론하고 모두가 디오니소스의 행렬에 동참하고자 몰려들었

다. 펜테우스가 아무리 명령하고 위협해도 허사였다. 그래서 그는 그의 시종들에게 말했다.

"가서 군중들을 선동하고 있는 방랑자를 잡아 오너라. 그가 신의 아들이라고 주장하지만 나는 그것이 거짓임을 밝혀내고 그가 취하는 신앙을 버리도록 하겠다."

왕의 측근들은 신에게 반항하지 말라고 탄원했으나 오히려 그들의 간언은 왕의 노여움을 부채질했다. 결국 부하들이 디오니소스를 잡기 위해 파견되었으나 그들은 디오니소스의 신자들에 의해 쫓겨났다. 하지만 신도들 중 한 명을 잡아와 펜테우스 앞에 끌어다 놓았다. 그는 분노에 찬 기색으로 신도를 바라보면서 말했다.

"지체 없이 너를 처형하고 싶으나 그러기 전에 몇 가지 물어 볼 게 있다. 네 이름은 무엇이며 너희들이 거행한다고 하는 새로운 의식이란 어떤 것인지 말하라."

포로는 두려운 기색 없이 대답했다.

"제 이름은 아코이테스이고 고향은 마이오니아입니다. 제 양친은 가난해 유산이라곤 남기지 않았습니다. 남긴 것이라고는 낚싯대와 그물뿐이었습니다. 그래서 저는 아버지의 뒤를 이어 어업에 종사했습니다. 저는 바닷길을 읽는 기술을 익혀 별을 보고 항해할 수 있었습니다. 한번은 디아 섬에 머무르게 되었는데 선원들이 아름다운 외모의 소년을 데리고 왔습니다. 선원들은 외모를 보고 그가 귀한 신분일 것이라는 생각에 몸값을 받을 수 있을지도 모른다고 했습니다. 저는 소년의 옷차림과 걸음걸이를 유심히 보고 그가 인간이 아닐 것이라는 판단을 내렸습니다. 그래서 저는 신에게 기도했습니다. 우리들의 무례함을 용서해 달라고……. 선원들은 말을 듣지 않고 그를 배에 태워 납치하려고 했습니다. 그들은 만류하는 저의 멱살을 잡고 배 밖으로 내던지려고 했습니다. 저는 줄에 매달려 겨우 목숨을 건졌습니다. 소동이 커지자 소년, 즉 디오니소스가 깨어나 물었습니다. '당신들은 나를 어떻게 하려는 거요? 무엇 때문에 싸우고 있소? 누가 나를 이곳에 데리고 왔소? 당신들은 장차 나를 어디로 데려가려고 하는 거요?' 그러자 그중 한 사람이 대답했습니다. '걱정할 것 없다. 네가 가고 싶은 곳을 말하라. 우리들이 너를 그곳으로 데려다 주마.' 디오니소스는 말했습니다. '우리 집은 낙소스요. 그곳으로 데려다 주오. 후하게 사례하겠소.' 그들은 그렇게 하겠다고 약속한 뒤 저에게 배를 조종하라고 했습니다. 하지만 낙소스가 아니라 이집트로 방향을 잡으라고 귓속말로 속삭였습니다. 이집트로 데려가 노예로 팔 계획이었던 것입니다. 그래서 저는 목에 칼이 들어와도 배를 운전하지 않겠다고 했습니다. 그들의 음모에 가담하고 싶지 않았기 때문입니다. 그랬더니 그들은 제게 욕설을 퍼부었습니다. 얼마 후 디오니소스는 그들의 배반을 알아차리고 울먹이는 소리로 말했습니다. '선원들이여, 이곳은 당신들이 나를 데려다 준다고 약속한 해안이 아니오. 저 섬은 우리 집이 있는 곳이 아니오. 내가 무슨 죄를 지었기에 이런 짓을 하는 거요. 가엾은 아이를 속여서 이로울 게 뭐요?' 저는 디오니소스의 말을 듣고 눈물이 났습니다. 그러나 선원들은 우리들을 비웃고 배의 속도를 높였습니다. 그런데 갑자기 배가 움직이지 않았습니다. 선원들은 놀라 노를 잡아당기기도 하고 돛을 조절하며 배를 움직이려고 애썼으나 허사였습니다. 무거운 열매가 달린 담쟁이가 노를 감고 돛을 휘감았습니다. 열매가 줄줄이 달린 포도 덩굴이 돛대 위에 뻗어 오르고 뱃전에 엉키었습니다. 피리 소리가 들리고 향기로운 술 냄새가 사방에 풍겼습니다. 디오니소스는 포도 잎사귀로 만든 관을 쓰고 손에 담쟁이가 엉킨 창을 들고 서있었습니다. 선원들은 공포에 사로잡혀 물속으로 뛰어 들었습니다. 그런데 바다에 뛰어들은 선원들의 모습이 변하기 시작했습니다. 그들의 몸은 평평하게 퍼지더니 다리에 꼬리가 생겨났습니다. 손이 오그라들더니 팔이 없어졌습니다. 그들은 모두 돌고래로 변하고 말았습니다. 저는 공포에 떨었습니다. 멀쩡한 것은 저 하나였기 때문에 벌벌 떨고 있었습니다. 그러자 디오니소스는 공포에 떨고 있는 저를 위로해 주었습니다. '걱정 마시오, 배를 낙소스로 돌리시오.' 저는 그의 말을 따랐습니다. 그리고 낙소스에 도착하자 그는 제단에 불을 밝히고 제전을 거행했습니다."

이때 펜테우스가 부르짖었다.

"어리석은 이야기를 듣느라고 시간을 너무 소비했다. 저놈을 데리고 가서 속히 처형하라."

아코이테스는 펜테우스의 부하들에게 끌리가 감옥에 갇혔다. 그러나 그들이 처형에 쓸 도구를 마련하는 동안에 감옥 문이 저절로 열리더니 그를 결박하고 있던 쇠사슬이 풀렸다. 부하들은 사라진 그를 열심히 찾았으나 그의 모습은 보이지 않았다.

펜테우스는 그래도 반성하는 빛이 없었고, 직접 제전을 보러 가기로 했다. 키타이론 산은 디오니소스의 신자들로 가득 찼고 그들의 부르짖음은 사방으로 울려 퍼졌는데 이런 모습은 펜테우스의 노기를 더욱 부채질했다. 마치 나팔 소리가 군마를 흥분시키는 것과도 같았다. 그런데 한 부인이 이러한 그의 모습을 발견하고 소리쳤다. 그 부인은 디오니소스에 의해 눈이 멀게 된, 다름 아닌 펜테우스의 어머니였다.

"저기 산돼지가 있소. 이 숲 속을 휩쓸고 다니는 괴물이오! 여러분, 이리로 오시오. 내가 제일 먼저 저 산돼지를 잡겠소."

군중은 그를 향해 돌진했다. 그는 놀라 도망하며 살려 달라고 빌고, 애원했으나 그들은 그를 가만 두지 않았다. 두 여인이 그의 두 팔을 잡고 양쪽에서 잡아당겨 그의 몸은 갈기갈기 찢어지고 말았다. 눈이 먼 그의 어머니는 외쳤다.

"승리다, 승리! 우리가 승리했다. 그 영광은 우리의 것이다!"

이렇게 해서 디오니소스의 신앙은 그리스에 뿌리 내리게 되었다.

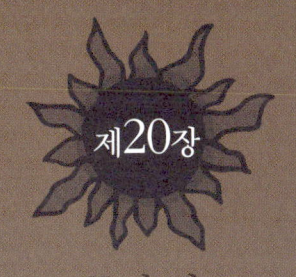

제20장

물의 신

바람의 신

물의 신

포세이돈

오케아노스와 테티스는 티탄 족으로 물의 영역을 지배했다. 제우스와 그의 형제들이 티탄 족을 정복하고 그들의 권력을 빼앗았을 때, 포세이돈과 암피트리테가 물의 통치권을 인계받았다. 포세이돈은 물의 신들의 지배자였다. 그의 권력의 상징은 삼지창이었는데, 그는 이것을 가지고 암석을 파괴하고, 폭풍우를 불러내며, 해안을 움직이게 했다.

그는 말을 창조했고, 경마의 수호신이기도 했다. 그의 말들은 놋쇠 말굽과 금빛 갈기를 가졌다. 말들은 바다 위에서 그의 이륜차를 끌었는데 그때마다 바다는 평평하게 길을 만들었고, 괴물들은 그의 주위에서 날뛰며 놀았다.

암피트리테

암피트리테는 포세이돈의 아내였다. 그녀는 네레우스와 도리스의 딸이고, 트리톤의 어머니였다. 포세이돈은 암피트리테에게 구혼하기 위해 돌고래를 타고 갔는데 그녀를 얻은 뒤에 은혜에 보답하고자 돌고래를 성좌들 사이에 있게 했다.

트리톤과 프로테우스

트리톤은 포세이돈과 암피트리테의 아들로 시인들은 그를 포세이돈의 나팔수로 표현했다. 프로테우스도 포세이돈의 아들로 지혜가 있고 미래사를 알았기에 바다의 장로라고 불리었다. 그에게는 자신의 모습을 마음대로 변형시킬 수 있는 특별한 능력이 있었다.

테티스

테티스는 네레우스와 도리스의 딸로 아름다움이 뛰어나 제우스가 구혼했을 정도였다. 그러나 제우스는 거인 족의 한 사람인 프로메테우스로부터 테티스가 아버지보다 위대한 아들을 낳으리라는 말을 듣고 이내 포기했다. 그는 테티스를 테살리아의 왕 펠레우스와 결혼하도록 했는데 그들의 아들이 유명한 아킬레우스다. 테티스는 트로이 전쟁에서 아들이 위험에 처할 때마다 그를 곤경으로부터 구해 주었다.

바람의 신

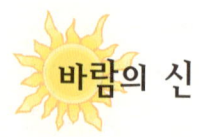

보레아스와 아킬로는 북풍이요, 제피로스와 파보니우스는 서풍이다. 노토스니 또는 아우스테르니 하는 것은 남풍이고, 에우로스는 동풍이다.

시인들이 읊은 것은 주로 두 가지로, 그중 전자는 난폭의 전형으로서, 후자는 온화의 전형으로서 읊어졌다. 보레아스는 요정 오레이티아를 사랑하고, 애인의 노릇을 하려고 하였으나 실패했다. 조용히 숨을 쉰다는 것이 그에게는 곤란한 일이었고, 더구나 탄식한다는 것은 불가능했다. 그래서 결국 본성을 나타내어 처녀를 납치했다. 그들 둘 사이에서 태어난 아들이 날개 돋친 무사로 알려진 제테스와 칼라이스였다. 이들은 아르고의 원정에 참가하여 하르피이아나라고 불리는 새의 몸에 여자의 얼굴을 한 괴상한 새들과 싸워 공을 세웠다.

아켈로스와 헤라클레스
안티고네

아켈로스와 헤라클레스

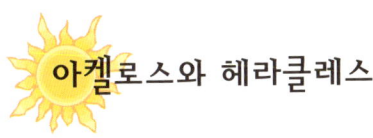

하신(河神) 아켈로스는 여행을 하던 중에 물이 넘쳐 잠시 머물고 있는 테세우스 일행을 불러 대접했다.

아켈로스가 말했다.

"나는 때로는 뱀이 되고, 때로는 머리에 두개의 뿔이 돋친 황소로 변합니다. 아니, 과거에 그랬다고 하는 게 옳겠지요. 지금은 뿔 하나를 잃어 하나만 갖고 있으니까요."

아켈로스가 말을 마친 뒤 괴로워하며 침묵하자 테세우스가 왜 뿔 하나를 잃게 되었는지 그 이유를 물었다. 그러자 하신은 다음과 같이 대답했다.

"누가 자기의 패배에 대해 말하기를 좋아하겠습니까? 그러나 나는 주저하지 않겠습니다. 아마 그 상대가 위대한 헤라클레스였기 때

문에 어쩔 수 없었다며 나 자신을 정당화 시키는 것인지도 모르지요. 당신도 알고 있을 텐데 뛰어난 미인으로 유명한 데이아네이라에겐 많은 구혼자들이 몰려들었습니다. 헤라클레스와 나도 거기에 끼여 있었는데, 다른 사람들은 우리 두 사람에게 양보했습니다. 헤라클레스는 자신이 제우스의 아들로 계모 헤라가 부과한 어려운 일들을 성공시킨 일들을 그녀에게 들려주었습니다. 나는 그녀의 아버지에게 '당신의 국토를 관통해 흐르고 있는 하천의 지배자인 나를 보시오. 나는 이방인이 아니고 당신의 영토 안의 사람이오. 여왕 헤라가 내겐 적의를 품지 않고 어려운 일을 시켜 벌하지 않는다 하여 그걸 내 단점으로 생각하지 마시오. 이 사람은 제우스의 아들이라는 걸 뽐내고

있지만 그건 부끄러운 일입니다. 왜냐하면 그건 자기 어머니의 행실이 좋지 않았다는 걸 폭로하는 것이니까요.' 내가 이렇게 말하자 헤라클레스는 분노를 억누르며 말했습니다. '내 손이 입술보다 더 잘 대답해 줄 것이다. 말로는 너한테 패했지만, 힘으로는 나를 당하지 못할 것이다.' 그래서 나는 싸울 준비를 했습니다. 그는 나를 내던지려고 했지만 워낙 내 몸집이 큰 탓에 여의치 않았습니다. 우리는 오랫동안 싸웠습니다. 완강하게 버티며 한 발자국도 물러서지 않았습니다. 그러나 나는 그에게 붙잡히고 말았습니다. 그가 내 몸을 덮쳤을 때 나는 마치 산이 덮친 것으로 착각했습니다. 나는 헐떡거리고 땀을 흘리면서 팔을 빼내려고 애썼습니다. 하지만 그는 내게 만회할 기회를 주지 않고 목을 눌렀습니다. 나는 힘으로는 도저히 그의 적수가 되지 못한다는 것을 깨닫고, 뱀으로 변신하여 빠져 나왔습니다. 그는 내 모습을 보고 비웃으며 말했습니다. '뱀 따위는 어릴 적에 해치웠다.' 그러면서 내 목을 꼭 움켜쥐었습니다. 할 수 없이 나는 황소로 변신했는데 그는 내 목을 팔로 잡고 머리를 땅바닥에다 질질 끌어 모래 통 위에 내던졌습니다. 그리고 분이 덜 풀렸는지 내 뿔 하나를 뽑아 버렸습니다."

안티고네

안티고네는 효성과 우애의 표본이다. 그녀는 오이디푸스와 이오카스테의 딸이었다. 그녀의 일가는 후손과 더불어 멸망당하도록 정해진 운명의 희생물이었다. 오이디푸스는 발광하여 자신의 눈을 잡아 뺀 뒤 추방당해 여러 곳을 떠돌다 비참한 최후를 맞았는데, 그의 딸인 안티고네는 그의 방랑길을 지켜준 유일한 혈육이었다. 그녀는 그가 죽음을 맞고서야 테베로 돌아왔다.

안티고네의 오빠인 에테오클레스와 폴리네이케스는 아버지가 떠난 뒤 1년씩 교대로 나라를 통치하며 왕의 자리에 앉기로 합의했다. 첫 해에는 에테오클레스가 왕으로 나섰는데 그는 1년이 지나도 자리에서 물러나려고 하지 않았다. 이에 위협을 느낀 폴리네이케스는 아르고스의 왕 아드라스토스에게로 도망쳤다. 왕은 그를 자신의 딸과 결혼시키고, 군대를 주어 왕위를 빼앗도록 했는데 이 것이 바로 그 유명한 원정 '테베 공략의 7용사'의 발단이다.

아드라스토스의 매제인 암피아라오스는 이 계획에 반대했다. 예언자인 그는 아드라스토스 이외의 다른 지휘자들은 모두 죽는다는 것을 알았기 때문이었다. 하지만 암피아라오스는 운명을 피하지 못하고 전투에 참가했다. 그는 예정된 운명을 감수하고 용감히 싸웠지만 적에게 쫓겨 도망할 때 제우스의 번개에 맞아 죽고 말았다.

많은 희생자를 내고도 전투는 장기간 계속되었다. 지칠 대로 지친 양군은 마침내 에테오클레스와 폴리네이케스와의 단판 싸움으로 승패를 결정하기로 합의했다. 하지만 대결에서 두 사람은 서로의 손에 죽고 말았으며 군대는 다시 전투를 시작했다. 그리고 결국 침입자들은 패배해 도망했다. 전사한 두 왕자의 외삼촌 크레온은 왕위에 올라 에테오클레스를 매장하게 했으나, 폴리네이케스의 시체는 그대로 내버려 두고 매장하지 못하게 했다. 크레온은 누구든 명령을 어기고 시체를 매장하면 사형에 처한다고 발표했다.

폴리네이케스의 누이인 안티고네는 몰인정한 크레온의 처사를 듣고 분개했다. 오빠의 시체를 개나 독수리의 밥이 되게 할 수는 없는 노릇이었다. 그래서 그녀는 혼자서 시체를 매장하기로 했다. 위험을 무릅쓰고 그녀는 오빠의 시체가 있는 곳으로 갔지만 현장에서 발각되었다. 크레온은 국가의 명령을 어겼다며 안티고네를 생매장하라는 명령을 내렸다.

제22장

오르페우스와 에우리디케

오르페우스와 에우리디케

　오르페우스는 아폴론과 무사인 칼리오페 사이에서 태어난 아들이다. 그는 아버지로부터 리라를 선물 받고 그것을 타는 법을 배웠는데, 어찌나 솜씨가 좋은지 그의 음악에 매료되지 않는 자가 없을 정도였다. 인간뿐 아니라 괴수도 그의 연주를 듣고 유순해져 사나운 성질을 죽이고 음악에 빠졌다.

　오르페우스가 에우리디케와 결혼했을 때, 이를 축복하기 위해 히메나이오스(혼인의 남자 신)도 초대를 받았다. 그러나 히메나이오스는 뒷일을 예감이나 한 듯 아무런 길조를 가져오지 않았다. 에우리디케는 결혼 후 얼마 되지 않아 요정 친구들과 노닐다가 아리스타이오스라는 양치기의 눈에 들게 되었다. 양치기는 에우리디케의 아름다움에 눈이 멀어 그녀에게 계속 치근댔다. 그녀는 깜짝 놀라 그를 피해 도망하다 숲에 숨어 있던 뱀에게 물려 죽음을 당했다. 오르페우스는 아내를 잃은 슬픔을 노래로 호소했다. 그러나 누구도 그녀를 살려낼 수 없음을 깨닫고 사자(死者)의 나라에 가서 아내를 찾기로 결심했다. 그는 타이나로스 섬의 동굴을 거쳐 황천에 도착했다. 유령의 무리를 통과해 하데스와 페르세포네의 옥좌 앞에 간 그는 리라를 연주하며 다음과 같은 노래를 불렀다.

"하계의 신들이여, 우리들 생명 있는 자는 모두 이곳으로 오기 마련입니다. 저의 진실을 들어 주십시오. 제가 이곳에 온 것은 하계의 비밀을 염탐하기 위함도 아니고, 머리가 세 개인 문지기 개와 힘을 겨루기 위함도 아닙니다. 저는 꽃다운 청춘에 독사에 물려 뜻하지 않은 죽음을 당한 제 아내를 찾으러 온 것입니다. 사랑이 저를 이곳으로 인도한 것입니다. 사랑은 지상에 거주하는 우리들을 지배하는 전지전능한 신이며, 그것은 이곳에서도 마찬가지 일 것입니다. 저는 당신들에게 간청합니다. 에우리디케의 생명의 줄을 다시 이어 주십시오. 우리들은 모두 이곳으로 오기 마련입니다.

다만 일찍 오느냐, 늦게 오느냐의 차이가 있을 따름입니다. 그러니 제 아내가 삶을 온전히 살도록 그녀를 제게 돌려주십시오. 그런 다음에 그녀를 거두어 주십시오. 만약 거절하신다면 저는 홀로 돌아갈 수 없습니다. 저도 함께 죽겠습니다. 두 사람의 죽음을 앞에 놓고 승리의 노래를 부르십시오."

그가 아름다운 목소리로 애달픈 노래를 부르자, 망령들까지도 눈물을 흘렸다. 탄탈로스는 목이 타는데도 물을 마실 수가 없었고, 독수리는 거인의 간을 쪼아 먹기를 중지하고, 다나오스의 딸들은 물동이에 물 긷는 일을 중지했다. 복수의 여신들이 눈물을 흘린 것도 처음 있는 일이었다. 페르세포네는 그의 청을 거부할 수 없었고 하데스도 동의했다.

오르페우스는 그녀를 데리고 가도 좋다는 허락을 받았으나, 조건이 하나 붙어 있었다. 그것은 지상에 도착하기까지는 결코 뒤돌아보아서는 안 된다는 것이었다. 이렇게 해서 오르페우스는 앞서고 에우리디케는 뒤따르면서 어둡고 험한 길을 말 한마디 하지 않고 걸어갔다. 마침내 즐거운 지상 세계로 나가는 출구가 눈앞에 보였다. 그 순간, 오르페우스는 약속을 잊고 에우리디케가 잘 따라오고 있는지 확인하기 위해 고개를 돌려 뒤를 보았다. 그러나 오르페우스가 고개를 돌리는 순간에 에우리디케는 하계로 다시 끌려갔다. 그들은 서로 포옹하려고 팔을 내밀었으나 부질없는 일이었다.

"이제 최후의 이별입니다. 안녕히."

그녀는 남편에게 작별을 고했으나 너무 빨리 하계로 끌려 들어가는 바람에 오르페우스는 듣지 못했다. 오르페우스는 그녀의 뒤를 따르려고 노력했다. 그리고 다시 한 번 그녀를 데리고 오기 위해서 하계에 내려가게 해줄 것을 탄원했지만 소용없는 일이었다. 그는 슬픔에 잠겨 7일 동안이나 먹지도, 자지도 않으면서 강가에 앉아 있었다. 그리고 암흑계의 신들의 무자비함을 비난하면서, 노래를 통해 바위와 산에다 호소했다.

그 후 오르페우스는 여자를 멀리하고 불행의 추억을 끊임없이 되씹으며 살았다. 트라키아의 처녀들은 오르페우스의 마음을 사로잡으려고 갖은 노력을 다했으나, 그는 그들의 구혼을 냉정히 물리쳤다. 그러다 그가 어느 날 디오니소스의 제전에 참석한 뒤 너무 흥분해 정신을 잃고 쓰러져 있는 것을 한 처녀가 발견하고 "저기 우리를 모욕한 사내가 있다!"라고 소리쳤다. 이에 흥분한 처녀들이 달려들어 그의 사지를 갈기갈기 찢고, 그의 머리와 리라를 헤브로스 강에다 던져 버렸다.

무사의 여신들은 갈기갈기 찢긴 그의 몸을 모아 레이베트라는 곳에 묻었다. 그리고 이 레이베트라에서는 지금도 밤 꾀꼬리가 다른 지방에서보다도 아름다운 소리로 운다고 전해진다. 그의 리라는 제우스에 의해 성좌 사이에 놓여졌다.

망령이 된 오르페우스는 마침내 죽은 자의 신분으로 하계로 내려가 에우리디케를 만나 열렬히 포옹했다. 그들은 다시 만난 기쁨에 취해 세상의 누구보다 행복한 모습으로 마음껏 서로를 바라보았다.

제23장

오리온

에오스와 티토노스

아키스와 갈라테이아

오리온

　오리온은 포세이돈의 아들이다. 그는 아름다운 거인이며, 힘센 사냥꾼이었다. 그의 아버지는 그에게 바다 속(혹은 바다 위)을 걸을 수 있는 힘을 주었다.

　오리온은 키오스 섬의 왕 오이노피온의 딸 메로페를 사랑해 그녀에게 구혼했다. 그는 섬에 있는 야수를 사냥한 뒤 그 노획물을 그녀에게 선물로 가져오는 등 여러 차례 프러포즈를 했다. 그러나 오이노피온은 항상 대답을 미뤘다. 이에 화가 난 오리온은 힘으로 그녀를 빼앗아 자기의 것으로 만들려고 했다. 하지만 미리 그의 계획을 눈치 챈 그녀의 아버지는 격분한 나머지 오리온을 술에 취하게 한 후 그의 두 눈을 뽑고 그를 해변에 버렸다. 장님이 된 오리온은 외눈박이 거인 족의 망치 소리를 따라 렘노스 섬에 도착해 헤파

이스토스의 대장간으로 갔다. 헤파이스토스는 그를 불쌍히 여겨 케달리온이라는 직공으로 하여금 그를 아폴론에게 데리고 가도록 했다. 케달리온은 오리온을 들쳐 업고 동쪽으로 날아갔다. 그리하여 그곳에서 태양의 신 아폴론을 만나 그는 시력을 되찾게 되었다.

이후 오리온은 사냥꾼으로서 아르테미스와 함께 살았다. 그는 아르테미스 여신의 극진한 사랑을 받았다. 그래서 둘은 앞으로 결혼하게 될 것이라는 소문이 돌았다. 하지만 여신의 오빠인 아폴론은 이를 탐탁지 않게 여겨 그녀를 종종 꾸짖었으나 아무런 효과가 없었다.

어느 날 아폴론은 오리온이 머리를 수면 위에 가까스로 내놓고 바다를 건너는 것을 보게 되었다. 그것은 멀리서 보면 마치 하나의 점으로 보였는데 아폴론은 동생 아르테미스에게 그 점을 가리키며 그녀의 솜씨로는 저 바다 위의 검은 점을 맞힐 수 없을 것이라고 충동했다. 활의 명수인 여신은 한 치의 망설임 없이 활을 쏘았다. 그리고 파도는 오리온의 시체를 해안으로 이끌었다. 아르테미스는 자신의 실수를 후회하며 눈물로 통곡한 뒤 오리온을 별 가운데에 자리하도록 했다.

 에오스와 티토노스

새벽의 여신 에오스는 그 언니인 달의 여신 아르테미스와 함께 인간과 사랑에 빠질 때가 종종 있었다. 그녀가 가장 총애한 것은 트로이 라오메돈 왕의 아들 티토노스였다. 그녀는 그를 납치한 뒤 제우스를 설득해 그에게 영원한 생명을 주도록 했다. 그러나 영원한 젊음을 청하는 것을 잊었기 때문에, 점점 늙어 가는 그를 보고 그녀는 매우 상심했다. 그리고 그가 백발이 되었을 때 그녀는 그와의 교제를 끊었고, 마침내 그가 수족을 움직일 수 없게 되자 그녀는 그를 방 안에 가두었으며, 결국에는 그를 메뚜기로 변신시켰다.

멤논은 에오스와 티토노스와의 사이에서 태어난 아들이다. 그는 에티오피아의 왕으로 동쪽 끝의 오케아노스 해안에 살았다. 그리고 트로이 전쟁 때는 아버지의 친족을 도우려고 군대를 이끌고 출정했다. 프리아모스 왕은 그를 정중히 맞아들였는데 그가 오케아노스 해안의 놀라운 일들에 대해서 이야기하자 감탄하면서 경청했다.

트로이에 도착한 다음 날 멤논은 바로 군대를 이끌고 싸움터에 나갔다. 네스토르의 용감한 아들인 안틸로코스는 그의 손에 의해 피살되었고, 그리스 인들은 패해 도망갔다. 하지만 아킬레우스가 나타나 전세를 만회시켰고 이때부터 아킬레우스와 멤논의 격전이 시작되었다. 오랜 전쟁 끝에 승리는 마침내 아킬레우스에게 돌아갔고, 멤논은 전사하고 트로이 군대는 패주했다.

에오스는 아들이 죽은 것을 보고 바람의 신에게 명하여 시체를 파플라고니아의 아이세포스 강가에 운반하도록 했다. 그리고 저녁이 되자 에오스는 시간의 여신들과 함께 와 아들의 시체를 보고 통곡했다. 밤의 여신도 그녀의 슬픔을 동정했으며, 천지 만물은 다 새벽의 여신의 아들을 애도했다. 에티오피아 사람들은 요정들의 숲에 있는 강가에 그의 묘를 세웠다. 에오스는 아들을 잃은 슬픔에 아직도 끊임없이 눈물을 흘리고 있는데, 매일 아침 풀잎 위의 이슬은 그녀의 눈물이 내린 것이다.

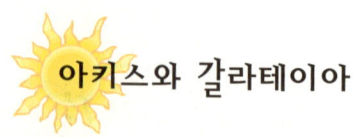

아키스와 갈라테이아

시칠리아의 아름다운 처녀 스킬라는 요정들의 총애를 받았다. 그녀에게는 구혼자가 넘쳐나게 많았으나 그녀는 그들을 모두 거절한 뒤 바다의 요정 갈라테이아의 동굴에 가서 그들 때문에 귀찮아 죽겠다고 푸념했다.

하루는 갈라테이아가 대답했다.

"너를 성가시게 구는 자들은 인간이니까 크게 신경 쓸 필요가 없다. 싫으면 거절하면 그만이니까. 하지만 나는 네레오스의 딸이고, 여러 자매들의 수호를 받고 있으나 바다 속 깊이 숨지 않는 이상 폴리페모스의 연모를 피할 수 없단다."

여기까지 말한 뒤 갈라테이아는 흐느꼈다. 동정심 많은 스킬라는 섬세한 손가락으로 여신의 눈물을 닦아 주며 위로했다.

"당신의 슬픈 사연을 말해 주십시오."

그러자 갈라테이아가 이야기했다.

"아키스는 파우노스와 요정 나이아스와의 사이에서 태어난 아들이다. 그의 아버지와 어머니는 그를 몹시 사랑했으나 나의 사랑을 뛰어넘지는 못했지. 당시 그는 23세로, 양 볼에 털이 가뭇가뭇 나기 시작하는 청년이었다. 내가 그와 교제를 원했듯 그도 나와 교제를 원했다. 만일 나에게 아키스를 사랑하는 마음과 키클롭스를 싫어하는 마음 중 어느 편이 더 크냐고 묻는다면 나는 대답할 수 없다. 나는 아키스를 사랑하는 만큼 키클롭스를 싫어했고, 키클롭스를 싫어하는 만큼 아키스를 사랑했으니까. 키클롭스는 세상 모든 자들이 두려워하는 괴물이었다. 그런 자가 나에 대한 연정에 사로잡히자 처음으로 외모를 살피고 남의 마음을 살피기 시작했다. 그는 헝클어진 머리칼을 빗고, 수염을 다듬고, 거친 용모를 물속에 비춰 보고는 얼굴을 가다듬었어. 살육을 좋아하는 사나운 성질과 피를 갈망하는 성질도 가라앉히고, 처음으로 그의 섬에 들르는 선박을 무사히 통과시켰다. 그는 큰 발자취를 남기며 해안을 이리저리 걸어 다녔고, 피곤하면 동굴 속에서 조용히 쉬곤 했지. 그곳에는 바다로 돌출한 절벽이 있었는데 어느 날 키클롭스는 그곳에 올라 앉아 노래를 불렀지. 나는 그때 사랑하는 아키스와 바위 밑에 숨어서 멀리서 들려오는 거인의 노랫소리에 귀를 기울이고 있었다. 그 노래는 내 아름다움을 한없이 찬미하는 동시에 내 무정함과 잔인함을 맹렬히 비난하는 내용이었다. 그의 노래가 끝났고 아키스와 나는 즐거운 시간을 보내고 있었지. 그런데 갑자기 그가 성난 황소처럼 우리 앞에 나타나 부르짖었어. '이것이 너희들의 최후의 밀회가 되도록 하겠다!' 그의 목소리는 성난 키클롭스만이 발할 수 있는 포효였어. 에트나 산은 그 소리에 떨었고 나는 두려움에 못 이겨 바다 속으로 들어갔지. 아키스는 '살려 줘요. 갈라테이아, 날 살려 주세요. 아버지, 어머니!' 하고 부르짖으며 도망쳤어. 하지만 키클롭스는 그를 계속 추격했지. 그리고 그에게 바위를 집어 던졌고 그는 그대로 비참한 죽음을 당하고 말았다. 자줏빛 피가 바위 밑으로부터 흘러 나왔으나 점점 옅어지고, 비에 흐린 시냇물같이 보이더니, 나중에는 맑게 되었지. 그리고는 바위가 갈라져 열리더니 그 틈에서 물이 솟아 나와 강이 되었다."

제24장

트로이 전쟁

트로이 전쟁

지혜의 여신 아테나가 어리석은 짓을 한 일이 있는데 아름다움을 놓고 헤라, 아프로디테와 경쟁을 벌인 일이다.
펠레우스와 테티스의 결혼식 때, 불화의 여신 에리스를 제외한 모든 신들이 초대를 받았다. 에리스는 자신만 제외된 데 분노해 손님들이 모인 곳에 황금사과를 하나 던졌다. 그 사과에는 '가장 아름다운 여신에게'라고 씌어 있었다. 이에 헤라, 아프로디테, 아테나는 그 사과가 서로 자기 것이라고 주장했다. 제우스는 이런 미묘한 문제에 판결을 내리는 것이 탐탁치 않아 여신들을 이다 산으로 보냈다. 그곳에는 아름다운 양치기인 파리스가 제우스의 양떼를 돌보고 있었는데 제우스는 파리스에게 그 심판을 맡겼다. 이에 헤라는 파리스에게 권력과 부를, 아테나는 전쟁에서의 영광과 공명을,

아프로디테는 가장 아름다운 여자를 아내로 얻어 주겠다고 약속했다. 파리스는 아프로디테의 팔을 들어 주었고, 이 일 때문에 다른 두 여신은 파리스의 적이 되었다.

한편, 파리스는 아프로디테의 보호 아래 그리스로 가 스파르타의 왕 메넬라오스의 환대를 받았다. 그런데 메넬라오스의 아내 헬레네는 아프로디테가 파리스의 아내로 점찍은 가장 아름다운 여인이었다. 결혼 전 그녀에게는 수많은 그리스 족장들이 청혼했었다. 구혼자 중 한 명이었던 오디세우스는 구혼자들에게 말한 바 있었다. 헬레네가 누군가를 선택하면 누구든 결과에 승복하고 그녀가 도움을 필요로 하면 연대해 수호하고 복수까지 해주기로 약속하자고. 마침내 헬레네는 메넬라오스를 선택했고, 구혼자들은 오디세우스의 말에 따르기로 했다.

파리스는 행복하게 살고 있는 헬레네를 찾았고, 아프로디테의 도움을 받아 그녀를 설득해 트로이로 갔다. 이것이 그 유명한 트로이 전쟁의 출발이다.

메넬라오스는 그리스의 족장들에게 약속을 이행해 줄 것을 청했다. 헬레네를 데려오는 데 힘을 모아 줄 것을 부탁한 것이었다. 몇몇은 약속을 지키지 않았으나 대부분은 약속대로 군대를 모아 출정했다. 그러나 오디세우스는 페넬로페와 결혼해 행복하게 살고 있었기 때문에 이런 복잡한 일에 얽히는 게 싫었다. 그래서 팔라메데스가 그를 설득하기 위해 이타카에 도착하자, 오디세우스는 미치광이 흉내를 냈다. 그러나 금방 들통 나 어쩔 수 없이 약속을 이행하게 되었고, 반대하는 다른 자들 특히 아킬레우스를 참가시키는 데 조력했다. 아킬레우스는 테티스의 아들이었는데 바다의 요정인 테티스는 전쟁에 참가하면 아들이 죽을 운명임을 알고 있었다. 이에 테티스는 아들을 리코메데스 왕의 궁으로 보내, 여장을 하고 왕의 딸들 사이에 몸을 숨기도록 했다. 오디세우스는 아킬레우스가 그곳에 있다는 정보를 입수하고 상인으로 변장해 궁으로 갔다. 오디세우스는 딸들에게 장신구들을 팔기 위해 내놓았는데 그 속에는 약간의 무기도 있었다. 왕의 딸들은 장식품에 관심을 쏟았지만 아킬레우스는 무기에 관심을 가져 정체가 탄로 나고 말았다. 결국 오디세우스는 그를 설득해 전쟁에 참가하도록 하는 데 성공했다.

프리아모스는 트로이 왕이었고, 파리스는 본래 그의 아들이었다. 파리스는 장차 국가의 화근이 되리라는 불길한 징조가 유년 시절부터 따라붙었기 때문에 남몰래 양육되고 있었던 것이다. 그리고 이 불길한 징조는 마침내 현실이 될 것같이 보였다.

그리스 군대는 유례없는 대규모의 준비를 갖추고 메넬라오스의 형인 아가멤논이 군대의 총지휘자로 선출되었다. 아킬레우스는 군인들 중 가장 유명한 무장이었다. 아이아스는 몸집이 크고 아주 용감했으나 머리가 둔했다. 디오메데스는 영웅다운 자질도 있어서 아킬레우스 다음 가는 무장이었다. 오디세우스는 지혜롭기로 유명했고, 네스토르는 군 지휘자 중 최고 연장자로 고문 격이었다.

그러나 트로이도 약한 상대는 아니었다. 국왕 프리아모스는 나이가 많기는 했으나 젊은 시절 현명한 군주로 안으로는 선정을 베풀고, 밖으로는 이웃 여러 나라와 동맹을 체결해 국력을 증강했다. 그리고 그의 아들 헥토르는 고대 이교도 중에서 가장 고귀한 인물 중의 하나였다. 그는 처음부터 조국의 멸망을 예감했으나, 저항을 멈추지 않았다. 그는 안드로마케와 결혼했는데 무장으로서 뿐만 아니라 남편으로서 그리고 아버지로서도 훌륭한 역할을 해냈다. 헥토르 외에도 트로이에는 아이네이아스, 데이포보스, 글라우코스, 사르페돈 등의 무장이 있었다.

2년간의 준비를 마친 그리스 군대는 보이오티아의 아울리스 항에 집결했다. 이곳에서 아가멤논은 사냥을 하다가 아르테미스에게 바쳐진 수사슴을 죽였다. 그래서 여신은 복수로 군대 안에 전염병을 퍼뜨리고, 배가 출항하지 못하도록 바람을 잠자게 했다. 예언자 칼카스는 여신의 노여움을 가라앉히기 위해서는 처녀를 제단에 희생물로 바쳐야 하는데, 그 희생물은 수사슴을 죽인 자의 딸이어야 한다고 선언했다. 아가멤논은 자신의 딸을 희생시켜야 한다는 것이 마음 아팠지만 승낙할 수밖에 없는 상황이었다. 그래서 딸 이피게네이아를 아킬레우스와 결혼시킨다는 구실 아래 불러 왔다. 하지만 그녀가 희생물로 바쳐지는 순간, 여신은 화를 풀고 그녀를 납치해 타우리스로 데리고 가서, 자기 신전의 사제가 되게 했다.

이렇게 여신의 화가 풀리자 이윽고 바람이 불어 배를 움직일 수 있게 되었다. 함대는 트로이 해안에 상륙했다. 하지만 트로이 군은 그리스 군의 상륙을 저지했다. 최초의 공격에서 프로테실라오스는 헥토르의 손에 전사했다. 프로테실라오스의 아내 라오다메이아는 남편의 전사 소식을 듣고 단 세 시간만이라도 남편을 만나게 해달라고 신들에게 탄원했다. 신들은 그녀의 말을 들어주어 헤르메스는 프로테실라오스를 다시 세상으로 데리고 왔다. 그리고 약속된 세 시간이 흘러 그가 두 번째 죽음을 맞을 때 라오다메이아도 그와 함께 생을 마감했다.

일리아드(일리아스)

전쟁은 지루하게 9년 동안이나 계속되었다. 그러던 어느 날 그리스 군의 운명에 치명적인 사건이 일어났다. 그것은 아킬레우스와 아가멤논의 불화였다. 호메로스의 위대한 서사시 「일리아드」는 여기서부터 시작된다.

그리스 군은 트로이를 상대로 승리를 거두지 못했으나 이웃의 동맹국들을 공략했다. 아가멤논은 포로 중 크리세이스라는 여자를 손에 넣었는데 그녀는 아폴론의 사제 크리세스의 딸이었다. 그래서 크리세스는 사제의 증표를 몸에 지니고 와서 딸을 풀어 줄 것을 간청했다. 하지만 아가멤논은 거절했다. 이에 크리세스는 아가멤논이 딸을 풀어줄 때까지 그리스 군을 괴롭혀 달라고 아폴론에게 청했고 아폴론은 그의 뜻대로 그리스 군대에 전염병을 퍼뜨렸다. 그리스 군은 신들의 분노를 가라앉히고 전염병을 중단시킬 방법을 강구하기 위해 회의를 소집했다. 아킬레우스는 모든 재난은 아가멤논이 크리세이스를 차지한 것에서 비롯되었다고 책임을 떠넘겼다. 아가멤논은 크게 분노했으나 포로를 석방하는 데 동의했다. 하지만 대신에 포로 중 아킬레우스의 차지가 된 다른 여자 포로를 자신에게 양도하라고 아킬레우스에게 요구했다. 아킬레우스는 그의 뜻대로 해주겠다고 했으나 이후 전쟁에서 빠지겠다며 자신의 군대를 퇴각시키고 그리스로 돌아가겠다고 공표했다.

전쟁을 하는 두 나라뿐 아니라 신들도 이들의 전쟁에 깊은 관심을 갖고 있었다. 신들은 그리스 군이 자진해서 전쟁을 포기하지 않는 이상 결국엔 트로이가 패할 운명이라는 것을 잘 알고 있었다. 그러나 운명을 바꿀 한 가닥 희망은 보였다.

헤라와 아테나는 자신들의 미를 멸시한 파리스에게 적의를 품고 있었다. 반면 아프로디테는 자신의 미를 인정한 파리스가 속한 트로이 군의 편에 서서 그녀를 숭배하고 있는 아레스를 트로이 편에 가담하게 했다. 하지만 포세이돈은 그리스 편을 들었고 아폴론은 중립을 지켰으나 이리저리 휩쓸렸다. 제우스는 트로이의 왕인 프리아모스를 총애했으나 공평한 태도를 잃지 않으려고 했다. 하지만 공평한 태도를 잃을 때도 있었다.

아킬레우스의 어머니 테티스는 아들이 당한 모욕에 노해 제우스를 찾았다. 그녀는 트로이 군에게 승리를 줌으로써, 그리스 군으로 하여금 아킬레우스에게 행한 처사를 후회하도록 해달라고 탄원했다. 제우스는 그녀의 말을 들어주었다. 그래서 바로 다음 전투에서 트로이 군은 크게 승리했고, 그리스 군은 자신들의 진영으로 퇴각했다.

아가멤논은 회의를 소집했다. 네스토르는 아킬레우스에게 사절을 보내 전투에 귀환하도록 설득하고, 아가멤논은 문제의 발단이 된 여인을 아킬레우스에게 돌려보내라고 충고했다. 이에 아가멤논은 네스토르의 말대로 했지만 아킬레우스는 거절했다.

아킬레우스가 전투로의 귀환을 거절한 다음 날, 새로운 전투가 벌어졌다. 트로이 군은 제우스의 도움으로 승리를 거두었고, 그리스 군의 방벽을 뚫고 배에 불을 지르려고 했다. 하지만 그리스 군이 불리하게 된 것을 지켜본 포세이돈이 나섰다. 그는 예언자 칼카스의 몸으로 변장하고 나타나 큰 소리로 병사 개개인을 격려하고 호소했다. 칼카스의 호소로 그리스 군의 사기는 크게 충천해 전세를 뒤집을 수 있을 정도가 되었다.

아이아스는 곳곳에서 용맹을 떨쳤는데 마침내 헥토르와 대전하게 되었다. 먼저 헥토르가 아이아스에게 창을 던졌지만 아이아스는 아무런 부상을 입지 않았다. 이어 아이아스는 거대한 돌을 헥토르에게 던졌다. 돌은 헥토르의 목에 명중했다. 헥토르의 부하들은 그가 기절하고 부상당한 것을 보고는 물러갔다.

이렇게 포세이돈의 도움으로 그리스 군이 트로이 군을 물리치고 있을 동안에, 제우스는 전쟁이 어떻게 돌아가고 있는지 전혀 알지 못했다. 헤라의 간계로 싸움에 관심을 둘 상황이 아니었기 때문이었다. 헤라는 모든 수단을 동원해 매력적으로 보이도록 했는데, 특이한 것은 케스토스라는 허리띠를 아프로디테로부터 빌렸다는 점이다. 그 허리띠는 두르고 있기만 하면 누구도 그 매력에서 헤어 나오지 못하게 하는 마력을 지니고 있었다. 이렇게 몸을 꾸민 헤라는 올림포스 산 위에서 전투를 주시하고 있던 남편 곁으로 갔다. 제우스는 그녀를 보자마자 지난날의 불타는 사랑을 다시 느끼고 모든 일을 까맣게 잊고 말았다.

그러나 헤라의 간계는 오래 가지 못했다. 얼마 후 우연히 아래를 내려다 본 제우스는 헥토르가 부상을 입고 생명이 위험한 것을 알았다. 제우스는 크게 노해 헤라를 물러가게 하고 무지개의 신 이리스와 아폴론을 불렀다. 그는 이리스를 포세이돈에게 보내어 빨리 싸움터를 떠나도록 엄명했다. 또 아폴론에게는 헥토르의 부상을 치료하고 원기를 회복시키라고 명했다. 그 결과, 헥토르는 싸움터로 돌아갔고, 포세이돈은 자기의 영지로 물러갔다.

파리스가 쏜 화살이 아스클레피오스의 아들 마카온에게 명중했다. 마카온은 용감한 무장인데다가 군의로서 그리스 군에게 없어서는 안 될 인물이었다. 네스토르는 마카온을 그의 이륜전차에 태우고 싸움터로부터 이송했다. 네스토르의 마차가 아킬레우스의 함대 곁을 지날 때 아킬레우스는 네스토르의 모습을 보았다. 아킬레우스는 네스토르가 태우고 가는 부상병이 누구인지 궁금했다. 그래서 그는 가장 친한 친구인 파트로클로스를 네스토르의 진영에 파견해 알아오라고 시켰다.

네스토르의 진영에 도착한 파트로클로스는 네스토르에게 부상병이 누구이기에 직접 마차에 태워 호송했는지 물었다. 네스토르의 대답을 들은 파트로클로스는 자신의 함대로 돌아가려고 했다. 그러나 네스토르는 그를 만류했다.

"지금이야말로 그대들의 아버지 충고(아킬레우스는 최대의 공명을 올리라는 충고, 파트로클로스는 친구를 잘 이끌어 주라는 충고)를 이행할 시기요. 신들이 허락한다면, 그대는 아킬레우스를 다시 싸움터로 나오도록 이끌 수 있을 것이오. 만일 그가 끝내 반대한다면 그의 군대라도 싸움터에 나올 수 있도록 해주시오. 그리고 그대는 아킬레우스의 갑옷을 입고 오시오. 그 모습만으로도 트로이 군은 겁을 집어먹고 달아날 것이오."

파트로클로스는 네스토르의 말에 마음이 동했다. 무참히 쓰러져 가는 그리스 군대의 모습을 되새기며 아킬레우스가 있는 진영으로 갔다. 그리고 아킬레우스에게 바로 얼마 전까지 자신들의 동료였던 무장들의 비참한 상황을 아킬레우스에게 말했다. 디오메데스, 오디세우스, 아가멤논, 마카온이 모두 부상을 입었으며, 파괴된 방벽으로 적들이 쳐들어와 불을 질러 그리스 군을 몰살하려 한다고 전했다. 그런데 바로 그때 한 함선에서 불꽃이 일어 상황의 심각함을 여실히 보여 주었다. 아킬레우스는 그 모습을 보고 마음이 움직이기 시작했다. 그래서 파트로클로스에게 미르미도네스(아킬레우스의 병사들은 이렇게 불렀다.)를 싸움터로 인솔하고 갈 것을 허락하고 갑옷도 빌려 주었

다. 곧 병사들이 정렬되고, 파트로클로스는 찬란한 아킬레우스의 갑옷을 입고 아킬레우스의 이륜전차에 올라 병사들을 지휘했다. 그러나 아킬레우스는 떠나기 전에 파트로클로스에게 적을 물리칠 정도의 공격에만 그쳐야 한다고 신신당부했다.

"나 없이 트로이 군을 추격하지는 말라. 그것은 오히려 내 명예를 손상시키는 일이다."

그리고 최선을 다하라고 당부한 뒤 그들을 싸움터에 내보냈다.

파트로클로스와 그의 군대는 격렬한 격전이 벌어지고 있는 곳으로 뛰어 들었다. 그리스 군은 아킬레우스의 군대를 보고 환성을 질렀다. 트로이 군은 유명한 아킬레우스의 갑옷을 보고는 공포에 떨며 달아날 곳을 찾기에 바빴다. 배를 점령하고 불을 지른 자들이 제일 먼저 달아났고, 나머지 트로이 군사들도 꽁지가 빠져라 달아나기 시작했다. 아이아스와 메넬라오스, 네스토르의 두 아들은 더욱 맹렬히 싸웠고 결국 트로이의 헥토르는 말머리를 돌려 포위망으로부터 퇴각해야만 했다. 파트로클로스에게는 누구 하나 대항하는 자가 없었다. 모두 그의 공격을 속수무책으로 당할 뿐이었다. 마침내 제우스의 아들인 사르페돈이 파트로클로스와 대전했다. 제우스는 그를 내려다보았다. 그리고 그를 기다리고 있는 운명으로부터 구하려고 했다. 그러나 헤라는 만일 제우스가 사르페돈을 구해 낸다면 다른 신들도 모두 자신의 자손들이 위태할 때면 신의 이름으로 관여하게 될 것이라고 암시했다. 그녀의 말이 옳았기 때문에 제우스는 어찌 할 수가 없었다. 제우스는 자신의 아들이 죽어 가는 모습을 지켜보아야만 했다. 그리스 군은 비참히 죽은 사르페돈의 갑옷을 벗기고 승리를 만끽했다. 그러나 제우스는 그 모습을 그냥 보고만 있지는 않았다. 제우스의 명령을 받은 아폴론이 병사들 속에서 사르페돈의 시체를 빼내 쌍둥이 형제인 '죽음'과 '잠'에게 보살피도록 했다. 그리고 사르페돈의 고향인 리키아로 이송해 정중한 장례가 거행되었다.

전투는 파트로클로스가 이끄는 그리스 군의 승리로 굳어 가는 듯 했다. 그러나 운명의 변화가 다가왔다. 헥토르가 이륜전차를 타고 파트로클로스에게 대항했다. 이에 파트로클로스는 헥토르를 향해 거대한 돌을 던졌다. 하지만 돌은 빗나갔고 헥토르가 창을 이용해 파트로클로스에게 치명상을 입혔다. (시인 호메로스는 아폴론이 파트로클로스를 쳐서, 머리에서 투구를 벗기고 손에서 창을 떨어뜨리게 해 헥토르를 도운 것이라고 했다.)

쓰러진 파트로클로스의 시체를 둘러싸고 무서운 격전이 벌어졌다. 그러나 그의 갑옷은 벗겨져 헥토르의 수중에 넘어갔다. 헥토르는 자신의 갑옷을 벗어 버리고 아킬레우스의 갑옷을 입고 다시 전투에 들어갔다. 아이아스와 메넬라오스는 파트로클로스의 시체를 지키기 위해, 헥토르와 그의 병사들은 그것을 쟁취하기 위해 격렬히 싸웠다. 하지만 싸움은 쉽게 끝나지 않았고, 이에 제우스는 검은 구름을 불렀다. 번갯불이 번쩍이고 천둥이 쳤다. 그리고 얼마 후 아이아스는 안틸로코스를 아킬레우스에게 보내 파트로클로스의 죽음과 그의 유해를 둘러싸고 벌어진 전쟁 소식을 전하게 했다. 그리스 군은 마침내 유해를 배가 있는 곳까지 운반해 왔는데 헥토르의 트로이 군이 바짝 추격하고 있었다.

아킬레우스는 친구의 전사 소식을 듣고 어찌나 슬퍼했는지 안틸로코스는 혹시 그가 자살하지나 않을까 걱정할 정도였다. 아킬레우스의 통곡소리는 바다 속 깊이 살고 있는 그의 어머니 테티스의 귀에까지 전해져 그녀는 아들을 찾았다. 아들은 자신의 원한으로 인해 친구를 죽음에 이르게 했다는 자책에 안절부절못하고 있었다. 그의 유일한 위안은 복수하는 길밖에 없었다. 그는 당장에 헥토르를 찾아 복수하려고 했다. 그러나 그의 어머니는 아들이 지금 갑옷이 없다는 것을 상기시키고 내일 아침까지만 기다리면 먼저보다 더 훌륭한 갑옷을 헤파이스토스로부터 구해다 주겠다고 약속했다. 그는 그렇게 하겠다고 했고, 테티스는 바로 헤파이스토스의 궁전으로 갔다. 헤파이스토스는 테티스의 말을 듣자마자 하던 일을 중단하고 갑옷을 만들기 시작했다. 그는 아킬레우스를 위해 훌륭한 무기도 한 벌 만들었다. 처음에는 장식한 방패를, 다음에는 꼭대기에 금을 단 투구를, 또 그 다음에는 무엇도 뚫지 못하는 갑옷의 가슴보호대와 정강이보호대를 만들었다. 그는 모든 것을 하룻밤 만에 완성했고, 테티스는 그것을 다음날 새벽에 아킬레우스의 발밑에 갖다 놓았다.

파트로클로스가 죽은 이래 아킬레우스가 느낀 최초의 기쁨은 훌륭한 갑옷을 보았을 때였다. 그는 그 갑옷을 입고 진영으로 나아가 무장들을 회의에 소집했다. 아가멤논에 대한 감정을 접고, 그로부터 시작된 여러 불행한 일을 통탄하면서 그들에게 빨리 싸움터로 나갈 것을 요구했다. 아가멤논은 적당한 핑계(모든 책임을 불화의 여신 아테나에게 돌리는)를 들어 두 영웅 사이에는 완전한 화해가 성립되었다.

분노와 복수심에 불타는 아킬레우스한테는 어떤 누구도 상대가 되지 못했다. 가장 용감하다는 무장도 그 앞에서는 도망치거나 그의 창에 맞아 쓰러졌다. 헥토르는 아폴론의 경고를 받아들여 그와의 만남을 피했다. 한편 프리아모스는 트로이 군의 도망을 돕기 위해 성문을 활짝 열어 그들을 받아들이도록 했으나 아킬레우스가 그 뒤를 바짝 뒤쫓아 문을 닫을 수밖에 없었다. 성벽 위에서 내려다보니 트로이 군 전 군대가 성 안을 향해 전력을 다해 도주하고 있었다. 그는 도망병을 받아들이기 위해 문을 활짝 열도록 명령했다. 그러나 아킬레우스가 바로 육박해 왔으므로 곧 성문을 닫을 수밖에 없었다.

헥토르는 굳게 닫힌 성문 앞에서 아킬레우스를 기다렸다. 그의 늙은 아버지와 어머니는 성 안에서 그를 부르며 퇴각하라고 애원하고 간청했으나 헥토르는 확고부동했다.

'많은 부하들이 전사했는데 내 어찌 한 사람의 적을 두려워해 도피한단 말인가. 그러나 아킬레우스와 화해할 방법이 있지 않을까? 아니다. 이제는 너무 늦었다. 그는 내 말을 듣기도 전에 나를 죽일 것이다.'

그가 이런 생각을 하고 있는 동안에 아킬레우스는 군신 아레스와 무서운 기세로 접근해 왔는데 그의 갑옷은 그가 움직일 때마다 번개처럼 번쩍거렸다. 헥토르는 그의 위압적인 모습에 공포를 느끼고 도망했다. 하지만 그걸 보고 있을 아킬레우스가 아니었다. 그는 도망치는 헥토르를 비호처럼 추격했다. 헥토르가 성문 가까이에 접근하자 아킬레우스는 그를 가로막아 더 넓은 곳으로 나가게 했다. 아폴론은 헥토르에게 힘을 불어넣어 피로로 쓰러지는 일이 없도록 했다. 그리고 여신 아테나는 헥토르의 가장 용감한 형제인 데이포보스의 모습으로 변해 나타났다. 그러자 헥토르는 그의 모습을 보고 갑자기 용기를 얻어 도망을 멈추고 아킬레우스 앞에 당당히 섰다. 헥토르는 있는 힘을 다해 아킬레우스에게 창을 던졌다. 그러나 창은 아킬레우스의 방패에 맞고 튕겨 나왔다. 헥토르는 다시 창을 던지기 위해 데이포보스를 찾았으나 그는 이미 사라지고 없었다. 결국 헥토르는 자신의 운을 깨닫고 말했다.

"아! 이제 죽음이 가까이 왔구나! 데이포보스가 곁에 있는 줄 알았는데 아테나의 속임수였구나. 그래, 나는 부끄러운 죽음은 하지 않겠다."

이렇게 말하면서 그는 허리에서 칼을 빼어 들고 돌진했다. 아킬레우스는 방패로 몸을 방어하면서, 헥토르가 접근하는 것을 기다리고 있었다. 헥토르가 아킬레우스의 사정거리 안에 들어오자, 아킬레우스는 헥토르의 목 언저리에 창을 던졌다. 헥토르는 치명상을 입고 그 자리에 쓰러져 힘없는 목소리로 말했다.

"내 시체만은 고국에 돌려주시오! 내 양친에게 몸값을 받고 돌려주시오. 그리고 나로 하여금 트로이의 아들딸들로부터 장례를 받도록 해주시오."

그러자 아킬레우스가 대답했다.

"닥쳐라! 몸값이니 동정이니 그 따위 말은 듣기도 싫다. 네가 나에게 얼마나 큰 괴로움을 주었는지 생각해 봐라. 네 청은 결코 들어줄 수가 없다. 그 무엇도 네 시체가 개밥이 되는 것을 면하게 하지는 못할 것이다. 아무리 몸값을 많이 가져온다 해도 아니, 네 몸무게만큼의 금을 갖고 온다 해도 나는 일언지하에 거절하겠다."

이렇게 말한 뒤 아킬레우스는 헥토르의 갑옷을 벗기고 끈으로 발을 결박해 이륜전차 뒤에 매달았다. 그리고 나서 그는 이륜전차에 올라타 모든 이들이 보는 앞에서 그의 시체를 이리저리 끌고 다녔다.

프리아모스 왕과 왕후 헤카베의 비통한 심정은 말로 표현할 수 없을 정도였다. 신하들은 밖으로 뛰쳐나가려는 왕을 겨우 제지했다. 트로이 시민들의 통곡소리가 천지를 뒤흔들었다. 이에 헥토르의 아내 안드로마케는 불길한 느낌으로 성 밖을 보았다. 그녀는 하마터면 성 아래로 떨어질 뻔 했다. 그녀는 기절해 시녀들의 팔에 안겼다.

아킬레우스와 그리스 군은 자신들의 진영으로 돌아와 파트로클로스의 장례식을 준비하기에 바빴다. 나뭇더미가 높이 세워지고 시체는 화장되었다. 모든 장례식 절차가 엄숙히 진행되었다. 하지만 아킬레우스는 장례 의식에도 참석하지 않고 잠도 자지 않았다. 죽은 친구 생각에 잠을 이룰 수 없었던 것이다. 그는 날이 새기도 전에 막사를 나와 이륜차에 준마를 매고서, 헥토르의 시체를 뒤에 매달았다. 그리고 파트로클로스의 묘 주위를 두 바퀴나 돈 뒤에 시체를 그대로 땅에 방치했다. 그러나 아폴론은 그의 시체가 이러한 모진 학대에도 찢기거나 손상당하지 않게 모든 더럽힘과 모독으로부터 방어했다.

아킬레우스가 이와 같이 헥토르의 시체를 모독함으로써 분노를 풀고 있는 동안에, 제우스는 테티스를 불렀다. 그는 그녀에게 아들 아킬레우스한테로 가서 헥토르의 시체를 트로이 군에게 반환하도록 설득하라고 명령했다. 그런 다음 무지개의 여신을 프리아모스 왕에게 보내 아킬레우스한테 가서 아들들의 시체를 반환할 것을 청해 보라고 일렀다.

프리아모스는 보물 창고를 열고 값진 물건들과 금, 두 개의 훌륭한 삼각대와 정교하게 만든 금잔을 꺼내 마차에 싣게 했다. 그리고 늙은 왕은 늙은 마부 한 사람만을 대동하고 아킬레우스에게 갔다. 왕은 마치 죽으러 가는 것처럼 비탄에 잠겨 있었다. 이에 제우스는 늙은 왕을 불쌍히 여겨, 헤르메스를 그의 안내자 겸 보호자로 파견했다. 헤르메스는 젊은 무장의 모습으로 분장하고 두 노인 앞에 나타나 아킬레우스의 막사로 그들을 안내하겠다고 제안했다. 프리아모스가 기꺼이 제안을 받아들이자, 헤르메스는 마차에 올라 고삐를 쥐고 얼마 안 가서 그들을 아킬레우스의 막사로 데리고 갔다. 헤르메스는 수비병들을 잠들게 한 뒤, 두 사람을 아킬레우스에게 인도했다. 늙은 왕은 아킬레우스의 발밑에 꿇어앉아 그의 아들들을 죽인 무서운 손에 입을 맞추고 말했다.

"오! 아킬레우스여, 이 늙은 아비를 불쌍히 여겨 주시오. 나는 얼마 전까지 트로이의 꽃이었던 아들들을 모두 잃었기 때문에 이제는 살아 갈 아무런 이유가 없소. 어떤 아들보다도 노년의 위안이었던 아들마저 당신의 손에 찔려 죽었소. 나는 그 몸값으로 헤아릴 수 없을 만큼 많은 보물을 가지고 왔소. 제발 이 늙은이를 불쌍히 여겨서라도 내 청을 들어주시오!"

한 나라의 왕이 몸소 찾아와 진심을 담은 말을 하자 아킬레우스는 마음이 움직였다. 그는 멀리 떨어져 있는 자신의 아버지와 죽은 친구를 번갈아 떠올리면서 눈물을 흘렸다. 프리아모스의 백발을 보고 아

킬레우스는 연민의 정을 금할 수 없어 그를 일으키면서 말했다.

"프리아모스여, 나는 당신이 어떤 신의 도움으로 이곳까지 온 줄 알고 있습니다. 아무리 혈기 왕성한 청년일지라도 신의 도움 없이는 감히 이곳에 오지 못했을 테니까요. 당신의 청을 들어 주겠습니다. 그렇게 하는 것이 제우스의 뜻에 따르는 것임에 틀림없으니까요."

아킬레우스는 헥토르의 장례를 위해 12일간 휴전하기로 약속한 후에 노왕과 그의 시종을 물러가게 했다.

마차가 성 가까이 오자, 멀리서 그 모습을 바라보고 있던 군중들은 눈물을 흘렸다. 헥토르의 아내와 어머니는 아들의 시체를 보고 비탄의 눈물을 흘렸다. 그들의 울음소리는 해가 질 때까지 멈추지 않았다. 그리고 다음 날, 장례 준비가 시작되었다. 사람들은 9일간 나뭇더미를 높이 쌓아올렸고, 10일째 되는 날 불을 댕겼다. 트로이의 군중들은 불더미를 둘러쌌다. 불이 모두 사그라진 뒤 그들은 유골을 모아 황금 항아리 속에 넣은 후, 땅 속에 묻고 그 위에 돌로 봉분을 만들어 추도했다.

제25장

트로이의 함락

메넬라오스와 헬레네

아가멤논과 오레스테스와 엘렉트라

트로이의 함락

「일리아드」의 이야기는 헥토르의 죽음으로 끝난다. 그 밖에 다른 영웅들에 대해서는 「오디세이아」(오디세이)를 비롯한 그 이후의 작품에 의해서만 알 수 있다.

헥토르가 죽은 뒤 트로이는 바로 함락되지 않았다. 새로운 동맹자들의 협조를 얻어 저항은 계속됐다. 에티오피아의 왕 멤논은 그 동맹자들 중 한 사람이었는데 앞서 언급한 바 있다.(284쪽) 또 한 사람은 아마존의 여왕 펜테실레이아였는데, 그녀는 여자만으로 구성된 군대를 이끌고 왔다. 그녀들의 용맹과 기상은 여러 문헌들을 통해 증명된다. 펜테실레이아는 많은 무장들을 무찌르는 등 전투에서 뛰어난 실력을 보여주었으나 결국에는 아킬레우스에 의해 피살되고 말았다.

한편 아킬레우스는 자신이 죽인 적장의 얼굴을 보고는 그녀의 아름다움과 용기에 감탄해 자신의 승리를 뼈저리게 후회했다. 아킬레우스는 우연히 프리아모스 왕의 딸 폴릭세네를 본 일이 있는데 그녀의 매력에 반해 결혼하기를 원했다. 그래서 그는 그리스 군을 설득해 트로이와의 전쟁을 종식시키기 위해 최선을 다하겠다고 약속했다. 그런데 그가 아폴론의 신전에서 결혼 서약을 할 때, 파리스가 그를 향해 독약을 바른 화살을 쏘았다. 화살은 아킬레우스의 몸 가운데 유일하게 상처를 낼 수 있는 발뒤꿈치를 맞혔다. 아킬레우스의 어머니 테티스는 아들이 갓난아이였을 때 스틱스 강물에 빠뜨려 아킬레우스를 불사신의 몸이 되게 했다. 하지만 발만은 그녀가 손으로 잡고 있어 불사신의 힘을 얻지 못했는데 파리스는 그 발뒤꿈치를 공격한 것이었다.

피살된 아킬레우스의 시체는 아이아스와 오디세우스에 의해 옮겨졌고, 테티스는 아들의 갑옷을 모두가 인정하는 최고의 영웅에게 주라고 그리스 군에게 명령했다. 아이아스와 오디세우스가 후보로 선정되었고, 결국 갑옷은 오디세우스에게 수여되었다. 지혜를 용기보다 더 높이 평가한 결과였다. 하지만 아이아스는 결과에 승복하지 못하고 자살했으며, 그의 피가 땅속으로 스며든 곳에서 히아신스 꽃이 한 송이 피어났다.

전쟁은 쉽게 끝나지 않았다. 트로이에는 팔라디온이라 불리는 아데니의 유명한 조각상이 있었는데 그것은 하늘에서 떨어졌다고 전해졌다. 그리고 트로이 사람들은 팔라디온이 트로이 성 안에 있는 한 트로이는 무너지지 않는다는 믿음을 갖고 있었다. 이에 오디세우스와 디오메데스가 변장하고서 성 안으로 들어가 팔라디온을 훔쳐 오기도 했다.

그러나 트로이는 쉽게 함락되지 않고 끈질기게 버텼다. 그래서 그리스 군은 무력으로는 트로이를 정복할 수 없음을 깨닫고 오디세우스의 충고에 따라 계략을 쓰기로 결심했다. 그들은 성 공격을 포기하는 것처럼 꾸미고 함선의 일부를 퇴각하여 근처 섬에 숨겼다. 그러고 나서 거대한 목마를 만들었는데 아테나에게 선물하기 위한 것이라고 떠들었다. 하지만 목마 안에는 무장한 군대가 숨어 있었고 나머지 군사들은 함선으로 돌아가 퇴각하는 것처럼 출범했다. 트로이 군은 그리스 함대가 철수하는 것을 보고 전투를 포기하는 것으로 생각했다. 그래서 성문이 열리고, 성내의 주민들은 모두 빠져 나와 기쁨의 만세를 불렀다. 그리스 군이 진치고 있던 곳까지 몰려나온 주민들은 커다란 목마에 관심을 가졌다. 그들은 목마를 두고 의견이 분분했는데 어떤 자들은 성 안으로 가지고 가는 것이 좋겠다고 했으며, 또 다른 자들은 그것을 두려워했다. 이렇게 의견이 엇갈리고 있을 때 라오콘이라는 포세이돈 신관(神官)이 부르짖었다.

"시민들이여, 그리스 군은 간계에 능하기 때문에 경계해야 한다는 걸 그대들도 알고 있지 않은가? 나라면 그들이 선물로 바친 물건이라도 두려워하겠다."

이렇게 말한 뒤 그는 창을 꺼내 거대한 목마를 향해 던졌다. 이에 트로이 군은 그 목마를 파괴해 버리자며 달려들었다. 그러나 그 순간, 한 무리의 사람들이 그리스 사람으로 보이는 죄수를 끌고 나왔다. 사람들은 두려움에 벌벌 떨고 있는 죄수에게 사실대로 말하면 목숨만은 살려 주겠다고 말했다. 죄수는 자신은 시논이라는 그리스 인인데 오디세우스가 자신에게 악감정을 품었기 때문에 퇴각할 때 자신만 남겨두고 갔다고 했다. 또 거대한 목마는 아테나에게 선물하기 위한 것이요, 그렇게 거대하게 만든 것은 트로이 군이 그것을 성으로 가져가는 것을 막기 위해서라고 했다. 왜냐하면 목마가 트로이 군 수중에 들어가면 트로이 군이 전투에서 틀림없이 승리할 것이라는 칼카스의 예언이 있었기 때문이라고 말했다.

죄수의 말에 트로이 사람들은 마음이 혹해 수군거리기 시작했는데 갑자기 그때 괴상한 일이 일어났다. 두 마리의 커다란 뱀이 바다에서 육지로 나와 사람들을 헤치고 라오쿤 근처로 가는 것이었다. 라오쿤은 두 아들을 데리고 있었는데 그 뱀은 아들의 몸을 칭칭 감아 공격했다. 라오쿤은 아이들을 구하려고 노력했으나 오히려 뱀에게 공격을 당했다. 이에 사람들은 라오쿤이 거대한 목마에 무례한 짓을 했기 때문에 신들에게 벌을 받은 것이라고 주장했다. 그래서 사람들은 목마에 대한 의심을 떨치고 그것을 성 안으로 옮길 준비를 했다. 노래와 승리의 환호 속에서 거대한 목마는 성 안으로 옮겨졌고, 그들은 밤늦도록 술을 마시며 승리의 기쁨에 취했다. 그리고 모두 잠든 밤이 되었다. 목마에 숨어 있던 그리스 군은 포로로 잡혀 있던 시논에 의해 일제히 밖으로 빠져나왔다. 그들은 우선 성문을 열어 함대에 숨어 있던 동료들을 끌어들였고, 이어 잠든 트로이 군사들과 주민

들을 공격했다. 결국 트로이는 완전히 정복되었다.

프리아모스 왕은 그의 왕국이 함락당하는 것을 지켜보았다. 그는 용사들과 함께 적들에게 대항하려 했으나 늙은 왕후 헤카베의 뜻에 따라 딸들과 더불어 제우스의 제단으로 피난해 탄원했다. 하지만 그의 눈앞에서 막내아들인 폴리테스가 아킬레우스의 아들인 피로스에게 죽음을 당했고, 이에 격분해 피로스에게 대항했으나 결국에는 피살되었다.

헤카베와 딸 카산드라는 포로가 되어 그리스로 연행되었다. 한편 아킬레우스가 마음을 빼앗겼던 또 다른 딸 폴릭세네는 아킬레우스의 망령의 요구에 따라 아킬레우스의 묘 앞에 희생물로 제공되었다.

메넬라오스와 헬레네

트로이가 함락되자, 메넬라오스는 그의 아내 헬레네를 다시 되찾게 되었다. 그녀는 아프로디테의 힘에 의해 남편을 버리고 다른 남자에게로 갔으나, 전과 다름없이 남편을 사랑했다. 파리스가 죽은 뒤에 그녀는 은밀히 그리스 군을 도왔는데, 오디세우스와 디오메데스가 팔라디온을 탈취하기 위해 변장을 하고 성내에 들어왔을 때도 그들을 도왔다. 그녀는 오디세우스를 보자마자 그가 누구인지 알았으나 함구하고, 그가 팔라디온을 손에 넣는 것을 도와주었다. 그래서 그녀는 남편 메넬라오스와 쉽게 오해를 풀 수 있었다.

헬레네를 찾은 메넬라오스는 그녀와 무사히 스파르타에 도착했고, 그들은 다시 왕과 왕후의 자리로 복귀해 오래도록 영화를 누렸다. 한편 그들은 딸 헤르미오네를 아킬레우스의 아들 네옵톨레모스와 결혼시켰다.

아가멤논과 오레스테스와 엘렉트라

그리스 군의 총지휘관이었던 아가멤논은 메넬라오스의 형이다. 그는 동생을 위해 복수전에 뛰어들었으나 동생처럼 행복하게 인생을 마감하지 못했다. 아가멤논의 아내 클리타임네스트라는 그가 집을 비운 사이 아이기스토스와 불륜을 저지르고 정부와 공모해 아가멤논이 귀환하는 날 그를 죽여 버렸다.

공모자들은 후환이 두려웠기 때문에 아가멤논의 아들 오레스테스도 죽일 계획이었다. 그러나 오레스테스의 누이인 엘렉트라는, 그를 포키스의 왕인 숙부 스트로피오스에게 비밀리에 보내 그의 생명을 구했다. 그 후 오레스테스는 스트로피오스의 궁전에서 왕자 필라데스와 함께 성장했다. (필라데스 왕자와 오레스테스의 우정은 유명하다.) 엘렉트라는 자주 동생에게 아버지의 원수를 갚으라고 했는데 오레스테스는 나중에 성장해 델포이의 신탁에 문의했고, 신탁은 그의 복수심을 공고히 하도록 했다.

오레스테스는 변장을 하고 아르고스에 가서 아이기스토스와 클리타임네스트라를 참살했다. 아무리 죄가 크다고 해도 자식이 어미를 죽인 패륜행위는 용서되지 않았다. 복수의 여신들인 에우메니데스는 오레스테스를 붙잡아, 이성을 잃게 한 뒤 각처를 유랑하도록 했다. 오레스테스의 절친한 친구 필라데스는 그 유랑의 동반자로 그를 돌보아 주었다.

두 친구는 복수의 여신들로부터 벗어나기 위해 모진 고생을 했으나 결코 그들의 손을 벗어날 수가 없었다. 그래서 마침내 오레스테스는 아테네에 있는 아테나에게 구원을 청했다. 여신은 그를 보호해 주었고, 아레오파고스의 법정에서 그의 운명을 재판하게 했다. 에우메니데스는 오레스테스의 행동을 규탄했고, 오레스테스는 자신의 행동은 델포이의 신탁에 따른 것이라고 항변했다. 그리고 재판 결과, 찬반의 수가 동일하게 나와 결국 오레스테스는 아테나의 명령에 의해 풀려나게 되었다.

제26장

오디세우스의 모험

오디세우스의 모험

로토파고스

트로이 전쟁에서 큰 공을 세운 오디세우스는 고국 이타케로의 귀환 길에 올랐다. 트로이를 출범한 일행은, 얼마 후 이스마로스라는 키콘 족이 살고 있는 항구 도시에 상륙했는데 그곳에서 주민들과 충돌이 일어 오디세우스는 한 배당 여섯 명씩의 부하를 잃었다. 그리고 다시 길을 떠난 그들은 폭풍우를 만나 9일간 표류한 끝에 로토파고스가 살고 있는 곳에 도착했다. 오디세우스는 우선 식수를 확보한 후에 부하 세 명을 보내 그곳이 어떤 곳인지 조사하게 했다. 로토파고스는 세 사람을 친절하게 맞아 주었고, 자신들의 식량인 연꽃과의 식물로 만든 음식을 대접했다. 그런데 그 음식은 조금만 먹어도 고향 생각을 잊게 만드는 마력을 가진 것으로 세 사람은 로토파고스의 나라에서 영원히 살고 싶어 했다. 이에 오디세우스는 세 사람을 강제로 끌고 올 수밖에 없었는데, 계속 그 땅에 남겠다고 우기는 탓에 그는 그들을 배에 묶어 둘 수밖에 없었다.

키클롭스

다음에 일행은 거인 족 키클롭스들이 사는 섬나라에 도착했다. 키클롭스라는 말은 '둥근 눈'이라는 뜻인데, 거인들은 눈이 하나밖에 없었으며, 그 눈은 이마 정 가운데 위치해 있었다. 그들은 양을 치며 동굴 속에서 살았고, 야생 식물과 양의 젖을 먹으며 살았다. 오디세우스는 배를 정박한 뒤에 부하 몇 명만을 배에 태우고 식량을 구하러 키클롭스의 섬으로 갔다. 그는 선물로 술을 한 병 가지고 갔는데 아무 기척도 없어 오디세우스는 동굴 안으로 들어갔다. 거기에는 아무도 없었으며, 토실토실 살이 오른 양들과, 치즈와 젖이 담겨 있는 그릇만이 질서 정연하게 놓여 있었다.

얼마 후 동굴 주인인 폴리페모스가 나뭇짐을 지고 돌아와 그것을 동굴 입구에 내려놓았다. 그런 다음 그는 어마어마하게 큰 바위를 가져와 동굴 입구를 막아 놓더니 거기에 앉아 양의 젖을 짜기 시작했다. 바위는 황소 수십 마리가 끌어도 움직이지 않을 것처럼 거대한 것이었다. 그러다 인기척을 느낀 그는 사방을 둘레둘레 바라보다 낯선 이방인을 발견했다. 그는 깜짝 놀라 큰소리로 "너희는 누구며 어디서 왔느냐?" 하고 물었다. 오디세우스는 아주 공손한 태도로 자신들은 그리스 인인데, 트로이를 정복하는 공을 세운 뒤 고국으로 돌아가는 중이라고 하며, 반갑게 맞아 달라고 간청했다. 그러나 폴리페모스는 아무런 대답도 하지 않고 무작정 오디세우스의 부하 두 명을 붙잡아 동굴 벽에 내던져 머리가 박살나게 했다. 그리고는 처참한 죽음을 당한 부하들의 시체를 맛있게 먹고는 동굴 바닥에 누워 잠이 들었다. 너무 놀란 오디세우스는 잠자코 기다리기만 했다. 그러다 잠든 그를 칼로 찔러 죽일까 생각했지만 그렇게 하면 동굴 입구를 막은 바위를 자신들의 힘으로는 절대 옮길 수가 없어 영원히 동굴 안에 갇히게 될 것이라는 생각이 들었다.

다음 날 아침, 거인은 또 오디세우스의 부하 두 사람을 잡아먹은 후 동굴 입구를 막고 있는 거대한 바위를 치우고 밖으로 나갔다. 그가 나간 뒤 오디세우스는 피살된 부하들의 원수를 갚고 남은 부하들과 도망갈 방법을 강구했다. 그는 부하들로 하여금 큰 나무 막대기를 준비하도록 했는데 그것은 키클롭스가 지팡이를 만들기 위해 베어 온 것이었다. 그들은 막대기 끝을 뾰족하게 깎은 뒤 불에 잘 말려 숨겨놓고 거인이 돌아오기만을 기다렸다. 저녁때가 되자 키클롭스가 돌아왔다. 거인은 전날과 같이 우유를 짠 뒤 바위로 동굴 입구를 막고 오디세우스의 부하 두 명을 잡아먹었다.

오디세우스는 키클롭스에게 접근해 술을 한 잔 따라 주면서 말했다.

"키클롭스여, 이것은 술입니다. 인간의 고기를 먹은 뒤에 마시면 맛이 아주 좋으니 드십시오."

키클롭스는 맛이 좋다며 더 달라고 했다. 오디세우스가 더 따라 주니 그는 "내 은총을 베풀어 너를 제일 나중에 잡아먹겠다."고 했다. 저녁 식사가 끝나자, 거인은 바로 잠이 들었다. 오디세우스는 부하들과 함께 숨겨 두었던 막대기를 꺼내 불에 달군 후에 그것을 거인의 애꾸눈을 향해 겨눴다. 불에 달군 막대기는 정확히 거인의 하나밖에 없는 눈에 박혔고, 거인의 비명이 동굴 안을 채웠다. 거인은 고통에 몸부림치며 오디세우스 일행을 찾기 위해 몸부림쳤으나 장님이 된 거인은 누구도 찾지 못했다. 오디세우스는 부하들과 함께 재빨리 몸을 피해 동굴 한쪽 구석에 숨어 날이 새기만을 기다렸다. 다음 날 아침 눈이 먼 키클롭스는 양 떼를 몰고 나가기 위해 바위를 치웠다. 거인은 오디세우스 일행이 양떼들 틈에 섞여 도망갈까 양떼를 손으로 더듬어 내보냈으나 눈이 먼 그를 속이는 일은 식은 죽 먹기였다. 오디세우스는 무사히 탈출에 성공했다. 그는 양떼까지 훔쳐 배에 싣고 떠나며 부르짖었다.

"키클롭스야, 신들이 네 잔악한 행위

를 심판할 날이 올 것이다. 네가 앞을 못 보게 된 것은 모두 이 오디세우스의 소행인 줄 알아라!"

그러자 키클롭스는 산등성이에서 튀어나온 바위를 잡더니, 그것을 그대로 들어올려 공중으로 힘껏 던졌다. 거대한 바위가 해안을 덮쳐 오디세우스 일행은 하마터면 침몰할 뻔했으나 다행히 아슬아슬한 간격으로 피해 살아날 수 있었다. 이에 오디세우스는 안전한 거리에 다다라 다시 거인을 화나게 했고, 거인은 그에게 저주의 말을 퍼부었다.

그 다음에 오디세우스는 아이올로스 섬에 도착했다. 제우스는 아이올로스 섬의 왕에게 바람의 지배권을 주었기 때문에 그 섬의 왕은 바람을 마음대로 조종할 수 있었다. 왕은 오디세우스가 도착하자 친절히 접대하고 떠날 때는 순풍에게 그들을 고국으로 인도할 것을 명령했다. 그리고 왕은 위험한 바람이 방해하지 않도록 자루 속에 위험한 바람을 가두었다며 오디세우스에게 고국에 무사히 도착하면 그것을 풀어 주라고 했다. 오디세우스 일행은 9일간 순풍에 돛을 달고 질주했다. 항해하는 내내 오디세우스는 자지 않고 계속 키 옆을 지키고 있었는데 그만 피로에 지쳐 깜박 잠이 들고 말았다.

그런데 그가 잠든 사이에 선원들은 그 신비스런 자루에 대해 이야기를 나누었다. 그들은 자루 속에 아이올로스 왕이 오디세우스에게 선물한 진귀한 보물이 들어있을 것이라며,

그것을 풀어 보자고 했다. 이에 선원들은 자루의 끈을 풀었는데 그러자마자 사나운 바람이 튀어나와 그들의 배를 아이올로스 섬으로 돌려보냈다. 아이올로스는 다시 도착한 그들의 배를 보고는 혀를 차며, 어리석음을 꾸짖었다. 그리고 다시 도와 달라는 오디세우스 일행의 청을 한마디로 거절했다. 할 수 없이 그들은 다시 힘겨운 항해를 시작하게 되었다.

라이스트리곤

오디세우스 일행의 다음 모험은 라이스트리곤이라는 야만족을 상대로 한 것이었다. 그들은 섬의 풍경에 매혹되어 배들을 모두 섬의 해안에 정박하고 안으로 들어갔다. 오직 오디세우스만 배를 바다 가운데 정박해 놓았다.

라이스트리곤들은 오디세우스 일행이 배를 해안에 정박하기를 기다렸다 그들이 섬으로 들어오자 무차별 공격을 하기 시작했다. 배를 부수고 전복시킨 뒤 선원들을 창으로 공격했다. 결국 바다 가운데 정박해 있던 오디세우스의 배만 무사하고 다른 모든 배와 선원들은 전멸했다. 오디세우스는 도망치는 방법 외에는 별도리가 없다고 판단하고, 부하들을 격려해 힘껏 노를 저어 그 섬을 탈출했다.

오디세우스는 동료들을 잃은 슬픔과 그래도 자신은 무사히 도망쳤다는 안도감에 혼란스러워하니 항해를 계속해 마침내 태양의 딸 키르케가 살고 있는 아이아이에 섬에 도착했다. 섬에 도착한 오디세우스는 작은 언덕에 올라가 사방을 둘러보았다. 사람의 흔적을 발견할 수 없었으나 오직 섬 중심부의 한 곳에 궁이 있는 것을 보았다. 그래서 그는 에우릴로코스의 인솔 하에 선원의 반을 파견해 분위기를 살피도록 했다. 궁 가까이에 전급한 파견대는 사자와 늑대들에게 둘러싸였다. 하지만 짐승들은 사납지 않았는데 유능한 마술사 키르케의 마술에 의해 길들여져 있었기 때문이었다. 궁에서는 부드러운 음악 소리와 여자의 아름다운 노랫소리가 들려 왔다. 에우릴로코스가 큰 소리로 부르니, 여신이 나와 그들을 맞아들였다. 파견대는 즐거운 마음으로 안으로 들어갔으나, 에우릴로코스만은 무슨 위험이 도사리고 있을까 염려되어 들어가지 않았다. 여신은 파견대를 별실로 안내해 술과 음식을 대접했다. 진수성찬을 대접 받은 일행이 실컷 먹고 마시고 있을 때 키르케가 마법의 지팡이를 들었다. 그러자 그들은 모두 돼지로 변해 버리고 말았다. 몸은 돼지로 변했으나 그들의 정신만은 인간의 그것과 다름없었다. 키르케는 돼지들을 우리 속에 가두고 먹이를 주었다.

밖에서 이를 지켜보던 에우릴로코스는 급히 배가 있는 곳으로 가서 오디세우스에게 사정 이야기를 했다. 이에 오디세우스는 어떻게든 동료들을 구출하리라 결심했다. 다른 부하는 오지 못하게 한 뒤 오디세우스는 혼자서 키르케를 찾아갔다. 가는 길에 그는 한 젊은이를 만났는데 그 젊은이는 자신을 헤르메스라고 소개했다. 그는 오디세우스에게 키르케의 마술이 위험하니 그녀에게 접근하지 않는 것이 좋겠다고 말했다. 하지만 오디세우스는 동료들을 구해야 한다며 포기하지 않았다. 이에 헤르메스는 몰리라고 하는 마술에 대항하는 강력한 힘을 지닌 약초를 그에게 주고 용법을 가르쳐 주었다. 오디세우스는 고마움을 표현한 뒤 계속 길을 갔다. 마침내 키르케의 궁에 도착하자 그녀는 오디세우스의 동료들에게 한 것과 같이 그에게 맛있는 음식을 대접했다. 그리고 식사가 끝나자 마법의 지팡이를 꺼내 들었다.

"자, 돼지우리로 가서 네 동료들과 뒹굴고 있거라."

하지만 오디세우스는 약초의 도움으로 마법에 빠지지 않고 칼을 빼들어 그녀에게 달려들었다. 그녀는 무릎을 꿇고 용서를 빌었다. 오디세우스는 그녀에게, 자기의 동료들을 풀어 주고 다시는 마술을 걸지 않겠다는 서약을 하라고 명령했다. 이에 그녀는 서약을 하고 그들을 원래의 모습으로 돌려놓았다. 돼지로 변했던 사람과 다른 나머지 선원들, 그리고 오디세우스까지 그의 일행은 모두 키르케의 궁으로 와서 그녀의 환대를 받으며 먹고 마셨다. 날마다 이어지는 환대에 오디세우스는 그만 고향 생각을 잊고 그 생활에 안주하게 되었다. 이를 보다 못한 그의 동료들은 그에게 진심어린 충고를 했고, 이를 받아들인 오디세우스는 마침내 고국으로 돌아가기로 결심했다. 키르케는 그들의 출발을 도왔는데 세이렌들이 있는 해변을 무사히 통과하는 방법까지 알려 주었다. 세이렌은 바다의 요정인데, 그들의 노랫소리는 누구든 유혹해 스스로 바다에 빠져 죽게 만드는 힘이 있었다. 키르케는 그 유혹을 이겨 내려면 밀초로 귀를 막아 그들의 노래를 듣지 말아야 한다고 일러 주었다. 그리고 오디세우스에게는 선원들에게 그의 몸을 돛대에 결박하게 해서 세이렌의 섬을 통과하기 전까지는 절대 풀어 주지 않도록 하라고 당부했다.

오디세우스는 키르케의 말에 따랐다. 그는 부하들의 귀를 밀초로 막고 그들로 하여금 자신을 줄로 단단히 돛대에 붙잡아 매도록 했다. 그들의 배가 세이렌의 섬에 접근하자, 매혹적인 노랫소리가 들려 왔다. 그러자 오디세우스는 선원들에게 결박을 풀어 달라며 난동을 부렸다. 하지만 선원들은 결박하기 전 그의 지시대로 더욱 단단히 오디세우스를 묶었다. 그리고 그들은 항해를 계속했다. 노랫소리는 점점 잦아져서 마침내 들리지 않게 되었다. 그제야 오디세우스는 선원들에게 밀초를 귀에서 빼라고 신호를 보냈고, 자신도 풀려났다.

스킬라와 카리브디스

오디세우스는 키르케로부터 스킬라와 카리브디스라는 괴물을 경계하라는 주의를 받았다. 앞서 '글라우코스와 스킬라' 편(96쪽)에서 스킬라가 원래는 아름다운 처녀였는데 키르케에 의해 괴물로 변했다는 이야기를 한 바 있다.

스킬라는 절벽 위의 동굴에서 살며, 여섯 개의 머리가 달린 긴 목을 이용해 그곳을 지나는 배의 선원들을 잡아먹으며 살았다. 카리브디스는 해변 가까이 살고 있는 소용돌이 괴물로 매일 세 번씩 무시무시한 기세로 덮쳐 누구도 그것을 피할 수 없었다. 포세이돈일지라도 거기서 빠져 나오지 못했다.

이 무서운 괴물들이 출몰하는 장소에 접근하자, 오디세우스는 엄중한 감시를 했다. 하지만 카리브디스는 우레와 같은 소리가 나서 멀리서도 경계할 수 있었으나 스킬라는 도대체 어디에 있는지 알 수가 없었다. 오디세우스와 그의 부하들이 불안한 눈으로 그 무서운 소용돌이를 감시하고 있을 때, 스킬라는 조용히 그들의 틈으로 파고 들어와 여섯 개의 머리가 여섯 사람을 잡아채 갔다. 그것은 오디세우스가 본 광경 중 가장 처참한 것이었다. 동료들의 희생을 보고도 그들은 아무 것도 할 수 없었다.

여섯 명의 희생을 치른 후 그들은 계속 길을 떠났다. 그들이 다음에 도착한 곳은 트리나키아라는 섬이었다. 그곳에서는 태양신 히페리온의 두 딸인 람페티아와 파에투사가 히페리온의 가축을 사육하고 있었다. 키르케는 오디세우스에게 또 다른 위험에 대해서도 경고했는데 바로 이 가축 떼를 침범해서는 안 된다는 것이었다. 그녀는 누구든 이 금령을 위반하면 위반자에게 파멸이 내려질 것이라고 했다.

오디세우스는 태양신의 섬에 들르지 않고 통과하려고 했지만 하루만 쉬어가자는 부하들의 청에 할 수 없이 배를 해안에 정박했다. 단, 부하들에게 절대 양이나 다른 가축들에 손을 대어서는 안 된다고 당부했다. 이에 부하들은 그 말을 따랐다. 하지만 역풍으로 섬에 지체하는 시간이 한 달이니 길어지자 식량이 바닥나게 되었다. 굶주림에 견디다 못한 선원들은 무엇이든 잡아먹지 않으면 안 되었다. 결국 그들은 오디세우스의 눈을 피해 가축 몇 마리를 잡아다 배를 채우기로 했다. 선원들이 짐승의 가죽을 벗기고 고기를 굽고 있을 때 오디세우스가 돌아왔고, 그는 공포에 떨었다. 뒤이어 일어날 불길한 징조 때문에 더욱 그러했다. 짐승의 가죽이 땅 위를 기어 다니고, 꼬챙이에 끼워진 고깃점은 우는 소리를 냈다.

이윽고 순풍이 불어 그들은 서둘러 섬에서 빠져 나갔다. 그러나 갑자기 폭풍우가 일고 천둥이 치기 시작했다. 낙뢰가 돛대를 부수어 넘어뜨리는 바람에 키잡이가 깔려 죽었고, 결국 배는 산산조각 났다. 오디세우스는 뗏목을 만들어 간신히 몸을 의지했다. 다른 선원들은 모두 처참한 죽음을 당했고, 뗏목에 의지한 오디세우스는 파도에 쓸려 칼립소의 섬에 도착했다.

칼립소

칼립소는 바다의 요정으로 신분이 낮기는 하지만 신의 속성을 가지고 있는 여신들을 의미한다. 칼립소는 오디세우스를 따뜻이 맞아들여 환대했다. 그리고 오래지 않아 그를 사랑하게 되었고, 그에게 영원한 생명을 주어 언제까지나 자신의 곁에서 떠나지 못하도록 만들었다.

그러나 오디세우스는 고국으로 돌아가려는 결심을 버리지 않았다. 칼립소는 마침내 그를 돌려보내라는 제우스의 명령을 받게 되었는데 헤르메스가 제우스의 명령을 가지고 왔을 때 그녀는 바위굴 속에 있었다. 칼립소는 마지못해 제우스의 명령에 따랐다. 그녀는 뗏목을 만든 뒤 충분한 식량을 실어 오디세우스에게 주며 순풍도 보내 주었다. 오디세우스의 항해는 순조로웠다. 그러나 육지 가까이에 이르러 정박하려고 할 때 갑자기 폭풍우가 일어 뗏목이 부서질 위기에 처했다. 그가 파도에 휩쓸릴 위기에 처하자 그의 모습을 애처롭게 보고 있던 한 요정이 가마우지 모습으로 변신해 그에게 띠를 하나 떨어뜨려 주었다. 요정은 그에게 그것을 가슴에 매면 가라앉지 않고 육지까지 무사히 헤엄쳐 갈 수 있을 것이라고 말했다.

제27장

파이아케스 인 구혼자들의 최후

파이아케스 인

오디세우스는 요정의 말에 따라 띠를 가슴에 매고 그것에 의지했다. 아테나는 그의 진로를 가로막는 성난 파도를 가라앉히고, 바람을 보내어 파도가 해안으로 흘러가게 했다. 마침내 오디세우스는 육지에 다다르게 되었고, 살았다는 기쁨에 대지에 입을 맞추었다. 그러나 앞으로 어떻게 하면 좋을지 난감했다. 그는 조금 떨어진 곳에 숲이 있는 것을 보고 그곳으로 갔다. 그곳에서 햇빛과 비를 피할 수 있는 은신처를 발견한 그는 나뭇잎을 모아 침대를 만들고 그 위에 누워 휴식을 취했다.

오디세우스가 도착한 곳은 파이아케스 사람들의 나라인 스케리아였다. 이 파이아케스 인들은 원래 키클롭스 족 근처에 살았으나 야만족에 밀려나 나우시토스라는 왕의 지휘 하에 스케리아 섬으로 이주했다. 호메로스에 따르면, 그들은 신들과 혈연관계가 있는 종족으로 그들이 신들에게 제물을 헌납하면 신들이 직접 나타나 향연을 같이 한다고 했다. 파이아케스 인들은 풍부한 부를 갖고 고요히 살고 있었다. 그들은 이득을 추구하는 사람들과 멀리 떨어져 있었기 때문에 누구도 그들 가까이에 접근하지 않았다. 따라서 그들은 전쟁에 대비할 이유가 없었으며, 그래서 활과 화살통 따위는 필요치 않았다. 그들의 주된 일은 항해였다. 그들의 배는 새가 날 때와 같은 속도를 유지했고, 지능도 부여돼 배 스스로 항해할 수 있었다. 나우시토스의 아들 알키노스가 당시 그들의 왕이었는데, 그는 현명하고 공정한 군주로서 백성들의 깊은 사랑을 받고 있었다.

오디세우스가 파이아케스 인의 섬에 도착한 날, 알키노스의 딸 나우시카는 아테나가 보낸 꿈을 꾸었다. 꿈은 그녀의 결혼 날이 멀지 않았다며 전 가족의 옷을 세탁해 두는 것이 좋을 거라고 했다. 하지만 옷을 세탁하는 것은 쉽지 않은 일이었다. 샘이 멀리 떨어져 있어 옷을 그리로 운반하지 않으면 안 되었기 때문이었다. 잠이 깨자 공주는 급히 아버지에게로 갔다. 결혼에 관해 언급하지 않고 그녀는 적당한 이유를 들어 세탁을 해야 한다고 말했다. 이에 왕은 흔쾌히 승낙하고 하인들에게 마차를 준비하게 했다. 세탁할 옷들이 마차에 실리고, 그녀의 어머니는 식량과 술도 마차에 싣도록 했다. 공주는 마차에 앉고, 시녀들은 그 뒤를 따라 걸었다. 샘에 도착한 공주 일행은 노새들을 풀어 풀을 뜯어 먹게 하고, 세탁물을 내려 빨래를 했다. 세탁한 옷을 널어둔 그들은 함께 목욕을 한 후에 식사를 하고 공놀이를 하며 즐거운 시간을 보냈다. 이윽고 옷이 말라 마차에 싣고 돌아갈 채비를 하는데 아테나는 공주의 공을 물속에 빠뜨렸다. 그 바람에 모두 소리를 지르자 잠을 자고 있던 오디세우스가 놀라서 깼다.

오디세우스는 그녀들 앞에 나설 몰골이 아니었지만 용기를 내어 밖으로 나갔다. 처녀들은 난파당한 선원의 모습인 오디세우스를 보자 놀라서 도망가기 바빴다. 하지만 나우시카만은 예외였는데 아테나가 그녀에게 용기와 분별력을 부여했기 때문이었다. 오디세우스는 공손한 태도로 자신의 딱한 사정을 설명하고 도움을 구했다. 그러자 공주는 바로 도와주겠다고 했으며, 자신의 아버지에게 말하면 아버지도 분명히 도움을 주실 거라고 말했다. 그녀는 도망한 시녀들을 불러서 침착성이 없음을 꾸짖고, 파이아케스 인은 두려워할 적이 없다는 사실을 그들에게 일러 주었다.

그녀는 시녀들에게 시켜 그에게 옷과 먹을 것을 주도록 했다. 그러자 오디세우스는 이내 훌륭한 모습으로 변해 그녀를 감탄하게 했다. 공주는 그의 모습을 보고 감탄하며, 시녀들에게 그와 같은 남편을 보내 주도록 신에게 기원했노라고 당당히 말했다. 그녀는 오디세우스에게 시내로 같이 가기를 권했는데, 시내에 도착하기 전까지는 자신들을 따라와도 좋지만 시내에 도착해서는 멀리 떨어져서 오라고 했다. 쓸데없는 오해로 구설수에 오를까 두려웠던 까닭이었다.

그녀의 말대로 시내에 도착할 즈음 일행과 떨어진 오디세우스는 혼자서 궁까지 가야 했다. 마침 근처를 지나던 한 처녀에게 궁까지 안내해 달라고 부탁했는데 그 여인은 다름 아닌 아테나였다. 그래서 오디세우스는 여신의 도움으로 무사히 궁에 도착할 수 있었다.

궁에 도착한 오디세우스는 궁전의 화려함에 놀라움을 금치 못했다. 그는 뜰 앞에서 주변을 이리저리 살폈다. 놋쇠로 된 벽은 입구로부터 집 안까지 이어져 있었고, 문은 황금으로, 문기둥은 은으로 장식되어 있었다. 문의 양편에는 금과 은으로 된 조각상이 있었고, 벽을 따라 의자가 놓여 있었는데 그 위에는 훌륭한 직물이 덮여 있었다. 또 금으로 만든 우아한 청년 조각상들이 손에 횃불을 들어 장내를 밝히고 있었으며 수십 명의 하녀들이 집안일에 몰두하고 있었다. 궁 밖에는 4에이커나 되는 넓은 과수원이 있었는데 석류, 배, 사과, 무화과, 올리브 등이 주렁주렁 열려 있었다. 오디세우스는 감탄하면서 주변을 살폈는데 그의 모습은 아테나가 펼쳐 놓은 구름으로 인해 다른 사람들에게는 보이지 않았다. 이윽고 그는 궁 안으로 들어갔는데 족장과 원로들이 모여서 헤르메스에게 제주(祭酒)를 따르고 있었다. 이에 오디세우스는 왕과 왕비가 앉아 있는 곳으로 나아가 무릎을 꿇고 고국으로 돌아갈 수 있도록 은혜를 베풀어 달라고 했다. 그러고 나서 탄원자의 예절에 따라 난롯가에 가서 앉았다.

잠시 동안 침묵이 흘렀고 마침내 얼마 후 한 원로가 입을 열었다.

"우리의 도움을 바라는 길손을 환영하지 않고 탄원자처럼 기다리게 하는 것은 예의가 아닙니다. 그를 우리들 사이에 앉게 하고 음식

을 대접하십시오."

이에 왕은 오디세우스에게 악수를 청한 뒤 옆에 앉게 했다. 그리고 식사를 대접한 후에 원로들을 물러가게 하고 다음날 회의를 소집하겠다고 했다.

모두들 물러간 뒤 왕비는 오디세우스의 옷을 보고는 누구이며, 어디서 왔으며, 그 옷은 어떻게 구한 것이냐고 물었다. 오디세우스는 왕비의 물음에 자신은 칼립소의 섬에서 왔으며 우연히 공주의 도움을 받았다고 이야기했다. 왕과 왕비는 그의 말을 신중히 듣더니 그에게 돌아갈 배를 준비해 주겠다고 약속했다.

이튿날 회의가 열렸고 왕은 오디세우스와의 약속을 이행했다. 바로 배가 준비되었고, 노를 저을 건장한 선원들이 선발되었다. 출항하기 전 연회가 열렸는데 왕은 선발된 선원들에게 손님을 위해 운동하는 모습을 보여 주는 것이 어떻겠냐고 제의했다. 이에 경주, 레슬링 등 여러 경기가 벌어졌다. 왕은 선원들의 순서가 끝나자 오디세우스에게 무엇이든 한번 보여 달라고 했다. 오디세우스는 거절했으나 젊은 선원들이 조소를 보내자 감히 선원들은 들 수 없는 무거운 쇠고리를 들어 멀리 던졌다. 그러자 모두들 놀라서 오디세우스를 다시 보게 되었고, 그를 존경하는 마음으로 우러러보았다.

경기가 끝난 뒤에 한 전령관이 눈먼 음유 시인 데모도코스를 데리고 왔다. 데모도코스는 그리스 군이 트로이 성으로 침입할 때 사용한 거대한 목마를 소재로 택해 노래를 했다. 그의 노래는 당시의 전투 상황을 실감나게 그려 듣는 이들의 감탄을 자아내게 했다. 그러나 오디세우스만이 눈물을 흘려 사람들의 궁금증을 불러 일으켰다. 알키노스 왕은 노래가 끝나길 기다려 그에게 왜 슬퍼하느냐고 물었다. 이에 오디세우스는 자신의 본명을 말한 뒤 지금까지의 모험담을 숨김없이 말했다. 그의 이야기가 끝나자 파이아케스 인들의 동정과 감탄은 최고조에 달했다. 왕은 모든 족장들에게 그에게 선물을 할 것을 제안했고, 자신도 그렇게 했다.

이튿날, 오디세우스는 파이아케스 인의 배를 타고 출범해 고국인 이타카 섬에 무사히 도착했다. 배가 해변에 도달했을 때, 오디세우스가 잠들어 있자 선원들은 그를 깨우지 않고 선물 상자와 그만 남겨두고 그곳을 떠났다. 한편 포세이돈은 파이아케스 인이 오디세우스를 도와준 일에 분노해 그들의 배가 스케리아에 도착하는 순간, 배를 바위로 변하게 만들었다.

 구혼자들의 최후

20년간이나 이타카를 떠나 있었기 때문에 오디세우스는 잠이 깨고도 그곳이 어디인지 알지 못했다. 그러자 아테나 여신은 젊은 양치기의 모습으로 나타나 그가 없는 동안 궁에서 무슨 일들이 일어났는지 소상히 알려 주었다.

이타카와 인근 여러 섬의 귀족들은 오디세우스가 죽은 줄 알고 그의 아내인 페넬로페에게 구혼했으며, 그의 궁전과 국민을 마치 자기들의 소유처럼 부리고 있었다.

아테나는 오디세우스를 추한 거지의 모습으로 변하게 했는데 그래야만 그가 복수할 수 있었다. 거지로 변한 오디세우스는 그의 집 충복으로 돼지를 치는 에우마이오스로부터 친절한 접대를 받았다.

한편 오디세우스의 아들인 텔레마코스는 아버지를 찾으러 집을 나가 있다가 아테나로부터 집으로 돌아가라는 계시를 받았다. 고향으로 돌아온 텔레마코스는 궁으로 바로 가지 않고 에우마이오스의 집에 들렀다. 백 명이 넘는 구혼자들이 자신을 해치기 위해 호시탐탐 노리고 있다는 것을 잘 알고 있었기 때문이다. 그래서 텔레마코스는 어머니에게 자신의 귀가를 알리기 위해 에우마이오스를 보냈다.

에우마이오스가 떠난 뒤 아테나 여신은 오디세우스에게 나타나 아들에게 자신이 누구인지 알리라고 지시했다. 그리고 그녀의 말이 떨어짐과 동시에 오디세우스는 본래의 모습으로 돌아왔다. 텔레마코스는 오디세우스의 모습을 보고는 그가 신일 것이라고 생각했다. 그러나 오디세우스가 "내가 너의 아버지다."라고 말하자 텔레마코스는 아버지의 목을 끌어안고 눈물을 흘렸다.

재회의 기쁨을 나눈 부자는 구혼자들에게 복수할 방법을 상의했다. 일단, 텔레마코스는 궁으로 가서 구혼자들 사이에 섞여 있고, 오디세우스는 거지의 모습으로 가기로 했다. 고대에는 거지를 입담이 넘치는 길손으로 대해, 고관들이 있는 궁전에도 입실이 허용되어 손님(물론 모욕을 당하는 일도 있었지만)으로서 대접받는 일이 종종 있었다. 오디세우스는 아들에게 자기가 어떠한 모욕을 당해도 그저 보고만 있으라고 당부한 뒤 길을 떠났다.

궁에 도착하니 여전히 구혼자들이 진을 치고 있었다. 그들은 텔레마코스를 보고는 자신들의 계획이 실패했음을 원통해 했으나 겉으로는 그를 반기는 척했다. 늙은 거지에게도 입실이 허용되어 음식이 제공되었다. 오디세우스가 궁전으로 들어갔을 때, 늙어서 거의 죽을 지경에 있던 개 한 마리가 낯선 손님을 보고는 귀를 세우며 머리를 들었다. 그 개는 오디세우스가 사냥할 때면 늘 데리고 다니던 아르고스라는 이름의 개였다. 한참 동안 보지 못했던 오디세우스가 나타나자 아르고스는 반가운 듯 꼬리를 쳤다. 하지만 기운이 없는지 일어나지 못하고 그저 바라만 볼 뿐이었다. 이 모습을 본 오디세우스는 남몰래 눈물을 흘렸다. 그러자 늙은 개는 마침내 눈을 감고 자유로운 영혼이 되었다.

오디세우스가 자리에 앉아 음식을 먹고 있을 때, 구혼자들은 그를 비웃기 시작했다. 이에 오디세우스가 항의하자 한 사람이 의자를 집어 들어 그에게 던졌다. 이 모습을 본 텔레마코스는 분노를 금할 수 없었으나, 아버지의 당부를 떠올리고 죽을힘을 다해 참았다.

페넬로페는 구혼자들의 청혼을 더 이상 거절할 수 없었다. 마땅한 구실도 없었고, 남편도 이제 영영 돌아오지 않을 것 같았기 때문이었다. 그녀는 아들의 의견을 받아들여, 구혼자들의 재능을 시험해 선택하기로 했다. 시험은 활쏘기였다. 열두 개의 고리가 일렬로 배열되었고, 열두 개 전부를 관통한 사람을 선택하기로 했다. 화살이 가득 찬 화살통이 준비되었는데 활은 전에 오디세우스기 힌 친구로부터 선물 받은 것이었다.

텔레마코스가 활시위가 제대로 당겨지는지 시험하기 위해 먼저 나섰으나 활은 꿈쩍도 하지 않았다. 그래서 텔레마코스는 자신의 힘이 나약함을 고백하고 다른 청혼자들에게 넘겼다. 그러나 그 사람도 역시 성공하지 못했다. 그는 동료들의 조롱 속에서 손을 뗐다. 이

어 다른 사람이 시도했으나 번번이 실패했다. 마침내 오디세우스가 자기에게도 기회를 달라고 겸손히 말했다.

"전 거지입니다만 전에는 무사였습니다. 미천하지만 제가 한번 해볼 수 있도록 기회를 주십시오."

구혼자들은 조소하고 소리치며, 저런 천한 자는 내쫓아야 된다고 했다. 그러나 텔레마코스가 큰 소리로 한 번 해보라고 명령했다. 오디세우스는 활을 잡고 훌륭한 무사의 솜씨로 줄을 당겨 고리를 관통시켰다. 구혼자들에게 감탄할 틈도 주지 않고 그는 재빨리 활시위를 돌려, 그들 중 가장 무례한 자에게 쏘았다. 화살은 그의 목구멍을 관통했다. 텔레마코스와 에우마이오스와 그 밖에 충복들은 단단히 무장을 하고 오디세우스의 곁으로 뛰어갔다. 구혼자들은 놀라 주위를 돌아보고 무기를 찾았으나 아무 것도 없었다. 시합을 하기 전에 텔레마코스가 혹시 결과에 승복하지 못해 싸움이 일어날지 모르니 무기를 모두 숨겨 두자고 했기 때문이었다. 구혼자들은 문을 지키고 있는 에우마이오스 때문에 도망갈 수도 없었다. 마침내 오디세우스는 자신의 정체를 밝혔다. 그는 그동안 구혼자들이 저지른 무례와 악행을 비난하며 그들에게 철저히 복수하겠다고 엄포를 놓았다. 그리고 마침내 모든 구혼자들을 처치한 뒤 다시 궁의 주인인 왕으로 살게 되었다.

제28장

아이네이아스의 모험

 아이네이아스의 모험

지금까지는 그리스 영웅 중 오디세우스가 트로이로부터 고향으로 돌아오기까지의 모험을 살펴보았다. 앞으로는 정복당한 트로이 생존자들의 운명을 파헤쳐 보기로 하자.

거대한 목마가 무사들을 토해 내어 트로이가 불바다가 되던 운명의 밤에, 아이네이아스는 늙은 아버지와 아내, 어린 아들을 데리고 도망했다. 아이네이아스의 아버지 앙키세스는 늙어서 빨리 걸을 수 없었기 때문에 아이네이아스는 아버지를 업고 갔는데 그러는 와중에 아내와 헤어지게 되었다.

마침내 예정된 장소에 도착하니 이미 거기에는 수많은 피난민들이 모여 있었고, 그들은 아이네이아스의 지휘에 따랐다. 몇 개월의 항해 준비를 마친 후, 그들은 출범했다. 그들은 처음에 가까운 트라키아의 해안에 도착해 그곳에 도시를 건설할 준비를 했다. 그러나 이상한 일이 일어났다. 아이네이아스가 제물을 바치려고 숲에서 나뭇가지를 꺾었는데 놀랍게도 꺾은 자리에서 피가 흘러내리더니 땅 속으로부터 목소리가 들려 왔다.

"살려 주시오, 아이네이아스! 나는 당신의 친척인 폴리도로스요. 나는 여기서 많은 화살을 맞고 죽었는데 그때 나를 관통한 화살들이 내 피를 양분으로 먹고 자라나 이렇게 숲이 되었다오."

아이네이아스는 트로이의 어린 왕자였던 폴리도로스를 떠올렸다. 그의 부친은 아들을 전쟁으로부터 멀리 떨어진 곳에서 키우기 위해 이웃 나라인 트라키아에 많은 재물과 함께 보냈다. 그러나 트라키아의 왕은 아이를 죽이고 그 재물을 빼앗았는데 바로 그곳이 폴리도로스가 죽은 땅이었던 것이다. 이에 아이네이아스와 동료들은 그 땅이 저주받은 곳임을 깨닫고 서둘러 떠났다.

다음에 그들은 델로스 섬에 상륙했다. 이 섬은 원래 물에 떠다니는 섬이었는데 제우스가 견고한 쇠사슬로 묶어 놓은 곳이었다. 아폴론과 아르테미스가 그 섬에서 태어났고, 그래서 섬은 아폴론에게 봉헌되었다.

아이네이아스가 아폴론의 신탁에 묻자 늘 그렇듯 애매모호한 답변이 내려졌다.

"너희들의 옛 어미를 찾아라. 그곳에서 아이네이아스의 종족은 살게 될 것이며, 다른 모든 국민을 그 지배 하에 두게 될지어다."

트로이인들은 대답을 듣고 기뻐했다.

"신탁이 뜻하는 곳은 어딜까?"

앙키세스는 자신들의 조상이 크레타로부터 왔다는 전설을 떠올렸고, 그래서 그들은 그곳으로 향하기로 했다. 크레타에 도착한 그들은 곧 도시를 건설하기 시작했다. 그러나 갑자기 그들 사이에 병이 돌았고, 애써 일구어 놓은 밭에서는 한 톨의 곡식도 나지 않았다. 이렇게 암담한 때 아이네이아스는 꿈을 꾸었는데 그 꿈에서 이르기를, 그곳을 떠나서 헤스페리아라는 서쪽 나라를 찾아가라는 것이었다. 헤스페리아는 트로이 민족의 진정한 조상인 다르다노스가 처음 이주해 온 곳이었다. 그래서 그들은 오늘날 이탈리아라고 불리고 있는 헤스페리아를 향해 떠났다. 하지만 그들은 좀처럼 헤스페리아에 도착하지 못했는데 지금 같으면 세계를 대여섯 바퀴 돌고도 남을 시간 동안 바다를 항해하며 끝없는 모험을 해야만 했다.

하르피아이

크레타를 떠난 그들이 처음 상륙한 곳은 하르피아이들이 살고 있는 섬이었다. 하르피아이는 목은 여자이고 긴 발톱을 갖고 있으며, 굶주림으로 항상 창백한 얼굴을 하고 있는 혐오스러운 새였다. 이 새들은 옛날에 제우스가 잔인한 소행에 대한 벌로서 눈을 멀게 한 피네우스라는 자를 괴롭히기 위해 신들이 파견한 새였다. 피네우스가 음식을 먹으려고 하면 언제나 공중으로부터 하르피아이가 날아와 그것을 가로채 갔다.

배가 해안으로 들어갔을 때, 트로이 인들은 짐승들이 들판을 배회하고 있는 것을 보았다. 그래서 그들은 짐승을 잡아 잔치를 할 준비를 했다. 그러나 식탁에 앉자마자, 갑자기 무섭고도 요란한 소리가 공중으로부터 들려 왔다. 추악한 하르피아이 떼들이 그들을 향해 내려와, 발톱으로 접시에 있는 고기를 낚아채 날아가려고 했다. 이에 아이네이아스와 그의 동료들은 칼을 빼들고, 휘둘렀으나 아무 소용이 없었다. 새들은 너무 빨랐고, 날개가 돌덩이 같이 딱딱해 아무리 칼을 휘둘러도 소용이 없었던 것이다.

새들 중 한 마리가 절벽 위에 앉아 부르짖었다.

"트로이 놈들아, 죄 없는 우리들에게 왜 이런 짓을 하느냐? 아무 이유도 없이 우리의 짐승을 도살하더니 이번에는 우리에게 싸움까지 거느냐?"

그런 뒤 그 새는 그들의 앞길에 무서운 재난이 있을 것을 예언하고 욕을 퍼부은 뒤 날아갔다. 트로이 인들은 서둘러 그곳을 떠났다.

그들은 에페이로스 해안을 따라 항해하다 그곳에 정박했다. 그런데 놀랍게도 전에 그곳에 포로로 끌려온 트로이 인들이 그 지방의 지배자가 되어 있었다. 헥토르의 미망인인 안드로마케가 그 나라의 왕과 결혼해 이들을 낳았고, 남편이 죽은 뒤 후견인으로 나라를 섭정하다 같이 포로로 끌려온 트로이의 왕족 헬레노스와 결혼한 것이었다.

헬레노스와 안드로마케는 아이네이아스 일행을 반갑게 맞아 환대하고 출발할 때는 많은 선물을 주어 떠나보냈다.

다음에 아이네이아스의 일행은 시칠리아의 해안을 따라 항해하다, 키클롭스의 나라를 통과했다. 그때 초라하고 남루한 옷을 입은 자가 그들을 불렀는데, 모습으로 보아 그가 그리스 인이라는 것을 알 수 있었다. 그는 자신은 오디세우스의 일행이었는데 오디세우스가 급히 떠나는 바람에 홀로 남게 되었다고 말한 뒤, 키클롭스들의 위협을 받고 있으니 같이 데리고 가 달라고 간청했다. 그런데 그가 말하는 사이에 폴리페모스가 나타났다. 그 괴물은 큰 몸집에 보기 흉했으며, 하나 있는 눈마저 멀어 있었다. 그 괴물은 지팡이로 길을 더듬으며 조심스럽게 바닷가로 내려왔다. 그리고 그들이 있는 방향으로 걸어왔다. 괴물은 바닷물에 몸을 씻으려고 한 것뿐인데 트로이 인들은 겁을 집어먹고 노를 저어 달아나려고 했다. 하지만 그 소리에 폴리페모스가 놀라 있는 힘껏 동료들을 불렀다. 그러자 여기저기서 폴리페모스들이 튀어나왔고, 트로이 인들은 정신없이 노를 저어 그들을 피해 달아났다.

아이네이아스는 헬레노스로부터 스킬라와 카리브디스라는 괴물에 대해서도 이야기를 들었다. 그 괴물들은 오디세우스 일행을 공격한 적이 있는데 아이네이아스는 헬레노스의 충고에 따라 그들이 살고 있는 위험한 해협을 피해 시칠리아 섬의 해안을 따라 항해했다.

헤라는 트로이 인들이 순조롭게 항해하는 것을 보고 그들에 대한 원한이 다시 샘솟는 것을 느꼈다. 그녀는 파리스가 자신의 아름다움을 무시하고 황금 사과를 다른 이에게 준 일을 잊을 수가 없었던 것이다. 그래서 그녀는 급히 바람의 지배자인 아이올로스에게 갔다. 아이올로스는 전에 오디세우스에게 순풍을 주고 역풍은 자루 속에 묶어 둔 신으로 그는 여신의 명령에 따라 자기의 아들인 보레아스(북풍)와 티폰(대풍) 그리고 다른 바람들을 보내 풍랑을 일으키게 했다. 트로이 인들은 무서운 폭풍으로 예정된 진로를 벗어나 아프리카의 해안으로 떠밀려갔다. 배들은 난파할 위험에 처했고, 서로 흩어져 아이네이아스는 다른 배들이 모두 침몰한 줄로 알았다.

이때 포세이돈이 폭풍의 포효하는 소리를 듣고, 파도 위로 머리를 내밀었다. 그러자 폭풍에 떠밀려 가는 아이네이아스의 선단이 보였다. 그는 동생인 헤라가 트로이 인들에게 적의를 품고 있다는 것을 알았으므로 이내 상황을 짐작했다. 그러나 자신의 영역을 침범 당한 데 따른 노여움은 쉽게 가시지 않았다. 그는 바람들을 불러 엄하게 꾸짖고 나서 돌려보냈다. 그러고는 파도를 가라앉히고, 구름을 몰아내 태양을 보이게 했다. 또 암초에 걸려 꼼짝도 못하는 배들 중 몇 척은 자신의 삼지창으로 움직이게 해주었다. 트리톤과 바다의 요정도 다른 배들을 도와주었다. 트로이 인들은 바다가 평온해지자 제일 가까운 카르타고의 해안으로 갔다. 아이네이아스는 배들이 많이 부서지기는 했으나 모두들 무사한 것을 보고는 크게 기뻐했다.

디도

트로이 인들이 상륙한 카르타고는 시칠리아 반대편에 있는 아프리카 해안의 도시였다. 당시 카르타고의 여왕 디도는 티로스 인의 이민정책으로 나라의 기틀을 새롭게 다지고 있었다.(후에 로마의 적이 될 나라이다.) 디도는 티로스의 왕 벨로스의 딸이자 부왕의 왕위를 계승한 피그말리온의 누이동생이었다. 그녀의 남편 시카이오스는 엄청난 재산가였는데, 피그말리온은 그의 재산에 눈이 어두워 시카이오스를 죽였다. 그래서 디도는 남편의 재산을 모두 챙겨 티로스에서 탈출하게 되었다. 정착을 계획한 땅에 도착한 디도 일행은 그곳 주민들에게 황소 가죽으로 둘러쌀 수 있을 정도의 토지로 만족하니 은혜를 베풀어 달라고 부탁했다. 주민들이 흔쾌히 승낙하자 디도는 황소 가죽을 벗겨 그것으로 긴 끈을 만들어 토지를 둘러싼 뒤 그곳에 성을 만들었다. 그리고 성 주위에 카르타고 시가 생겨났고, 얼마 후 크게 번영하게 되었다.

아이네이아스 일행을 반갑게 맞은 디도는 유랑민들을 친절히 대접했다.

"나 또한 고생을 많이 했기 때문에 불행한 사람들을 도울 줄 알게 되었습니다."

여왕은 그들을 환대하기 위해 축제를 열고, 힘과 기술을 겨루는 경기를 개최했다. 아이네이아스의 일행도 여왕의 신하들과 대등한 조건으로 경기에 임해 승리의 상징인 종려나무 잎을 얻으려고 다투었다. 경기가 끝난 후 잔치가 벌어졌는데 그 자리에서 아이네이아스는 여왕의 요구에

따라 트로이의 기원과 역사, 함락과 그 후의 일들에 대해 이야기했다. 디도는 그의 이야기에 매혹되었고, 그의 공적에 감격했다. 그리고 그를 진심으로 사랑하게 되었다. 아이네이아스는 유랑생활에 종지부를 찍고 한 나라의 여왕을 차지할 수 있게 해준 그녀의 사랑을 기꺼이 받아들였다. 두 사람은 몇 개월 동안 행복에 빠져 지냈다.

그러나 제우스가 아이네이아스에게 헤르메스를 보내어 그의 숭고한 사명감을 확인시켜 주었다. 헤스페리아로 가서 그들의 왕국을 건설해야 한다는 그의 책임감을 상기시켜 준 것이었다. 그래서 아이네이아스는 디도의 강력한 만류에도 불구하고 다시 길을 떠났다. 이에 디도의 좌절감은 너무도 컸다. 그래서 결국 그녀는 화장용 나뭇더미를 쌓게 한 후 그 위에 올라 몸을 불살라 죽어 버렸다.

길을 떠난 트로이 인들은 카르타고 하늘로 피어오르는 연기를 보았다. 무슨 연기인지 알 수는 없었으나 아이네이아스는 왠지 모를 불길한 전조위 징후를 느꼈다.

팔리누르스

아이네이아스 일행은 시칠리아 섬에 잠시 들렀다가 다시 배를 타고 헤스페리아를 향해 항해를 계속했다. 아프로디테는 자신의 아들 아이네이아스가 헤스페리아에 무사히 도착할 수 있게 바다의 위험으로부터 지켜 달라고 포세이돈에게 청원했고 포세이돈은 이를 승낙했다. 단, 조건이 있었다. 그것은 한 생명을 희생물로 제공하라는 것이었는데 그 희생자는 키잡이인 팔리누르스였다.

팔리누르스가 손에 키를 잡고 별을 바라보며 앉아 있을 때, 포세이돈의 명을 받은 잠의 신 힙노스가 포르바스의 모습으로 변장해 그에게 다가왔다.

"팔리누르스야, 바람은 순하고 바다는 평온하다. 배는 순조롭게 항해하고 있으니 잠깐 누워서 쉬는 것이 좋지 않겠느냐. 내가 대신 키를 잡아 주겠다."

그러자 팔리누르스는 이렇게 대답했다.

"해면이 평온하다느니, 순풍이라느니, 그런 말은 입 밖에도 내지 마시오. 나는 그들의 배반을 너무도 많이 보아 왔소. 변덕스러운 그들에게 아이네이아스를 맡길 수는 없소."

팔리누르스는 계속 키를 잡고 별을 바라보았다. 그러나 힙노스가 '망각의 강'인 레테 강의 이슬에 젖은 나뭇가지를 그의 머리 위에서 흔들자, 그의 눈은 감겼다. 힙노스가 팔리누르스의 몸을 배 밖으로 떠밀자 그는 바다 속으로 빠졌다. 그러나 키를 꽉 잡은 채 놓지 않았기 때문에 키도 그와 함께 바다 속으로 가라앉았다. 하지만 포세이돈은 약속대로 아이네이아스를 안전하게 지켜 주었다. 아이네이아스는 얼마 후에야 비로소 팔리누르스가 없어진 것을 알고, 그의 죽음을 슬퍼하며 직접 키를 잡았다.

배는 긴 여정을 끝내고 마침내 헤스페리아의 해안에 도착했다. 그들 일행은 기쁨에 들떠 육지로 뛰어내렸다. 아이네이아스는 부하들에게 야영 준비를 지시하고 시빌레의 집을 찾았다.

그곳은 아폴론과 아르테미스에게 봉헌된 신전과 숲에서 가까운 동굴이었다. 시빌레는 아이네이아스가 무엇 때문에 그곳에 왔는지 알고 있는 것처럼 보였다. 그리고 아폴론의 영감을 받아 갑자기 예언자와 같은 말투로 아이네이아스가 최후의 성공을 거두기까지 겪어야 할 많은 고생과 위험을 암시했다. 이에 아이네이아스는 무슨 일이라도 감수할 각오가 되어 있다고 대답했다. 그는 꿈에서 그의 아버지 앙키세스를 만나 그로부터 자신과 민족의 운명에 대한 계시를 받으라는 지시를 받고, 그녀에게 이 임무를 완수하는 데 필요한 도움을 달라고 했다. 그러자 시빌레는 대답했다.

"아베르노스 호수까지 가는 건 쉬운 일이에요. 하데스의 문은 밤낮으로 열려 있으니까. 그러나 다시 지상으로 돌아오기는 정말 어렵답니다."

그리고 그녀는 그에게 숲으로 가서 황금 가지가 달려 있는 나무를 찾으라고 했다. 그리고 가지를 꺾어 페르세포네에게 선물로 주라고 했다. 운이 좋으면 가지를 쉽게 꺾을 수 있겠지만 그렇지 않으면 어떠한 힘도 그것을 꺾을 수 없을 것이라고 했다.

"그걸 꺾을 수만 있다면, 다음 일들은 쉽게 잘 풀릴 거예요."

아이네이아스는 시빌레의 지시대로 했다. 아프로디테는 자신의 비둘기 두 마리를 아이네이아스 앞에 날게 하여 길을 가르쳐 주었고, 그는 비둘기의 도움으로 나무를 쉽게 발견했다. 그리고 다행히 가지는 쉽게 꺾여 그는 가지를 손에 넣을 수 있었다.

제29장

지옥

시빌레

지옥

드디어 이야기가 막바지에 이르렀으니 이제부터는 하계에 대해 알아보고자 한다. 지옥에 대한 묘사는 고대의 가장 훌륭한 시인 중 한 사람으로 평가 받는 베르길리우스의 의견에 따른 것이다.

죽은 자들이 거주하는 지옥의 입구는 세계의 어느 곳보다 무섭고 기괴한 느낌을 주기에 가장 알맞은 곳일 것이다. 그곳은 베수비오 산 부근의 화산 지대로서, 갈라진 땅의 틈새에서는 유황의 불꽃이 솟아오르고, 하얀 증기가 뒤덮여 있으며, 지진이 일면 땅 속 깊은 곳으로부터 이상한 소리가 들렸다. 아베르노스 호수는 사화산의 분화구를 물로 채운 것으로 상상된다. 폭이 반마일쯤 되는 원형의 호수로 아주 깊고, 높은 둑에 의해 둘러싸여 있었는데, 둑은 베르길리우스의 시대에는 울창한 숲으로 덮여 있었다. 유독한 증기가 그 수면으로부터 올라와 생명이라곤 찾아볼 수 없었다. 베르길리우스에 의하면 이곳에 지옥으로 통하는 동굴이 있었고, 이곳에서 아이네이아스는 페르세포네, 헤카테, 에리니에스 등 지옥의 여신들에게 제물을 바쳤다. 그러자 포효하는 소리가 들려오더니 언덕 위의 숲이 흔들려 여신들이 가까이 있음을 말해 주었다.

"자, 이제 용기를 내십시오, 이제부터는 용기가 필요하니까요."

시빌레가 말한 뒤 동굴 속으로 내려갔고 아이네이아스도 그 뒤를 따랐다. 지옥의 문에 이르기 전에 그들은 한 무리의 군사들 사이를 통과했는데, 그들은 비탄과 복수, 공포와 기아, 죽음 등의 무서운 형상들이었다. 또 복수의 여신인 에리니에스와 불화의 여신, 백 개의 팔을 가진 브리아레오스, 혀를 날름거리는 히드라, 불을 토하는 키마이라와 같은 괴물들이 있었다. 이 광경을 보고 아이네이아스는 몸서리를 치며, 칼을 빼어 들고 공격하려고 했다. 그러나 시빌레가 그를 만류했다.

다음에 그들은 비탄의 강 '코키토스'라는 검은 강에 이르렀는데, 그곳에는 늙고 추하지만 굳세고 정력이 왕성한 뱃사공 카론이 여러 손님들을 배에 태우고 있었다. 그중에는 고매한 영웅들도 있었고, 소년도 있었으며, 처녀도 있었는데, 그 수는 손으로 헤아릴 수 없을 만큼 많았다. 그들은 다투어 배를 타고 건너편 언덕으로 가려고 했다. 그러니 엄격한 뱃사공은 자신이 선택한 사들만을 배에 태우고 나머지는 쫓아 버렸다. 아이네이아스는 이 광경을 보고 이상히 여겨 시빌레에게 물었다.

"왜 이런 차별을 하는 것이오?"

시빌레가 대답했다.

"정당한 장례 절차를 밟은 자들만이 배에 탈 수 있고, 그렇지 않은 자들은 강을 건널 수 없습니다. 그들은 100년 동안 강가에서 이리저리 뛰어다니며 방황해야만 합니다. 그 기간이 지나야만 배에 오를 수가 있습니다."

아이네이아스는 폭풍우를 만나 죽은 자신의 동료들을 떠올리고 슬퍼했는데 바로 그 순간 키잡이 팔리누르스를 발견했다. 아이네이아스는 그에게 말을 걸어 왜 그런 재난을 당했는지 물었다. 팔리누르스는 높은 파도에 휩쓸려 그렇게 되었다고 대답했다. 팔리누르스는 자신을 강 너머로 데려다 달라고 아이네이아스에게 간청했다. 그러나 시빌레는 그런 행동은 하데스의 법칙에 위반되는 일이라고 팔리누르스를 꾸짖었다. 그러나 그녀는 그의 시체가 떠밀려 도착한 해안의 사람들이 그를 정중히 맞아 장례를 치르고 매장해, 얼마 있지 않으면 배에 오를 수 있을 것이라고 귀띔해 주었다.

아이네이아스와 시빌레는 팔리누르스와 작별하고 배에 접근했다. 카론은 앞으로 가까이 다가오는 무사를 날카로운 눈초리로 응시하며, 무슨 권리로 살아서 무장한 몸으로 오게 되었느냐고 물었다. 이에 시빌레는 자신들은 결코 나쁜 목적으로 온 것이 아니며, 아이네이아스의 부친을 만나기 위함이라고 했다. 그리고 황금 가지를 내보였다. 그러자 카론은 노여움을 풀고 서

둘러 그들을 배에 태웠다. 그러나 그 배는 원래 육체를 떠난 가벼운 영혼만을 태우도록 만들어졌기 때문에 아이네이아스가 오르자 신음 소리를 냈다. 그들은 곧 맞은편으로 건너갔다. 그곳에서 그들은 머리가 세 개이고, 목에는 뱀이 달린 케르베로스라는 개를 보았다. 케르베로스는 세 개의 입으로 거칠게 짖었는데, 시빌레가 약이 섞인 과자를 던져 주자 그것을 날름 먹고 잠이 들었다.

아이네이아스와 시빌레는 육지로 뛰어올랐다. 그러자 태어나자마자 죽은 갓난아이들의 통곡 소리가 들렸다. 또 무고한 죄를 입고 억울하게 죽은 사람들도 있었는데 미노스가 재판관으로서 그들의 행적을 조사하고 있었다. 다음에는 인생을 증오해 죽음으로 피난처를 구한 자살한 사람들이 있었다. 그리고 비탄의 들이 있었는데 그곳은 몇 갈래의 길로 나뉘어 있었다. 그곳에는 짝사랑에 희생되어, 죽어서도 고통을 이어가는 사람들이 배회하고 있었다. 아이네이아스는 얼핏 디도의 모습을 본 것 같았다. 어두침침했기 때문에 확실하지 않아 가까이 다가가 보니 정말 디도였다. 아이네이아스의 눈에서 눈물이 흘러내렸다. 그는 그녀에게 애정에 넘치는 어조로 말을 걸었다.

"불쌍한 디도여! 그대가 죽었다는 소문은 정녕 사실이었소? 아! 정말 나 때문이란 말이오? 내가 그대를 떠난 건 내 본의가 아니라 제우스의 명령에 따른 것이었소. 신들을 증인으로 세울 수도 있소. 또한 나는 나 때문에 그대가 엄청난 희생을 치를 거란 생각은 하지 못했소. 제발 걸음을 멈추고 나를 보시오. 내 최후의 작별을 받아 주오."

디도는 잠시 동안 얼굴을 돌리고 바닥을 바라보며 서 있었다. 그러나 다시 발을 돌려 걸어갔다. 아이네이아스는 얼마 동안 그녀의 뒤를 따르다가, 무거운 마음을 안고 시빌레와 계속 길을 갔다.

그들은 다음으로 전사한 영웅들이 배회하는 들판으로 갔다. 그곳에는 그리스와 트로이 무사들이 많이 있었다. 트로이의 망령들은 아이네이아스 주위에 모여들었는데, 그에게 그곳에 온 이유를 물었다. 그러나 그리스의 망령들은 아이네이아스를 보고는 공포에 떨며 도망쳤다. 그것은 트로이의 전쟁터에서 그들이 보인 모습과 흡사했다.

아이네이아스는 그곳에 있는 트로이 무사들과 좀더 긴 시간을 보내고 싶었으나 시빌레는 빨리 떠나기를 재촉했다. 그들이 다음에 도착한 곳은 길이 두 갈래로 갈라진 곳이었다. 하나는 엘리시온(극락)으로 통하고, 다른 하나는 지옥으로 통하는 길이었다. 아이네이아스는 한편에 굉장히 큰 도시의 성벽을 보았는데, 주위에는 플레게톤(불의 강)이 화염을 흘려보내고 있었다. 또 앞에는 인간은 물론 신들도 열 수 없는 금강석 문이 있었다. 문 옆에는 무쇠탑이 서 있었고, 그 위에서는 복수의 여신 티시포네가 망을 보고 있었다. 성 안쪽에서 신음 소리와 채찍 소리, 쇠가 삐걱거리는 소리가 들려 왔다. 아이네이아스는 공포에 떨며 그 소리는 어떤 죄를 벌하는 형벌인지 시빌레에게 물었다.

"이곳은 라다만티스의 법정인데, 생전에 범한 죄를 밝히는 곳입니다. 범죄자는 자신의 죄를 아무도 모르게 감추었다고 생각하지만 쓸데없는 생각이지요. 티시포네는 쇠사슬로

죄인을 벌한 후에, 그를 다른 복수의 여신에게로 인도합니다."

시빌레가 말을 마치자마자 청동 문이 무시무시한 소리를 내며 열렸다. 아이네이아스는 문 안에 히드라가 50개의 머리로 입구를 지키고 있다는 것을 알고 있었다. 시빌레는 아이네이아스에게, 지옥의 심연은 하늘이 무한히 높듯 가늠할 수 없을 만큼 무한히 깊다고 말했다. 심연의 밑바닥에는 제우스에게 대항했던 살모네우스가 있었다. 살모네우스는 청동으로 된 다리를 만들어 그 위를 전차로 달리며 번갯불을 흉내 낸 불타는 나뭇가지를 백성들에게 던진 바 있었다. 그래서 제우스는 그에게 진짜 벼락을 내려 하찮은 나뭇가지와 진짜 번개의 차이를 알려주었다. 또 거인 족 티티오스도 있었는데 땅에 드러누우면 9에이커의 땅을 차지할 만큼 거대했다. 그에게는 독수리가 그의 간을 쪼아 먹는 형벌이 내려졌는데 새에게 쪼아 먹히면 곧 새 간이 돋아나 그의 형벌은 멈출 줄 몰랐다.

아이네이아스는 많은 사람들이 맛있는 음식이 차려진 식탁에 앉아 있는 것을 보았다. 그들 옆에는 복수의 여신이 서 있었는데 그들이 음식을 먹으려고 하면 여신이 달려들어 그것을 빼앗아 갔다. 또 어떤 자들의 머리 위에는 거대한 돌이 놓여 있어 금방이라도 깔려 죽을 것만 같았다. 그들은 공포에 질려 있었다. 그들은 생전에 형제를 미워한 자, 부모를 폭행한 자, 친구를 속인 자, 부유하게 된 후에 혼자

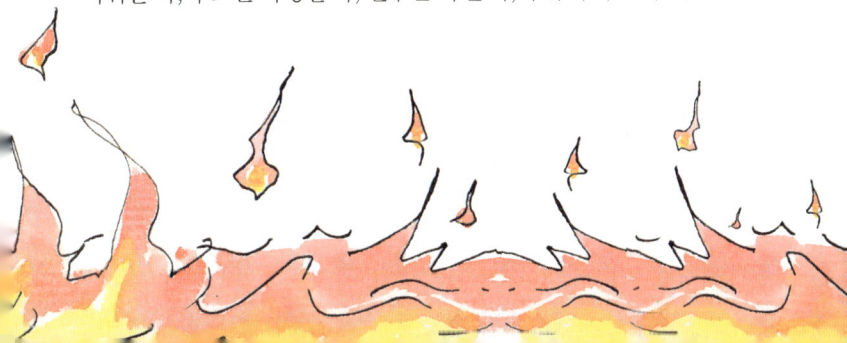

서 재물을 독차지한 자 등이었는데, 마지막 부류에 속하는 자가 가장 많았다. 또 그곳에는 결혼의 약속을 어긴 자, 불의의 전쟁을 한 자, 주인을 배반한 자, 돈 때문에 조국을 팔아먹은 자, 법률을 악용해 자신에게 유리하게 해석하기를 일삼은 자들이 있었다.

익시온도 그곳에 있었는데, 그의 몸은 끊임없이 회전하는 차바퀴에 묶여 있었다. 또 시지포스도 있었는데 그는 큰 돌을 산꼭대기까지 굴려 올리는 일을 맡고 있었다. 탄탈로스도 그곳에 있었다. 그는 연못 속에 고개만 내놓고 서 있었으나 심한 갈증에 시달렸다. 고개를 숙여 물을 마시려고만 하면 물이 달아나서 한 방울도 마실 수가 없었기 때문이었다.

시빌레는 아이네이아스에게 이제는 음울한 곳에서 벗어나 행복한 사람들의 나라를 찾아갈 때라고 알려 주었다. 그들은 암흑의 중간지대를 통과해, 행복한 사람들이 사는 지역인 엘리시온의 들로 나왔다. 안도의 숨을 쉰 그들은 그곳이 모두 자줏빛에 둘러싸여 있음을 보았다. 그 지역은 고유의 태양과 별을 가지고 있었다. 어떤 사람들은 푸른 잔디 위에서 스포츠를 즐기고 있었으며 또 다른 사람들은 춤과 노래에 빠져 있었다. 오르페우스는 리라 줄을 타며 고혹적인 노래를 부르고 있었다. 그곳에서 아이네이아스는 트로이를 건설한 영웅들을 보았는데 그들이 당시 사용한 이륜전차와 무기들도 있었다.

아이네이아스는 또 월계수 숲에서 한 무리의 사람들이 연회를 즐기며 음악에 귀를 기울이고 있는 것을 보았다. 그 숲은 위대한 포 강이 흘러나와 도시를 감싸 흐르고 있었다. 숲에는 조국을 위해 싸우다가 부상을 당하고 쓰러진 용사, 순결을 지킨 사제들, 아폴론과 비견될 정도의 예언을 한 시인들, 유익한 기술로 인류에 공헌한 사람들이 살고 있었다. 그 사람들은 눈과 같이 흰 리본을 이마에 달고 있었다. 시빌레는 그들에게 말을 걸고, 어디로 가야 앙키세스를 만날 수 있는지 물었다. 시빌레와 아이네이아스는 그들이 일러 준 대로 푸른 잎이 무성한 골짜기에 가서 앙키세스를 만날 수 있었다. 앙키세스는 아이네이아스가 가까이 오는 것을 보자, 아들에게 두 손을 내밀고 하염없이 눈물을 흘렸다.

"마침내 네가 왔구나, 오랫동안 네가 오기를 기다렸다. 그 수많은 위험을 뚫고 잘 찾아와 주었다. 오, 내 아들아. 나는 네가 오는 것을 바라보며 얼마나 걱정을 했는지 모른다!"

아이네이아스는 감격해 대답했다.

"오, 아버지! 아버지의 영상은 언제나 제 눈앞에서 저를 지켜 주셨습니다."

그리고 아이네이아스는 아버지를 힘껏 안으려고 했다. 그러나 앙키세스는 실체가 없는 환상에 불과해 포옹할 수가 없었다.

아이네이아스의 눈앞에는 넓은 골짜기가 있었는데 그곳은 나무가 조용히 바람에 나부끼고, 레테 강이 흐르고 있었다. 그런데 강가에는 수를 헤아릴 수 없을 만큼 무수한 군중이 방황하고 있었다. 아이네이아스가 놀라서 그들이 누구냐고 묻자 앙키세스가 대답했다.

"그들은 적당한 시기에 육체가 부여될 영혼들이다. 그동안 그들은 레테 강가에서 머물고 그 물을 마시며 전생의 기억을 없애는 것이다."

"오, 아버지! 누가 이런 낙원을 떠나 지상으로 가고 싶어 한단 말입니까?"

앙키세스는 천지 창조의 계획을 설명함으로써 대답을 대신했다. 그의 말에 따르면 조물주는 영혼을 불, 공기, 흙, 물의 네 원소로 만들었는데, 네 원소가 결합될 때는 불의 형태를 취해 그것은 씨앗처럼 태양, 달, 별 등 천체 사이에 뿌려졌다. 하위의 신들은 그 씨앗으로 인간이나 다른 동물을 창조했다. 씨앗은 다양한 비율로 혼합된 흙 때문에 순수성이 줄어들었는데 흙이 많이 혼합될수록 순수성이 떨어지는 인간이 되는 것이다. 또 우리는 나이를 먹을수록 어린 시절의 순수함을 잊게 되는데 그것은 육체와 영혼이 결합하고 있는 시간이 길어지면서 순수성을 잃기 때문이다. 이 불순성은 죽은 후에 깨끗이 씻어 버려야 하는데, 바람을 쐬어 깨끗하게 하거나 물속에 담그거나, 불로 태워 버리는 방법을 취한다. 아주 극소수의 사람들만 (앙키세스는 자기도 그중 한 사람임을 암시했다.) 단번에 엘리시온에 들어갈 수 있으며, 그 외의 사람들은 레테 강의 물로 전생의 기억을 완전히 씻어 버린 후에 새로운 육체가 부여되어 다시 세상으로 되돌려 보내진다. 그러나 더러는 너무 불순하여 인간의 육체를 부여받지 못해 사자, 호랑이, 고양이, 개, 원숭이 등과 같은 짐승으로 태어난다. 이것을 고대의 사람들은 메템프시코시스, 즉 영혼의 환생이라 불렀는데 아직도 인도의 원주민들은 이런 교리를 따라 아무리 사소한 동물일지라도 자신들의 친척일지도 모른다고 생각해 죽이기를 꺼린다.

앙키세스는 이렇게 설명한 후에, 아이네이아스에게 앞으로 그의 민족들이 헤스페리아에서 정착하기 위해서는 크고 작은 전쟁과 수많은 고초를 겪어야 한다고 말했다. 또 아이네이아스가 신부를 얻게 되며, 그로 인해 트로이 인들의 나라가 건설되고, 그로부터 로마 제국이 탄생할 것임을 이야기했다.

앙키세스의 말이 다 끝나자 아이네이아스와 시빌레는 그와 작별하고 지름길을 이용해 지상으로 돌아왔다.

엘리시온

베르길리우스는 엘리시온(극락)을 지하에 두고 그곳을 축복된 사람들의 영혼이 거주하는 곳으로 그리고 있다. 그러나 호메로스는 엘리시온을 사자(死者)의 나라로 그리고 있지 않다. 호메로스는 엘리시온이 지구의 서쪽 끝에 있다고 했는데, 거기에는 눈도 오지 않고 추위도 없으며, 비도 내리지 않고 언제나 미풍이 살랑살랑 부는 행복한 땅이라고 했다.

헤시오도스나 핀다로스가 말한 엘리시온은 서쪽 끝에 있는 '축복된 사람들의 섬' 혹은 '행운의 섬'이라고 불린 섬들을 말한 것이다. 그리고 전설의 땅 아틀란티스는 바로 이러한 전설에서 유래한 것이다.

시빌레

아이네이아스가 시빌레와 함께 지상으로 돌아오는 길에 말했다.

"당신이 여신이건 혹은 신들의 은총을 받은 인간이건 간에, 나는 당신을 언제나 존경하겠습니다. 지상에 도착하면 나는 당신을 위해 신전을 세우도록 하겠습니다. 그리고 제물을 바치렵니다."

그러자 시빌레가 말했다.

"나는 여신이 아닙니다. 그러므로 나는 희생물이나 제물을 요구할 자격이 없습니다. 나는 인간입니다. 하지만 내가 아폴론의 사랑을 받아들였다면, 불사의 여신이 되었을지도 모릅니다. 그는 내가 자신의 여자가 되기만 하면 내 수원을 이루게 해주겠다고 약속했습니다. 그래서 나는 한줌의 모래를 쥐고 앞으로 내밀며 말했습니다.

'제 손에 있는 모래알의 수만큼 수명을 내려 주십시
오.' 하지만 나는 불행하게도 언제나 변치 않는 청춘
을 청하기를 잊었습니다. 물론 내가 그의 사랑을 순순히 받아들였다
면 그 소원도 이루어졌을 것입니다. 그러나 나는 최후에 가서 그의
청을 거절했고, 그는 내 거절에 마음이 상해 나에게 젊음을 주지 않
았습니다. 그래서 나는 지금까지 700년을 살았습니다. 내가 손에 쥐
었던 모래알의 수와 같아지려면 아직도 300번의 봄과 300번의 가을
을 맞이해야 합니다. 내 몸은 해가 갈수록 오그라들어 보이지 않게
될 때가 올 것입니다. 하지만 내 음성만은 남을 것입니다. 그리고 후
세의 사람들은 내 말을 귀담아 들어주겠지요."

시빌레의 마지막 말은 그녀의 예언력을 암시한 것이다. 시빌레에
관한 다음 전설은 후세에 만들어진 것이다.

고대 로마의 타르퀴니우스 왕정 시대에, 왕 앞에 한 부인이 나타나
아홉 권의 책을 내놓고 사라고 했는데 왕은 이를 거절했다. 그러자
부인은 세 권을 불태워 버리고 나머지 여섯 권의 책을 내놓고 아홉
권의 가격과 같은 값으로 사라고 했다. 하지만 왕은 또 거절했다. 그
러자 부인은 세 권의 책을 또 불살랐고, 나머지 세 권의 책을 아홉 권
의 가격으로 사라고 했다. 마침내 호기심이 동한 왕이 나머지 책을
샀는데 그 책에는 로마 제국의 운명이 담겨 있었다. 그래서 그 책은
돌 상자에 넣어져 카피톨리움(로마의 일곱 개의 언덕 중의 하나)의 제우스신
전에 보관되었고, 허락된 몇몇 관리만 열람하도록 했다. 그리고 그

들은 중대사가 일어나면 그것을 보고, 거기에 적혀 있는 신탁을 해석해 국민에게 전했다.

제30장

이탈리아에서의 아이네이아스

카밀라

에반드로스

니소스와 에우리알로스

메젠티우스

투르누스

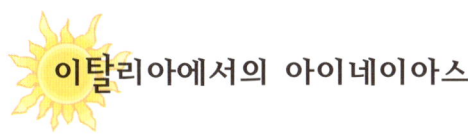
이탈리아에서의 아이네이아스

아이네이아스는 시빌레와 작별한 뒤 그의 함대로 돌아갔다. 함대는 이탈리아 해안을 따라 항해하다 티베리스 강 하구에 닻을 내렸다. 당시 그 나라는 사투르누스로부터 3대째 라티누스가 지배하고 있었다. 라티누스는 이미 늙은 몸이었으나 그의 뒤를 이을 왕자가 없었다. 그에게는 라비니아라는 아름다운 딸만 하나 있었다. 그녀는 이웃 여러 나라의 왕들로부터 구혼을 받았는데, 라티누스는 그중 투르누스라는 루툴리 인의 왕이 마음에 들었다. 하지만 라티누스의 꿈에 그의 부친 파우누스가 나타나 라비니아의 남편 될 사람은 이국에서 올 것인데, 그들의 결혼으로 전 세계를 정복할 운명을 가진 민족이 탄생할 것이라고 예언했다.

 한편 아이네이아스 일행이 하르피아이 무리와 싸웠을 때 그중 한 마리가 무시무시한 말들로 아이네이아스 일행에게 저주를 퍼부은 적이 있었다. 그 괴물은 아이네이아스 일행이 방랑 생활에 종지부를 찍기 전에 배고픔에 시달리다 못해 식탁까지 먹게 될 것이라고 저주를 퍼부었다.

아이네이아스 일행은 풀밭에 앉아 허기를 달래기 위해 얼마 남지 않은 식량을 먹으려고 했다. 그들은 딱딱하게 굳은 빵을 무릎 위에 올려놓고 그 위에 몇 가지 음식을 차렸다. 하지만 음식이 얼마 없었기 때문에 그들은 딱딱하게 굳어 먹을 수 없는 지경인 빵까지 모두 먹어 치웠다. 그러자 아이네이아스의 아들인 이울로스는 그 모습을 보고 농담을 했다.

"야, 우리가 식탁까지 먹고 있네."

아이네이아스는 그 말을 듣고 예언의 의미를 깨달았다.

"만세! 이곳이 약속의 땅이다! 이곳이 우리의 본거지, 우리의 나라다!"

그런 뒤 아이네이아스는 그곳의 원주민은 누구이며, 지배자가 누구인지 조사에 들어갔다. 선발된 100여 명의 사람들이 많은 선물을 싣고 라티누스의 마을로 파견되었다. 그들은 그곳에서 극진한 대접을 받았다. 라티누스는 트로이의 영웅 아이네이아스를 자신의 사위로 약속된 사람이라고 생각했다. 그래서 아이네이아스 일행에게 흔쾌히 협력할 것을 약속하고 그들에게 선물을 주어 돌려보냈다.

헤라는 트로이 인들의 앞날이 순조롭게 풀리는 것을 보고 원한이 다시금 생각났다. 그래서 암흑계 에레보스로부터 복수의 여신들 중 하나인 알렉토를 불러내어 그들에게 보냈다. 알렉토는 우선 라티누스의 왕후 아마타를 손에 넣은 뒤 온갖 방법을 동원해 트로이 인과의 동맹을 반대하게 했다. 그런 다음 알렉토는 투르누스의 나라로 급히 달려가 늙은 여승으로 변장한 뒤 투르누스에게 외래인들이 라비니아를 빼앗아 가려고 한다고 귀띔했다. 그리고 알렉토는 트로이 진영으로 갔다. 그때 이울로스는 사냥을 하고 있었는데 알렉토의 간계에 의해 라티누스 왕의 목부(牧夫, 목장에서 소, 말, 양 따위를 돌보며 키우는 사람)인 티레이우스의 딸 실비아가 총애하는 사슴을 죽이게 되었다. 이에 왕후와 투르누스와 티레이우스는 외부인들을 국외로 추방해야 한다고 한목소리로 말했다. 왕은 처음에는 자신의 뜻을 굽히지 않았으나 계속되는 그들의 탄원에 어쩔 수 없이 양보하고 물러났다.

야누스의 문을 열다

이 나라는 전쟁을 시작할 때가 되면 왕이 예복을 입고 엄숙한 의식을 거행한 후에 평화 시에는 굳게 닫혀 있던 야누스 신전의 문을 여는 관습이 있었다. 그래서 국민들은 늙은 왕에게 의식을 거행하기를 강력히 권했으나 왕은 거절했다. 이렇게 그들이 실랑이를 하고 있을 때 헤라가 하늘로부터 내려와서 문을 부수어 열어 버렸다. 그러자 국민들은 사방으로부터 뛰어나와 "전쟁이다. 전쟁이 시작되었다!" 하면서 외쳤다. 투르누스가 총지휘자로서 추대되었다. 다른 무사들은 동맹자로서 참가했는데 그 대장은 메젠티우스가 맡았다. 그는 용감하고 유능한 무사였으나 이루 말할 수 없는 잔인함을 갖고 있었다. 그래서 인접한 도시의 족장이었으나 국민들로부터 추방당한 바 있다. 메젠티우스와 함께 그의 아들 라우수스도 참가했는데 그는 부친과 달리 훌륭한 성품을 갖고 있는 청년이었다.

카밀라

카밀라는 아르테미스의 총애를 받은 처녀 수렵인이자 훌륭한 무사였다. 그녀는 아마존 족의 관례에 따라 선발된 기마대를 대동하고 투르누스 군에 가담하기 위해 왔다. 기마대에는 여군이 다수 포함되어 있었다.

카밀라는 한 번도 물레나 베틀을 다뤄본 일이 없으며, 오직 전투 연습에만 매달렸다. 그녀의 달리기 실력은 정평이 나 있었는데 곡식을 한 알갱이도 헤치지 않고 보리밭 길을 달릴 정도였다.

그녀의 생애는 처음부터 순탄치 않았는데 그녀의 부친 메타보스는 내란에 의해 도시로부터 추방되었다. 그때 카밀라는 부친과 함께 도망쳤다. 부녀는 적들의 맹렬한 추격을 피해 아마제누스 강가에 도착했지만 비로 홍수가 져 강을 건널 수 없었다. 이에 메타보스는 어린 딸을 나무껍질로 만든 보자기에 싸서 창에 매달아 높이 들어 올리며, 아르테미스에게 다음과 같이 말했다.

"숲의 여신이여! 이 소녀를 당신에게 바칩니다."

그런 뒤 그는 어린 딸을 매단 창을 건너편 강가로 힘껏 던졌다. 창은 무섭게 요동치는 강물을 지나 건너편까지 날아갔다. 추격자들은 이미 메타보스 가까이까지 따라와 있었다. 메타보스는 서둘러 헤엄쳐 강을 건너 딸과 함께 도망했다. 그리고 그때부터 부녀는 양치기들 사이에서 살게 되었으며, 메타보스는 딸에게 숲에서의 생활에 필요한 기술을 가르쳤다. 그래서 그녀는 일찍부터 활쏘기와 창던지기를 익힐 수 있었다.

그녀는 투석기로 두루미나 백조를 맞출 수도 있었다. 또 그녀는 항상 호랑이 가죽으로 만든 묵직한 털옷을 입고 있었다. 주변의 많은 부모들이 그녀를 며느리로 삼기를 간절히 원했으나 그녀는 언제나 아르테미스에게

만 충실했다.

에반드로스

여러 동맹자들과의 싸움을 앞두고 있던 어느 날 밤, 아이네이아스는 강둑에 누워 잠을 자고 있었는데, 하신(河神) 티베리누스가 버드나무 그늘에서 얼굴을 내밀고 다음과 같이 말했다.

"이 라틴의 국왕이 될 여신의 아들아, 이곳은 약속의 땅으로 그대의 본거지가 될 곳이다. 그대가 끝까지 포기하지 않고 참아내기만 한다면 이곳에 대한 신들의 적의도 종말을 고할 것이다. 이곳에서 멀리 떨어지지 않은 곳에 그대의 편이 될 사람들이 있다. 배를 준비해 이 강을 거슬러 올라가라. 내가 아르카디아 인의 수령인 에반드로스가 있는 곳까지 안내해 주겠다. 그는 오랫동안 투르누스 그리고 루툴리 인들과 다투어 왔으니, 흔쾌히 네 동맹자가 될 것이다. 자, 일어나라! 그리고 헤라에게 맹세를 하고, 그녀의 분노를 일으키지 않도록 기원하라. 그리고 마침내 그대가 승리를 거머쥐었을 땐 나를 기억해라."

아이네이아스는 잠에서 깨어 환몽의 지시에 곧 복종했다. 그는 헤라에게 희생물을 바치고, 하신과 우물들에게 원조를 베풀어 주기를 호소했다. 그리고 무장한 무사들과 함께 티베르 강을 거슬러 올라갔다. 하신은 그들의 뱃길이 순탄하도록 물결을 잠재웠다. 배는 빠른 속도로 강을 거슬러 올라갔다.

아이네이아스 일행은 정오쯤 신축 건물들이 곳곳에 보이는 도시에 도달했다.(이 도시가 다름 아닌 로마 시의 뿌리가 된 곳이다.) 마침 그곳의 늙은 왕 에반드로스는 헤라클레스와 모든 신들에게 매년 거행하는 제전을 열고 있었다. 에반드로스의 아들 팔라스와 소국가의 왕들이 함께 하고 있었다. 그들은 거대한 배가 숲 속을 헤치고 미끄러지듯이 접근하자 깜짝 놀라 자리에서 일어났다. 그러나 팔라스는 사람들에게 제전을 계속하도록 명령한 뒤 홀로 창을 쥐고 창가로 다가가 소리 높이 외쳤다.

"그대들은 누구이며 무엇 때문에 이곳에 왔느냐?"

아이네이아스는 평화의 증표로 올리브 나뭇가지를 내밀며 대답했다.

"우리는 당신들의 친구이며, 루툴리 인의 적인 트로이 인입니다. 우리는 에반드로스를 뵙고 도움을 청하고자 찾아왔습니다."

팔라스는 이 위대한 민족의 이름을 듣고 놀라서 그들에게 상륙을 허락했다. 그리고 아이네이아스가 강가에 닿자 팔라스는 기쁘게 그의 손을 잡고 안내했다. 왕과 충신들은 아이네이아스 일행을 기쁜 마음으로 맞아 융숭히 대접했다.

초창기의 로마

제전이 끝나자 모두 시내의 거처로 돌아갔다. 허리가 굽은 늙은 왕은 아들과 아이네이아스의 부축을 받으며 걸었다. 가면서 왕은 여러 가지 재미있는 이야기를 들려주었는데 아이네이아스는 즐거운 마음으로 고대 여러 영웅들의 이야기를 들었다.

에반드로스가 말했다.

"전에 이 넓은 숲에는 파우누스와 요정과 수목 속에서 나고 자라 교양이라곤 찾아볼 수 없는 야만인들이 살았습니다. 그들은 소에게 멍에를 메울 줄도 몰랐고 농사를 지을 줄도 몰랐으며, 미래를 위해 물품을 저장하는 방법도 몰랐습니다. 그들은 나뭇가지를 뜯어 먹거나, 사냥한 노획물을 먹었습니다. 그런데 사투르누스가 그의 아들들에게 쫓겨나 올림포스로부터 그들이 있는 곳으로 왔습니다. 사투르누스는 여기 살고 있는 야만인들을 교육시켜 사회를 이루고 법률을 만들었습니다. 이후 화평한 시대가 이어져 후세 사람들은 사투르누스의 치세를 황금시대라고 부르게 되었지요. 그러나 시대가 점점 변해 사람들은 금

을 탐하고 피를 부르는 싸움을 하게 되었습니다. 그래서 폭군들이 이곳을 지배하게 되었고, 마침내 내가 고국 아르카디아로부터 추방되어 이곳까지 오게 된 겁니다."

그리고 에반드로스는 아이네이아스에게 타르페이아의 바위와 덤불이 우거진 황무지(카피톨리움이 장엄한 자태로 높이 서게 된 곳)를 보여 주었다. 또 허물어져 가는 성벽을 가리키며 에반드로스가 말했다.

"이쪽에 보이는 게 야누스가 건립한 야니쿨룸(로마의 일곱 개 언덕 중의 하나)이고, 저쪽에 보이는 게 사투르누스의 마을인 사투르니아입니다."

이런저런 대화를 나누는 사이에 그들은 에반드로스의 저택에 이르렀다. 일행이 저택으로 들어가니, 아이네이아스를 위한 소파가 마련되어 있었다. 그것은 안에 폭신하게 나뭇잎을 넣고, 리비아의 검은 곰의 가죽으로 덮은 것이었다.

다음 날, 에반드로스는 아침 일찍 일어나 어깨에는 호랑이 가죽을 걸치고, 발에는 덧신을 신고, 허리에는 훌륭한 칼을 차고서 그의 손님을 만나러 갔다. 아이네이아스는 아카테스와 같이 있었고 얼마 지나지 않아 팔라스도 왔다. 늙은 왕은 다음과 같이 말했다.

"명예로운 트로이 인이여, 우리는 그다지 도움이 되어 드릴 것이 없습니다. 약소국인데다 한편은 강이 가로막고 있으며, 다른 편은 루툴리 인이 가로막고 있습니다. 그래서 나는 당신을 우리보다 인구가 많고 부유한 나라와 동맹시키고자 합니다. 운명이 적당한 시기에 당신을 이곳으로 인도한 것입니다. 이 강 건너는 에트루리아 인의 나라입니다. 메젠티우스가 그들의 왕이었는데, 그는 자신의 복수심 때문에 전대미문의 형벌을 가한 잔인무도한 자입니다. 그는 죽은 사람과 산 사람의 손과 손, 얼굴과 얼굴을 한데 묶어 죽이는 등 말로 옮기기도 힘든 잔인한 방법으로 사람들을 죽였습니다. 그래서 마침내 국민들은 그의 일가를 추방했습니다. 그들은 그의 궁전을 불사르고 그를 따르는 무리들을 참살했습니다. 그는 투르누스에게로 도망했는데, 투르누스는 지금도 이 왕을 무력으로 보호하고 있습니다. 에트루리아 국민들의 성화에도 투르누스는 꼼짝도 않고 있습니다. 최근에는 국민들이 무력으로라도 그를 처단하기 위해 나섰는데 사제들이 그들을 만류했습니다. 사제들은 국민들에게 '지금 나서봤자 승리를 이루지 못할 것이다. 이 나라의 국민이 나서면 절대 승리를 얻지 못한다. 여러분의 지휘자로 예정된 자는 반드시 바다를 건너올 것이다. 그게 하늘의 뜻이다.'라고 말했습니다. 그래서 국민들은 내게 왕관을 바치겠다고 했으나 나는 그와 같은 큰일을 맡기에는 너무 늙었고, 내 아들은 이 나라 태생이므로 적합하지 않았습니다. 그러나 당신은 다른 나라 태생이고, 연배나 무공으로도 신들에 의해 정해진 인물임이 분명합니다. 국민들의 눈앞에 나타나기만 하면 바로 그들의 지도자로서 환영을 받을 것입니다. 그리고 나는 당신에게 내 유일한 희망이요, 위안인 아들 팔라스를 가담시키겠습니다. 당신 밑에서 전술을 배우며, 당신의 위대한 무공을 본받도록 하게 할 작정입니다."

에반드로스는 트로이의 대장들을 위해 준마를 준비하도록 명령했다. 아이네이아스는 선발된 몇몇 부하들과 팔라스를 동반하고서 말을 타고 에트루리아 인의 도시를 향해 떠났다. 나머지 부하들은 배가 있는 곳으로 돌려보냈다. 아이네이아스와 그의 일행은 에트루리아 인의 진영에 무사히 도착해 타르콘과 그가 이끄는 국민들로부터 환영을 받았다.

니소스와 에우리알로스

아이네이아스가 동맹자들을 구축하는 동안 투르누스도 군대를 소집하고, 전쟁에 필요한 모든 군비를 갖추었다. 헤라는 무지개의 여신 이리스를 그에게 보내 아이네이아스의 부재를 이용해 트로이 인의 진영을 기습하도록 선동했다. 그래서 곧 습격이 행해졌으나, 트로이 인들은 적의 공격을 철저히 경계했다. 아이네이아스로부터 자신이 부재중일 때는 절대로 전쟁을 하지 말라는 엄명을 받았기 때문에 보루 속에 숨어 적들이 아무리 유인책을 써서 불러내어도 넘어가지 않고 망만 보았다. 밤이 되자 투르누스의 군대는 적들이 모두 도망했다고 안심하며 축제를 벌인 뒤 들판에 드러누워 깊은 잠에 빠졌다.

그러나 트로이 진영에선 누구도 잠을 자지 않고 적을 경계하며 아이네이아스가 귀환하기만을 초조하게 기다렸다. 니소스가 진영의 입구에서 망을 보고 있었고, 그의 곁에는 온화한 인품과 뛰어난 자질로 유명한 청년인 에우리알로스가 있었다. 그들은 우정으로 맺어진 전우였다. 니소스는 에우리알로스에게 말했다.

"저놈들의 태평스러운 저 꼴을 보라지. 불도 조금밖에 밝히지 않은 걸 보면 모두 술에 취해 곯아떨어진 모양이야. 자네도 알다시피 우리 대장들은 어떻게 해서든지 아이네이아스에게 사람을 보내어 지금 상황을 어떻게 넘겨야 하는지 지시 받기를 갈망하고 있네. 그래서 나는 결심했네. 적진을 뚫고 나가 아이네이아스를 찾아가기로. 만일 내가 성공한다면 보상은 그 명예만으로도 충분하네. 그래도 무엇인가가 더 주어진다면 그것은 자네가 가져가게."

에우리알로스는 모험심에 불타 대답했다.

"니소스, 자네 혼자 그 위험에 뛰어들겠다는 건가? 내가 자네를 그와 같은 위험한 곳에 혼자 보낼 것 같은가? 용감한 내 부친이 나를 그렇게 기르지는 않았네. 아이네이아스의 군대에 몸담을 때부터 나는 명예를 위해서는 생명을 내놓을 각오를 했네."

그러자 니소스가 대답했다.

"친구여, 나도 자네의 뜻은 잘 알고 있네. 그러나 이 일은 결과가 어찌될지 확실하지 않고, 나야 어떻게 되든 상관 없지만 자네만은 무사하기를 바라는 바일세. 자네는 나이도 나보다 젊고 장래가 더 촉망되네. 또 만일의 경우, 자네 어머니에게 슬픔을 안겨 드리고 싶지 않네. 자네의 어머닌 다른 부인들과 아케스테스 시에서 평온하게 지내는 것보다 싸움터에서 자네와 함께 있기를 택하지 않으셨던가."

에우리알로스는 대답했다.

"더 이상 말하지 말게. 자네가 아무리 나를 단념시킬 이유를 찾으려 해도 소용없네. 나는 무조건 자네와 함께 가기로 굳게 결심했으니. 자, 서둘러 출발하세."

그들은 다른 병사에게 수비를 맡기고 총사령부의 진영을 찾아갔다. 대장들은 마침 그들의 상황을 아이네이아스에게 알릴 방안을 협의하고 있던 중이었으므로 두 사람의 제안을 크게 환영했으며 기꺼이 수락했다. 대장들은 만일 성공하면 더 없이 큰 보상을 내려 주겠다고 약속했다. 마침내 이울로스가 에우리알로스에게 영원한 우정을 다짐했다. 그러자 에우리알로스가 대답했다.

"오직 한 가지 부탁이 있네. 내 노모가 나와 같이 진영에 있네. 나 때문에 어머니는 트로이 땅을 떠났고, 다른 부인들과 더불어 아케스테스 시에 남으려고 하지 않았네. 나는 어머니께 작별인사를 하지 않고 떠나겠네. 어머니의 눈물을 감내할 수 없을 뿐만 아니라 눈물로 만류하시면 뿌리칠 자신이 없기 때문일세. 원컨대 내 어머니의 슬픔을 위로해 주게. 이것만 내게 약속해 준다면 나는 용기백배하여 어떤 위험에 부딪히더라도 용감히 뛰어 들어가겠네."

이울로스와 다른 대장들은 감동으로 눈물을 흘렸고, 그의 모든 부탁을 들어 주겠다고 약속했다. 이렇게 니소스와 에우리알로스는 진영을 떠나, 적진 한가운데로 들어섰다. 다행히 감시자도, 보초도 발견할 수 없었고, 병정들은 모두 풀 위나 마차에 누워 깊이 잠들어 있었다. 당시의 전쟁 법규는 잠들어 있는 적을 죽이는 것을 금하지 않았기 때문에 그들은 될 수 있는 한 많은 적들을 죽이며 진영을 통과했다.

에우리알로스는 한 천막에서 황금투구를 빼앗기도 했다. 이렇게 그들은 아무에게도 발견되지 않고 적의 한가운데를 통과했다. 그러나 막바지에 이르렀을 무렵 갑자기 적의 기병대가 나타났다. 그들은 대장 볼스켄스의 인솔 아래 진영으로 돌아오는 일대였다. 에우리알로스의 반짝이는 황금투구가 그들의 주위를 끌었다. 볼스켄스는 두 사람을 큰 소리로 불러, 누구이며 어디서 왔느냐고 물었다. 그들은 대답하지 않고 숲 속으로 뛰어 들어갔다. 이에 기병들이 그들을 추격하기 위해 사방으로 흩어졌다. 니소스는 다행히 추격을 피해 위험에서 벗어났다. 니소스는 에우리알로스가 보이지 않아 여기저기 그를 찾아 헤맸다. 마침내 인기척을 느껴져 가만히 들어보니 적들이 에우리알로스를 둘러싸고 이것저것 질문을 퍼붓

고 있었다. 니소스는 어떻게 하면 좋을지 몰랐다. 차라리 그와 함께 죽는 것이 낫지 않을까? 그는 밤하늘에 밝게 비치는 달을 바라보며 말했다.

"여름신이여! 제게 은총을 베푸소서!"

그리고 손에 들고 있던 창을 기병대의 한 지휘관을 향해 던졌다. 창을 맞은 지휘관은 그 자리에 쓰러졌다. 적들이 놀라 허둥거리고 있는 사이에, 또 하나의 창이 날아가 또 한 놈을 쓰러뜨렸다. 지휘관인 볼스켄스는 어디서 창이 날아오는지 몰라, 칼을 빼어들고 에우리알로스에게로 돌진했다. 두 부하의 원수를 갚겠다고 소리치며 칼로 에우리알로스의 가슴을 찌르려고 했다. 그러자 니소스가 뛰어나와 큰 소리로 부르짖었다.

"나다, 내가 그랬다. 루툴리 인이여, 네 칼을 내게로 돌려라. 창은 내가 던졌다. 그 사람은 나의 친구로 나를 따라왔을 뿐이다!"

니소스의 말이 채 끝나기도 전에 볼스켄스의 칼은 에우리알로스의 가슴을 뚫었다. 이에 니소스는 볼스켄스에게 돌진해 창으로 그의 목을 찔렀다. 그리고 적들의 무수한 칼을 받고 그 자리에서 숨졌다.

메젠티우스

아이네이아스는 에트루리아의 동맹군을 데리고 적당한 때에 돌아와 적에게 포위된 아군을 구하게 되었다. 이제 양군은 세력이 비등해졌고 전쟁은 마침내 본격적으로 시작되었다. 전쟁의 세세한 사항을 전부 열거할 수는 없지만 앞서 소개한 주요 인물들의 운명에 대해서는 짚고 넘어가자.

폭군 메젠티우스는 적군이 반란을 일으킨 자신의 백성임을 알고, 야수와 같이 격분했다. 자신에게 저항해 오는 자는 모조리 참살했다. 마침내 그는 아이네이아스와 맞닥뜨렸다. 양군의 장병은 조용히 서서 두 사람의 승부를 지켜보았다. 메젠티우스는 들고 있던 창을 던졌으나 아이네이아스의 방패를 맞고 빗나갔다. 이어 아이네이아스가 창을 던졌는데 창은 메젠티우스의 방패를 뚫고 그의 넓적다리에 꽂혔다. 그의 아들 라우수스는 이 광경을 보고 갑자기 뛰어나와서 아이네이아스 앞을 막아섰다. 그러는 동안 메젠티우스의 부하들이 그를 데리고 갔다. 아이네이아스는 칼을 라우수스의 머리 위에 치켜들고 주저했다. 그러나 격노한 라우수스가 맹렬히 공격해 왔기 때문에 아이네이아스는 하는 수 없이 운명의 일격을 가했다. 라우수스는 그 자리에 쓰러졌다. 아이네이아스는 라우수스를 가엾게 여겨 말했다.

"불쌍한 젊은이여. 적일지언정 칭찬할 만한 그대에게 내가 무엇을 해주면 좋을까? 그대가 자랑으로 삼는 그 갑옷은 그대로 입고 있게. 그리고 그대의 유해는 그대의 친구에게 돌려주어 적당한 장례를 받도록 하겠네."

아이네이아스는 라우수스의 유해를 적에게 넘겨주도록 했다.

한편 메젠티우스는 냇가로 운반되어 상처를 치료했다. 그리고 얼마 후에 라우수스가 전사했다는 소식이 전해지자 메젠티우스는 분노의 힘으로 기력을 되찾았다. 그는 말을 타고 전투장으로 돌진해 아이네이아스를 찾았다. 메젠티우스는 아이네이아스를 발견하자, 말을 타고서 그 주위를 돌며 창을 던졌다. 이에 아이네이아스는 방패를 자유자재로 돌려 창을 막으며 대항했다. 마침내 메젠티우스가 아이네이아스 주위를 세 바퀴째 돌 때 아이네이아스는 적의 말을 향해 창을 던졌다. 창이 말의 관자놀이에 꽂히자 메젠티우스가 고꾸라졌다. 메젠티우스는 살려 달라고 구걸하지 않았으며 오직 자신의 유해를 아들과 함께 묻어 달라고 부탁했다. 그런 뒤 그는 운명의 일격을 받아 절명했다.

투르누스

다른 전장에서는 투르누스가 젊은 팔라스와 대전하고 있었다. 팔라스의 실력으론 어림도 없는 대결이었는지라 그는 투르누스의 창에 맞아 쓰러졌다. 투르누스는 용감한 젊은이가 자기의 발밑에서 죽어 넘어진 것을 보고 가엾은 생각이 들어, 적의 갑옷을 박탈하는 승리자의 기쁨을 누리지 않았다. 오직 금 못과 황금의 조각으로 장식한 띠만을 빼앗아 자기 몸에 둘렀다. 그리고 나머지 물건은 죽은 자의 친구에게 양도했다.

팔라스의 죽음 후에 양군은 전사자를 매장하기 위해 며칠간 휴전했다. 휴전하는 동안 아이네이아스는 사자를 보내 투르누스에게 이 전쟁을 일대 일의 단기전으로 승부를 가리자고 도전했으나, 투르누스는 받아들이지 않았다. 그래서 다시 전쟁이 시작되었는데 이후 카밀라의 활약이 돋보였다. 그녀의 용맹함은 용감한 남자 무사들을 능가했다. 많은 트로이 인과 에트루리아 인이 그녀의 창에 찔리거나 도끼에 맞아 쓰러졌다. 그러나 에트루리아 인인 아룬스의 끈질긴 추격으로 그녀는 마침내 그의 창에 치명상을 입고 숨을 거두었다. 그러나 아르테미스 여신은 그녀를 죽인 자를 그대로 내버려 두지 않았다. 아룬스는 아르테미스의 무리에 속하는 한 요정이 쏜 신의 화살에 맞아, 먼지 속에서 아무도 모르는 채 외로이 죽음을 맞았다.

마침내 아이네이아스와 투르누스의 최후의 전투가 벌어졌다. 투르누스는 될 수 있는 한 그와의 전투를 피하려고 했으나, 더 이상 물러설 곳이 없어지자 싸울 결심을 했다. 승패는 정해진 것이나 다름없었다. 아이네이아스는 이길 운명이었다. 위험에 처하면 언제나 그의 모친인 여신이 도와주었다. 또 그에게는 헤파이스토스가 만들어 준, 뚫을 수 없는 갑옷이 있었다. 하지만 투르누스는 그의 편을 들어 주던 신의 가호도 더 이상 기대할 수 없게 되었다. 헤라는 제우스로부터 더 이상 투르누스를 도와주어서는 안 된다는 엄명을 받았기 때문이었다. 투르누스는 창을 던졌으나 창은 아이네이아스의 방패에 맞아 맥없이 튕겨 나갔다. 그러자 트로이의 영웅이 창을 던졌다. 창은 투르누스의 방패를 뚫고, 그의 넓적다리에 꽂혔다. 투르누스는 명성에 걸맞지 않게 살려달라고 구걸했다. 이에 아이네이아스는 그를 살려 주려고 했다. 그러나 그 순간 팔라스의 띠가 그의 눈에 들어

왔다. 그것을 본 아이네이아스의 분노는 불같이 치솟아 올랐다.

"팔라스가 이 칼로 너를 죽이노라."

아이네이아스는 칼을 투르누스의 몸에 꽂았다.

이렇게 해서 아이네이아스의 이야기는 끝난다. 아이네이아스는 적을 모두 물리친 후에 라비니아를 신부로 맞아들이고 도시를 건설했는데 아내의 이름을 따서 라비니움이라고 불렀다. 그리고 그의 아들인 이울로스는 알바롱가를 건설했는데, 후에 로물루스와 레무스(로마의 시조)의 탄생지로서 유명한 로마의 요람의 땅이다.